Harald Loos
Anatoli Berditschewski

ПРОЕКТЫ

Ein Russischlehrwerk
für Beruf und Alltag

Max Hueber Verlag

3. 2. 1.   Die letzten Ziffern
2000 99 98 97 96   bezeichnen Zahl und Jahr des Druckes.
Alle Drucke dieser Auflage können, da unverändert,
nebeneinander benutzt werden.
1. Auflage
© 1996 Max Hueber Verlag, D-85737 Ismaning
Verlagsredaktion: Lektorat Projekte, Gaby Bauer-Negenborn M.A., Starnberg
Umschlaggestaltung: Atelier Kontraste, München
Umschlagfoto: Jürgens Ost- und Europa-Photo, Berlin
Zeichnungen: Irmgard Paule, München
Handschriften: Jelena Ratner, Wien
Satz: Satz+Layout Fruth GmbH, München
Druck und Bindung: Auer, Donauwörth
Printed in Germany
ISBN 3–19–004467–8

Vorwort

Wir freuen uns, daß Sie sich entschlossen haben, Russisch zu lernen. Und ganz besonders freuen wir uns, daß Sie das Lehrwerk **Проекты – Projekty** gewählt haben. Sie werden sich sicher fragen, welche »Projekte« Sie erwarten.

Nun, wir bieten Ihnen ein Lehrwerk an, das Sie zielstrebig zur Bewältigung der wichtigsten Alltagssituationen führt, das Sie aber auch auf den Umgang mit russischen Geschäftspartnern in den verschiedensten beruflichen Situationen vorbereitet.

Проекты begleitet Sie durch:

1. Situationen des russischen Alltags, die Sie bei einer beruflich motivierten Reise nach Rußland oder bei einem längeren Rußlandaufenthalt sprachlich bewältigen müssen (**Старт – Start 1 + 2**, **Уроки – Lektionen 1–15**),

2. Situationen des deutschsprachigen Alltags, bei deren sprachlicher Bewältigung Sie Ihren russischen Geschäftspartnern behilflich sind (**Уроки – Lektionen 16–20**),

3. Situationen des beruflichen Umfelds, die Sie in Rußland oder zu Hause sprachlich meistern müssen (**Переговоры – Verhandlungen 1–5**).

Das zentrale Anliegen dieses Lehrwerks ist es, Sie in möglichst kurzer Zeit in die Lage zu versetzen, alle diese Situationen in russischer Sprache zu bewältigen. Diesem Anliegen ist alles untergeordnet, auch die Vermittlung der Grammatik. Sie lernen nur diejenigen grammatischen Erscheinungen kennen, die Sie zur Bewältigung der jeweiligen Situationen benötigen. Ihre Kommunikationsfähigkeit in russischer Sprache – nicht die Kenntnis der grammatikalischen Besonderheiten dieser Sprache – steht in **Проекты** im Vordergrund.

Проекты besteht aus einem Lehrbuch, einem Arbeitsbuch, zwei Kassetten und einem Lehrerhandbuch mit methodischen Hinweisen und zusätzlichen Unterrichtsmaterialien. Während das Lehrbuch die kommunikative Seite des Spracherwerbs abdeckt, bietet das Arbeitsbuch die für den Spracherwerb notwendige formale Ebene. Das bedeutet, Sie benötigen für einen raschen und überzeugenden Lernerfolg unbedingt beide Lehrwerkelemente.

Ebenso wie die Übungen im Lehrbuch sind auch die Übungen im Arbeitsbuch für den Unterricht konzipiert. Sie sind zum überwiegenden Teil dialogisch und sollten nach Möglichkeit in Partner- oder Gruppenarbeit durchgeführt werden. Beachten Sie die im Lehrbuch vorgegebene Reihenfolge der Arbeitsbuchübungen. Sie erkennen die Hinweise auf das Arbeitsbuch an dem Symbol ▶AB. Nehmen Sie die Arbeitsbuchübungen in der vorgesehenen Reihenfolge durch. Sie werden feststellen, daß die neuen grammatischen und lexikalischen Erscheinungen auf diese Weise optimal geübt und gefestigt werden.

Das Lehrbuch enthält neben den beiden Einstiegslektionen zur Einführung der kyrillischen Schrift im Hauptteil 20 Lektionen, von denen jede 5. Lektion eine Wiederholungslektion ist. Darüber hinaus gibt es die bereits erwähnten fünf »Verhandlungen«. Jede Lektion bietet Materialien zur Entwicklung der Sprachkompetenz in den vier Fertigkeiten Sprechen, Hören, Lesen und Schreiben, allerdings in unterschiedlicher Gewichtung.

Sie werden lernen, an Gesprächen in russischer Sprache teilzunehmen, d. h. Ihre russischen Gesprächspartner zu verstehen und von ihnen verstanden zu werden, und sich in den vielfältigsten Situationen in russischer Sprache zu behaupten. Sie werden darüber hinaus lernen, russische Durchsagen zu verstehen, russische Texte aus Prospekten, Zeitungen und Zeitschriften zu lesen, Briefe und schriftliche Mitteilungen in russischer Sprache zu verfassen und vieles mehr.

Am Ende der Lektionen 1–20 finden Sie Zusatzinformationen über (Ruß-)Land und Leute. Diese Texte sind zunächst in deutscher Sprache geschrieben, sie wechseln in den späteren Lektionen allmählich ins Russische, zunächst mit Wortschatzerklärungen am Rand, später ohne Wortschatzhilfen.
Der Anhang des Lehrbuchs enthält alle notwendigen Lernhilfen. Neben dem russisch-deutschen Lektionswortschatz (Seite 198–224) finden Sie eine tabellarische Grammatikübersicht (Seite 225–234) und ein Register mit den im Lehrwerk behandelten grammatischen Erscheinungen (Seite 235). Die Inhaltsübersicht am Ende des Lehrbuchs (Seite 236–239) informiert Sie über die Themen/Situationen und Strukturen, die in den Lektionen erarbeitet werden.

Das Arbeitsbuch zu **Проекты** setzt erst nach den beiden Einführungslektionen (Старт 1 und 2) ein. Da der überwiegende Teil der Übungen als Partnerübungen konzipiert ist, sollten sie möglichst auch zu zweit durchgeführt werden. Im Anhang des Arbeitsbuchs befindet sich zur Selbstkontrolle ein Schlüssel mit den Lösungen zu einzelnen Übungen. Ferner finden Sie dort die alphabetische Wortschatzliste des Lehrwerks.

Die Begleitkassetten zu **Проекты** enthalten alle mit dem Kassettensymbol gekennzeichneten Texte und Übungen des Lehrbuchs. Die Texte der Hörverständnisübungen sind im Lehrerhandbuch abgedruckt.

Abschließend noch drei Hinweise:

1. Bis zur 15. Lektion ist jedes russische Wort mit einem Betonungszeichen versehen, ab Lektion 16 nehmen die Akzente schrittweise ab, so daß auf den letzten Seiten nur noch die neuen Wörter akzentuiert sind.

2. Die Übungsanweisungen sind je nach sprachlicher Komplexität in russischer oder in deutscher Sprache formuliert.

3. Durch die hohe Inflationsrate in Rußland schwanken die Preise täglich. Alle Preisangaben in **Проекты** beziehen sich auf das Jahr 1996. Sie müssen im Unterricht entsprechend aktualisiert werden.

Nun können wir Ihnen nur noch viel Spaß und vor allem viel Erfolg beim Erlernen der russischen Sprache wünschen.

Autoren und Verlag

Symbole/Piktogramme

Die Texte und Übungen auf den Begleitkassetten sind im Lehrbuch mit dem Symbol ⊙◖ gekennzeichnet.
Die Hinweise auf die Übungen des Arbeitsbuchs erkennen Sie an dem Symbol ▶AB und der entsprechenden Übungsnummer.

Abkürzungen

Nom.	Nominativ	Kurzf.	Kurzform
Gen.	Genitiv	Subst.	Substantiv
Dat.	Dativ	Adj.	Adjektiv
Akk.	Akkusativ	Adv.	Adverb
Instr.	Instrumental	Pron.	Pronomen
Präp.	Präpositiv	mask.	maskulin
Sg.	Singular	fem.	feminin
Pl.	Plural	neutr.	neutrum
Pers.	Person	indekl.	indeklinabel
Präs.	Präsens	unvoll.	unvollendet
Prät.	Präteritum	voll.	vollendet
Fut.	Futur	reflex.	reflexiv
Inf.	Infinitv	Akt.	Aktiv
Imp.	Imperativ	Pass.	Passiv
Konj.	Konjunktiv	Pers. Pron.	Personalpronomen
Komp.	Komparativ	Poss. Pron.	Possessivpronomen
Superl.	Superlativ	Dem. Pron.	Demonstrativpronomen
Dim.	Diminutiv	Inter. Pron.	Interrogativpronomen
Part.	Partizip	Rel. Pron.	Relativpronomen
Adv.Part.	Adverbialpartizip	V. d. Fortbew.	Verben der Fortbewegung

Quellenverzeichnis

Der Verlag dankt den folgenden Personen und Institutionen – soweit sie erreicht werden konnten – für die freundliche Genehmigung zum Abdruck von Copyright-Material. Für weitere Hinweise sind wir dankbar.

ATKAR-PKO Kartografia (Moskau):
S. 44, 63, 70, 71

Aurora Art Publishers (St. Petersburg):
Foto S. 121 (u.)

Bauer-Negenborn, Gaby (Starnberg):
Foto S. 28

Bayerischer Hof (Dresden): S. 147

Deutsche Telekom: S. 160 (o.)

Deutsches Reisebüro GmbH (Frankfurt):
Foto/Text S. 157

Ekonomitscheskaja Gazeta (Moskau):
S. 194

Erdmann Verlag (Tübingen):
Foto S. 136

Glück, Manfred (München):
Fotos S. 17 (li./re. o.), 26 (li. o./re. u.),
27 (li. o.), 40, 41, 51, 81 (li.), 85,
122 (li./re. u.), 123

Golanda, Ilji (Moskau): Foto S. 17 (m.)

Huber-Kartographie (München): S. 240

Jürgens Ost- und Europa-Photo (Berlin):
Fotos S. 14, 17 (li./re. u.), 89, 121 (m.),
122 (li./re. o.), 177

Kassina, E. (Moskau): Foto S. 90

Krokodil (Moskau):
Text S. 154 (Ljatjev, G.),
Cartoon S. 180 (Lugovkin, V.)

Mitrochin, Vjatscheslaw (Orjol):
Fotos S. 7 (außer re. m.), 9 (o./u.), 10 (li.),
15, 16 (o.), 18, 26 (außer li. o./re. u.),
27 (außer li. o.), 43 (außer re. u.) 50, 57, 69, 77,
80, 101, 108, 110, 117, 118, 121 (o.), 159, 166,
173

Namin, S., Schaferan, I. (Moskau):
Lied S. 196

Okudschawa, Bulat (Moskau):
Lied S. 170

Panorama (Moskau):
S. 51, 52 (Poljakowa, V.), 81 (Kostenko, G.)

Planeta (Moskau):
Foto S. 43 (re. u. / Dejkina, N., Rjabowa, E.)

Reznika, I., Paulsa, R. (Moskau):
Lied S. 116

Süddeutscher Verlag/Bilderdienst (München):
Fotos S. 16 (u. / La Sept), 61 (Ursula Röhnert)

Zeller, Heiner (Offenbach): Fotos S. 7 (re. m.),
9 (m.), 10 (re.)

Zhil-insk 4 (Moskau): S. 45

Старт

ДИСПЕТЧЕРСКАЯ

ПУНКТ ОБМЕНА ВАЛЮТЫ →

МЫЛО

ТАКСОФОН

МАКДОНАЛДС

АПТЕКА №3

РЕСТОРАН

МЯСО

C1 Здравствуйте!

A

1

№	Печ.		Письм.		№	Печ.		Письм.	
1.	А	а	*Аа*	*а*	18.	Р	р	*Рр*	[re]
2.	Б	б	*Бб*	[bä]	19.	С	с	*Сс*	[ess]
3.	В	в	*Вв*	[we]	20.	Т	т	*Тт*	[te]
4.	Г	г	*Гг*	[ge]	21.	У	у	*Уу*	[(o)u]
5.	Д	д	*Дд*	[de]	22.	Ф	ф	*Фф*	[ef] tonlos
6.	Е	е	*Ее*	je(a)	23.	Х	х	*Хх*	[xa] putten
7.	Ё	ё	*Ёё*	[jo]	24.	Ц	ц	*Цц*	[tse]
8.	Ж	ж	*Жж*	[z] [sch] stimmh.	25.	Ч	ч	*Чч*	[tsche]
9.	З	з	*Зз*	[z] stimmh.	26.	Ш	ш	*Шш*	[sch] mehr [
10.	И	и	*Ии*	[i:]	27.	Щ	щ	*Щщ*	[sch] mehr [
11.	Й	й	*Йй*	[j]	28.		ъ	*ъ*	Härtezeichen für (Pause)
12.	К	к	*Кк*	[ka]	29.	Ы	ы	*ы*	ə (Seehund
13.	Л	л	*Лл*	[el]	30.		ь	*ь*	Weichezeiche dämpft an
14.	М	м	*Мм*	[em]	31.	Э	э	*Ээ*	[ä] wie in Ara
15.	Н	н	*Нн*	[en]	32.	Ю	ю	*Юю*	[ju]
16.	О	о	*Оо*	[o(u)] unbet. betont ə	33.	Я	я	*Яя*	[ja]
17.	П	п	*Пп*	[pä]					

2 Wir stellen uns vor.

3 Jetzt sind Sie an der Reihe: Machen Sie sich in Ihrer Gruppe bekannt.

МОЛОКО́ – Milch

Б

1 Sie sind geschäftlich in Moskau.
Die ersten Aufschriften lesen Sie auf dem
Flughafen Scheremetjewo II:

МОСКВА	Москва́
АЭРОПОРТ	аэропо́рт
КАССА	ка́сса
БАНК	банк
БАР	бар
СТОП!	стоп!

2 Lesen und schreiben Sie.

Это Москва, аэропорт.
Вот банк, вот бар.
Там касса.

3 Weitere Aufschriften und Hinweise lesen Sie in der Halle:

ИНТУРИСТ	Интури́ст
РЕСТОРАН	рестора́н
ТУАЛЕТ	туале́т
МЕДПУНКТ	медпу́нкт
КИОСК	кио́ск
ЖУРНАЛ	журна́л
ГАЗЕТА	газе́та
ГОРОД	го́род
ТАКСИ	такси́
АВТОБУС	авто́бус

(handschriftliche Notiz am linken Rand:) mitte e use) ole 96

4 Ergänzen Sie.

1. Та<u>м</u> ба<u>р</u> и ресто<u>ра н</u>.

2. Во<u>т</u> мед<u>п у н к т</u>.

3. Та<u>м</u> ки<u>о с к</u>: вот жур<u>н а л</u>
«Мос<u>к в а</u>», вот газ<u>е т а</u>.

4. А та<u>м</u> так<u>с и</u> и авт<u>о б у с</u>.

5. А туа<u>л е т</u> там.

5 Auf dem Weg in die Stadt lesen Sie wieder Aufschriften:

ТЕАТР	теа́тр
МИЛИЦИЯ	мили́ция
МЕТРО	метро́
ПРОСПЕКТ	проспе́кт
МУЗЕЙ	музе́й
ПАРК	парк
МАГАЗИН	магази́н
ШКОЛА	шко́ла

КИНОТЕАТР	кинотеа́тр
СТАДИОН	стадио́н
УЛИЦА	у́лица
ГОСТИНИЦА	гости́ница
ИНСТИТУТ	институ́т
СПОРТ	спорт
ТРАМВАЙ	трамва́й

6 Ergänzen Sie.

Мос_ква_   ту_рист_   гос_тиница_   ба_нк_

кас_са_   так_си_   ин_ститут_   ул_ица_

авт_обус_   теа_тр_   сп_орт_   му_зей_

б_ар_   мили_ция_   трам_вай_   ста_дион_

ст_оп_   маг_азин_   рест_оран_   кин_отеатр_

7 Das ist die Liste Ihrer russischen Geschäftspartnerinnen und -partner. Können Sie die Namen schon lesen?

Алекса́ндр Смирно́в, Ири́на Соколо́ва, Ве́ра Си́дорова, Маргари́та Кали́нина, Влади́мир Ивано́в, Ни́на Петро́ва, Серге́й Коре́нин, Валенти́на Коре́нина

8 Sortieren Sie die Namen nach Vor- und Familiennamen.

Алекса́ндр, Петро́ва, Смирно́в, Ири́на, Ве́ра, Ивано́в, Влади́мир, Коре́нин, Коре́нина, Валенти́на, Серге́й, Соколо́ва, Маргари́та, Ни́на, Си́дорова, Кали́нина, Антони́на

В

1   Bei der Paßkontrolle.

– Ваш па́спорт, пожа́луйста.
– Вот, пожа́луйста.
– Спаси́бо.
– До свида́ния.

2   Schreiben Sie das Gespräch auf.

3   Beim Zoll.

– Ваш па́спорт, пожа́луйста.
– Вот он.
– А ва́ша ви́за, где она́?
– Вот ви́за, вот деклара́ция.
– Спаси́бо. Вы тури́ст?
– Нет, я бизнесме́н.
– Э́то ваш бага́ж?
– Нет, вот э́то.
– Спаси́бо.
– До свида́ния.

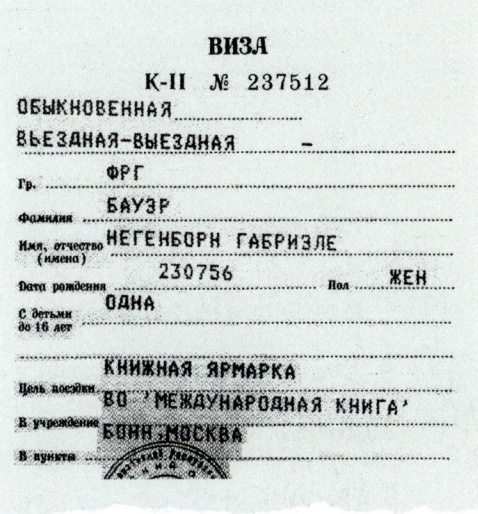

4   Schreiben Sie das Gespräch auf.

5   Spielen Sie die Szenen bei der Paßkontrolle und beim Zoll.

Г

1   In der Flughafenhalle werden Sie und Ihre Mitreisenden von Ihren russischen Partnern erwartet. Sie machen sich bekannt.

– Здра́вствуйте. Я Алекса́ндр Смирно́в, фи́рма «Роси́мпорт».
– Здра́вствуйте, господи́н Смирно́в. Я Рудольф Бергер, фи́рма «Райниш».
– О́чень рад, господи́н Бергер. А э́то господи́н Ивано́в.
– Очень рад, господи́н Ивано́в.
– И я о́чень рад, господи́н Бергер.
– Э́то ваш бага́ж, господи́н Бергер?
– Нет, вот э́то.

2
– Госпожа́ Штейнер?
– Да, э́то я.
– Здра́вствуйте. О́чень рад, госпожа́ Штейнер. Коре́нин Серге́й Петро́вич.
– О́чень ра́да, господи́н Коре́нин.

3   Stellen Sie diese Fragen auf russisch.

1. Sind Sie Tourist? *Вы тури́ст?*
2. Ist das Ihr Gepäck? *Это ваш бага́ж?*
3. Wo ist Ihr Visum? *Где ва́ша ви́за?*
4. Und wo ist Ihr Paß? *А где ваш па́спорт?*
5. Sind Sie Frau Schmidt? *Госпожа́ Шмидт?*
6. Ist das Ihre Zolldeklaration? *Это ва́ша деклара́ция*

Так говорят русские

- Sie begrüßen jemanden, den Sie duzen: Здра́вствуй!
- Sie begrüßen jemanden, den Sie siezen: Здра́вствуйте!
- Sie verabschieden sich: До свида́ния.

1   Artikel

Es gibt im Russischen weder einen bestimmten noch einen unbestimmten Artikel:

Э́то па́па.	Das ist Vater. / Das ist der Vater. / Das ist ein Vater.
Вот Москва́, аэропо́рт.	Hier ist Moskau, der Flughafen.

2   Hilfsverb »sein«

Das Hilfsverb »sein« wird im Präsens nicht verwendet:

Э́то Москва́.   Das ist Moskau.

3   Substantiv

Es gibt im Russischen sechs Fälle (Kasus). Die ersten vier Fälle stimmen mit den deutschen Fällen überein. Darüber hinaus gibt es den Instrumental (er antwortet auf die Fragen: *womit?/mit wem?*) und den Präpositiv (er steht immer zusammen mit einer Präposition und antwortet auf die Fragen: *wo?/worüber?*).

Im Russischen gibt es drei Geschlechter: *maskulin, feminin, neutrum*.

4   Substantiv: Nom. Sg.

Das Geschlecht des Substantivs erkennen Sie an der Endung. In der Regel enden Maskulina auf einen Konsonanten, Neutra auf **-o**, Femina auf **-a /-я**.

maskulin	*neutrum*	*feminin*
па́спорт	метро́	гости́ни**ца**
рестора́н		мили́ци**я**

Bei männlichen Personen bleibt das natürliche Geschlecht trotz der femininen Endung (па́па, Са́ша, Воло́дя, Же́ня, …) erhalten.

1 Welches Wort paßt nicht in die Reihe?
Streichen Sie es durch.

1. автóбус, багáж, милúция,
   трамвáй, ресторáн
2. банк, гостúница, Москвá, ýлица,
   милúция
3. магазúн, музéй, Интурúст, бар,
   метрó
4. туалéт, таксú, медпýнкт,
   кинотеáтр, стадиóн
5. Алексáндр, Ирúна, Маргарúта,
   Валентúна, Сáша

2 Reagieren Sie (mündlich und
schriftlich).

1. Ваш пáспорт, пожáлуйста!
2. Вáша вúза, пожáлуйста!
3. Вы турúст?
4. Это ваш багáж?
5. Господúн Бергер?
6. Здрáвствуйте!
7. Михалкóв Сергéй Николáевич.
8. Здрáвствуйте! Я Владúмир
   Иванóв, фúрма «Австрорóс».

3 Was sagen Sie in folgenden
Situationen?

1. Sie begrüßen die Chefin einer
   russischen Firma.
2. Sie begrüßen einen guten Freund
   aus Sankt Petersburg.
3. Sie verabschieden sich nach den
   Verhandlungen von Ihren russischen
   Partnern.

4 Nach welchen Gesichtspunkten sind
diese geographischen Bezeichnungen
geordnet? Finden Sie alle auf der
Landkarte (siehe Seite 240)?
Welche fehlen? Sortieren Sie die
Wörter.

1. Gruppe: Wörter, die Sie auf der
Karte gefunden haben,

2. Gruppe: Wörter, die nicht auf der
Karte sind.

Урáл, Кавкáз, Памúр; Вóлга, Дон,
Днепр, Днестр, Амýр, Лéна;
Москвá, Петербýрг, Сарáтов,
Нóвгород; Екатерúнбург, Омск,
Томск, Новосибúрск, Иркýтск,
Владивостóк; Еврóпа, Азия,
Амéрика, Австрáлия, Áфрика.

5 Finden und markieren Sie in dem
Buchstabensalat die folgenden Wörter:
телевúзор, таксú, автóбус.

Es sind noch drei Wörter versteckt, die
Sie bereits kennen. Welche?

Е	Т	Е	Л	Е	В	И	З	О	Р	И	О	П	К
Ю	Ь	Й	Х	Ё	Т	П	О	Ч	Т	А	Ц	К	И
Е	Т	Д	Э	Я	Ы	К	Р	Б	И	Л	Е	Т	Р
Т	А	К	С	И	У	Б	Т	З	Ё	М	Д	Е	Э
А	Э	Щ	Р	Е	С	Т	О	Р	А	Н	В	Ц	Х
У	З	Т	О	И	П	А	В	Т	О	Б	У	С	Е

6 Übersetzen Sie (mündlich und
schriftlich).

– Guten Tag. Ihren Paß und Ihr
  Visum, bitte!
– Hier, bitte.
– Und Ihre Zolldeklaration?
– Die Zolldeklaration? Hier ist sie.
– Danke.
– Ist das Ihr Gepäck?
– Ja.
– Danke.
– Auf Wiedersehen.
– Auf Wiedersehen.

7 Übersetzen Sie (mündlich und schriftlich).

1. Dort ist die Polizei.
2. Ist das Ihre Zolldeklaration?
3. Das ist Ihr Hotel.
4. Hier ist das Taxi, hier die Straßenbahn und der Bus.
5. Guten Tag, Herr Smirnow.
6. Guten Tag, Frau Kalinina.

8 Beantworten Sie (mündlich und schriftlich).

1. Ва́ша ви́за, пожа́луйста! (Вот она́.)
2. Ваш па́спорт, пожа́луйста!
3. Ва́ша деклара́ция, пожа́луйста!
4. Ваш бага́ж, пожа́луйста!
5. Ваш па́спорт, ва́ша ви́за, пожа́луйста!
6. Это госпожа́ Штейнер?
7. Где ва́ша деклара́ция, госпожа́ Штейнер?
8. Где ваш бага́ж, господи́н Бергер?

9 Spielen Sie die folgende Situation in Gruppen:

Sie holen in Ihrer Heimatstadt eine russische Gruppe vom Flughafen ab. Machen Sie sich mit den Delegationsmitgliedern bekannt. Hier sind ihre Namen: Алекса́ндр Тата́рин, Валенти́на Суббо́тина, Серге́й Михалко́в, Тама́ра Толста́я.

Вы это уже знаете?

Russisch gehört zu den slawischen Sprachen, die in drei Gruppen zerfallen: das Ost-, West- und Südslawische.
Zu den ostslawischen Sprachen gehören Russisch, Ukrainisch und Weißrussisch, zu den westslawischen Polnisch, Tschechisch, Slowakisch, Sorbisch und zu den südslawischen Bulgarisch, Makedonisch, Serbisch, Kroatisch, Slowenisch.
Im Bereich der slawischen Sprachen werden zwei Schriftsysteme verwendet: das kyrillische und das lateinische. Das lateinische Alphabet verwenden jene slawischen Völker, die heute überwiegend katholisch sind, d. h. alle westslawischen Völker sowie die Slowenen und Kroaten. Das kyrillische Alphabet verwenden alle ostslawischen Völker sowie die Bulgaren, Makedonier und Serben, also jene Völker, die von Byzanz (Konstantinopel, *heute:* Istanbul) aus missioniert wurden und dem orthodoxen Glaubensbekenntnis verpflichtet sind.

C2 Добро пожаловать!

A

1 Herr Berger ist im гости́ница «Национа́ль» angekommen. Im Hotel sieht er weitere Aufschriften:

ВХОД	вход
ВЫХОД	вы́ход
БЮРО	бюро́
АДМИНИСТРАТОР	администра́тор
РЕГИСТРАТУРА	регистрату́ра
ЛИФТ	лифт
РЕСТОРАН	рестора́н
ТЕЛЕФОН	телефо́н
БУФЕТ	буфе́т
КИОСК	кио́ск
ОБЪЯВЛЕНИЕ	объявле́ние

2 Schreiben Sie die Aufschriften in Herrn Bergers Stockwerk.

3 Am Kiosk des Hotels findet Herr Berger Ansichtskarten mit russischen Schriftstellerinnen und Schriftstellern:

Алекса́ндр Серге́евич Пу́шкин (1799–1837)

Никола́й Васи́льевич Го́голь (1809–1852)

Михаи́л Ю́рьевич Ле́рмонтов (1814–1841)

Ива́н Серге́евич Турге́нев (1818–1883)

Фёдор Миха́йлович Достое́вский
(1821–1881)

Михаи́л Ефгра́фович Салтыко́в-
Щедри́н (1826–1889)

Лев Никола́евич Толсто́й
(1828–1910)

Анто́н Па́влович Че́хов
(1864–1910)

Макси́м Го́рький
(Алексе́й Макси́мович Пешко́в
1868–1936)

А́нна Андре́евна Ахма́това
(1889–1966)

Мари́на Ива́новна Цвета́ева
(1892–1941)

4   In der Hotelhalle hängen Fotos
    interessanter russischer Reiseziele.
    Finden Sie sie auf der Landkarte
    (siehe Umschlagseite 3)?

    Санкт-Петербург, Волга, Сибирь:
    озеро Байкал, Золотое кольцо:
    Москва, Сергиев Посад (Загорск),
    Переславль, Ростов, Ярославль,
    Кострома, Иваново, Суздаль,
    Владимир.

5   Notieren Sie die Städte des Goldenen
    Rings.

Б

1 Für welches Reiseziel würden Sie sich entscheiden? Der Werbeprospekt hilft Ihnen bei der Auswahl.

Вы уже́ зна́ете Влади́мир, Су́здаль, Пе́реславль, …? Нет? Э́то «Золото́е кольцо́».

Вот, наприме́р, Су́здаль, го́род-музе́й. На фо́то сле́ва – Кремль. Он о́чень ста́рый и краси́вый.

Вы зна́ете Санкт-Петербу́рг? Да? Э́то центр. Вот Эрмита́ж, о́чень большо́й музе́й. На фо́то спра́ва – большо́й и краси́вый Каза́нский собо́р. Э́тот собо́р то́же музе́й. А вот Не́вский проспе́кт.

2 Kennen Sie Rußland schon ein wenig? Stimmen die Aussagen?

1. Санкт-Петербу́рг на «Золото́м кольце́».
2. Кремль в Санкт-Петербу́рге.
3. Эрмита́ж в Су́здале.
4. Каза́нский собо́р во Влади́мире.
5. Не́вский проспе́кт больша́я у́лица в Москве́.
6. Кра́сная пло́щадь и Большо́й теа́тр в Москве́.
7. Су́здаль о́чень большо́й го́род.
8. Москва́ большо́й го́род.
9. Санкт-Претербу́рг большо́й го́род.
10. Пе́реславль на Золото́м кольце́.

3 Ergänzen Sie.

1. Москва́ о́чень больш_____ го́род.

2. Санкт-Петербу́рг о́чень краси́в_____ го́род.

3. Влади́мир то́же краси́в_____ го́род.

4. Новосиби́рск больш _____ го́род.

5. Ста́нц_____ метро́ «Театра́ль-ная» о́чень краси́в_____.

B

1 В гости́нице

– Здра́вствуйте.
– Здра́вствуйте.
– Моя́ фами́лия Бергер.
– Прости́те, как ва́ша фами́лия?
– Бергер, Рудольф Бергер.
– Мину́точку… Да, господи́н Бергер. Ваш па́спорт, пожа́луйста.
– Вот, пожа́луйста.
– Так, Рудольф Бергер … Ваш а́дрес, пожа́луйста.
– Лейпциг, Пёлицштрассе 6.
– Спаси́бо. Ваш но́мер на седьмо́м этаже́.
– На како́м этаже́?
– На седьмо́м.
– А где лифт?
– Напро́тив сле́ва.
– Спаси́бо, до свида́ния.
– До свида́ния.

2 Wie lauten die Fragen zu diesen Aussagen?

1. Моя́ фами́лия Бергер.
2. Вот, пожа́луйста.
3. Лейпциг, Пёлицштрассе 6.
4. На седьмо́м.
5. Напро́тив сле́ва.

3 Spielen Sie die Szene an der Rezeption.

Г

1 Herr Berger sucht bei seinem ersten Spaziergang durch Moskau Orientierungshilfen.

– Прости́те, пожа́луйста, где здесь Кра́сная пло́щадь?
– Ви́дите там э́то большо́е зда́ние? Э́то гости́ница «Москва́». А сле́ва Кра́сная пло́щадь.
– Прекра́сно. А Большо́й теа́тр то́же в це́нтре. Где он?
– Вон там, ви́дите?
– Где?
– Вон там спра́ва.
– Там … «М».
– Да «М» – э́то ста́нция метро́. А ря́дом Большо́й теа́тр.
– Большо́е спаси́бо.
– Пожа́луйста.

2 Auf welche Aussagen beziehen sich diese Sätze?

1. Ви́дите там э́то большо́е зда́ние? Э́то гости́ница «Москва́». А сле́ва Кра́сная пло́щадь.
2. Вон там, ви́дите?
3. Большо́е спаси́бо.

3 Spielen Sie die Szene vor dem Hotel.

4 Sie stehen vor dem Hotel «Метро́поль» und möchten Ihre Bekannten im Hotel «Росси́я» besuchen. Fragen Sie einen Passanten nach dem Weg.

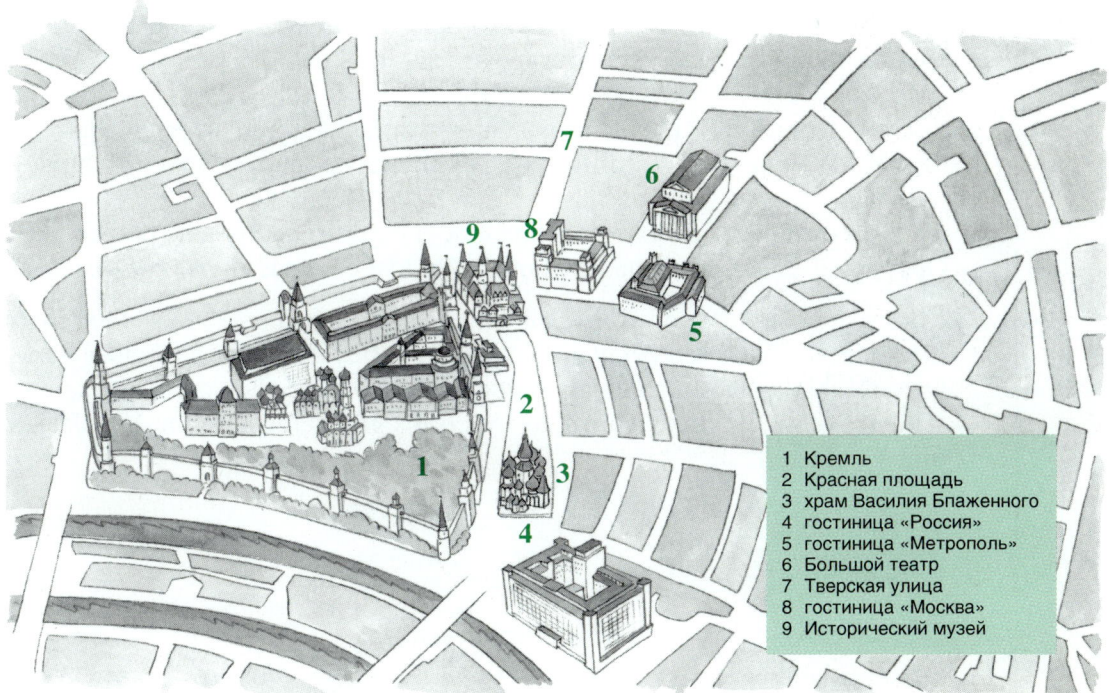

1 Кремль
2 Красная площадь
3 храм Василия Бпаженного
4 гостиница «Россия»
5 гостиница «Метрополь»
6 Большой театр
7 Тверская улица
8 гостиница «Москва»
9 Исторический музей

Так говорят русские

- Sie sprechen jemanden an: Прости́те, пожа́луйста, …
- Sie bedanken sich herzlich: Большо́е спаси́бо.
- Sie freuen sich: Прекра́сно!
- Sie weisen auf etwas in der Nähe hin: Вот.
- Sie weisen auf etwas Entferntes hin: Вон там.

1 Schreibweise

Im Russischen werden nur der Satzanfang und Eigennamen großgeschrieben.

2 Betonung

Das Russische kennt keine feste Betonung. Sie müssen die Betonungsstelle beim Vokabellernen mitlernen. Eine große Hilfe ist es, laut mit der Kassette zu lernen.

3 Phonetik

1. Ein unbetontes **-о-** wird wie [-a-] gesprochen: Москва́, unbetontes **-е-** und **-я-** werden wie [-i-] gesprochen: р**е**стора́н, де́с**я**ть (zehn).

2. Stimmhafte und stimmlose Konsonanten werden deutlich unterschieden: **ш – ж, п – б, д – т**: ма**ш**и́на ↔ пожа́луйста, **п**а́па ↔ спаси́**б**о, **д**ом ↔ **т**ам.

3. *Harte* und *weiche* Konsonanten sind eine die russische Sprache prägende Opposition. Jeder Konsonant in einem Wort ist entweder *hart* oder *weich*.

   Um im Schriftbild einen Konsonanten als *hart* oder *weich* darzustellen, wird das folgende Vokalzeichen benutzt. Die Vokalzeichen der 1. Reihe weisen den davorstehenden Konsonaten als *hart* aus, die Vokalzeichen der 2. Reihe und das sogenannte weiche Zeichen **-ь-** als *weich*. Es gibt demnach zehn Vokalzeichen für fünf Vokale:

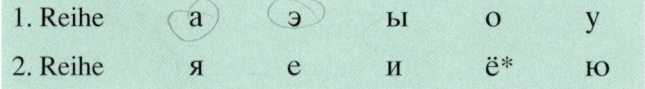

1. Reihe	а	э	ы	о	у
2. Reihe	я	е	и	ё*	ю

Со́ня, теа́тр, магази́н, Фёдор, бюро́, Сиби́рь

* ё ist immer betont. Es wird in der Regel als **е** geschrieben: Ф**е**дор, Сер**е**жа

Aber: ж, ш, ц sind immer *hart,* egal, welches Vokalzeichen folgt: то́же, маши́на, це́нтр; **ч, щ** sind immer *weich,* egal, welches Vokalzeichen folgt: да́ча, пло́щадь*.

* Achtung: In пло́щадь wird das **-а-** wie [-i-] gesprochen.

4. Ein Konsonant am Wortende wird stimmlos gesprochen: го́род [-т], бага́ж [-ш].

5. Am Wort- und Silbenanfang werden die Vokalzeichen **я-, е-, ё-, ю-** als [ja-], [je-] oder unbetont [ji-], [jo-], [ju-] gesprochen, z.B.: я, Евро́па, Ю́ра.

4 Intonation des Fragesatzes

Der russische Fragesatz hat in der Regel die gleiche Wortstellung wie der Aussagesatz. Unterschieden werden beide durch die Intonation:

Э́то администра́тор.   Э́то администра́тор?

5 Personalpronomen

Sg.	я (ich)	ты (du)	он (er), она́ (sie), оно́ (es)
Pl.	мы (wir)	вы (ihr, Sie)	они́ (sie)

6 Substantiv: Nom. Sg.

Die das russische Lautsystem prägende Opposition von *harten* und *weichen* Konsonanten zeigt sich auch beim Substantiv. So endet ресто́ра́н auf einen *harten* Konsonanten, Кремль und трамва́й dagegen auf einen *weichen.* Bei den Feminina und Neutra zeigt dies im Schriftbild das folgende Vokalzeichen:

	maskulin	*neutrum*	*feminin*
hart	рестора́н	кольцо́	гости́ница
		метро́	ла́мпа
weich	Кремль	объявле́ние	семья́
	трамва́й	зда́ние	мили́ция

7 Substantiv, Adjektiv, Pronomen: Akk. Sg.

Bei unbelebten maskulinen und neutralen Substantiven ist der Akk. Sg. gleich dem Nom. Sg.:

Э́то но́вый дом.	Вы там ви́дите но́вый дом?
Э́то большо́е зда́ние.	Вы там ви́дите э́то большо́е зда́ние?

8 Substantiv: Nom. Sg. auf -ь

Das Geschlecht dieser Substantive muß man sich merken, denn sie können entweder *maskulin* oder *feminin* sein:

maskulin	*feminin*
Кремль	пло́щадь
Су́здаль	Сиби́рь
Пе́реславль	

9 Adjektiv: Nom. Sg.

In der Regel enden Maskulina auf **-ый,** Neutra auf **-ое** und Feminina auf **-ая**:

maskulin	*neutrum*	*feminin*
краси́в**ый**	краси́в**ое**	краси́в**ая**
ма́леньк**ий***	ма́леньк**ое**	ма́леньк**ая**
больш**о́й****	больш**о́е**	больш**а́я**

* Nach **к** steht nie **ы**, sondern immer **и** (ы/и-Regel).

** Endbetonte maskuline Adjektive lauten immer auf **-о́й**.

10 Demonstrativpronomen: »dieser«

maskulin	*neutrum*	*feminin*
э́тот	э́то	э́та

Das Demonstrativpronomen э́тот, э́то, э́та (dieser, dieses, diese) ist nicht zu verwechseln mit э́то = das ist!

Dieses Haus ist groß.   Das ist ein großes Haus.

Э́тот дом большо́й.   ↔   Э́то большо́й дом.
Э́та гости́ница ста́рая.   ↔   Э́то ста́рая гости́ница.
Э́то кольцо́ золото́е.   ↔   Э́то золото́е кольцо́.

11 Verneinung: не

Die Verneinungspartikel **не** (Achtung: нет = nein!) steht immer vor dem zu verneinenden Wort: Кремль не в Санкт-Петербу́рге, а в Москве́.

1 Vielleicht kennen Sie die alphabetisch aufgelisteten Speisen und Getränke. Sortieren Sie sie nach logischen Gesichtspunkten.

бефстро́ганов, борщ, вино́, во́дка, квас, кефи́р, конья́к, котле́ты, щи, ко́фе, пи́во, пюре́, рис, сала́т, чай

2 Schreiben Sie die Wörter in alphabetischer Reihenfolge auf.

вы́ход, вход, администра́тор, регистрату́ра, лифт, рестора́н, телефо́н, газе́та, буфе́т, журна́л, объявле́ние, авто́бус, у́лица, магази́н, туале́т, стадио́н, бар, гости́ница, трамва́й, мили́ция, медпу́нкт, такси́, телеви́зор

3 Hören Sie und entscheiden Sie, ob es sich um einen Aussage- oder einen Fragesatz handelt. Setzen Sie entweder einen Punkt oder ein Fragezeichen.

1. Э́то Кремль__
2. Э́то Кремль__
3. Большо́й теа́тр спра́ва__
4. Гости́ница «Москва́» больша́я__

5. Э́то «Золото́е кольцо́»__
6. Сле́ва су́здальский Кремль__
7. Э́тот собо́р то́же музе́й__
8. Не́вский проспе́кт в Москве́__

4 Reagieren Sie (mündlich und schriftlich).

1. Здра́вствуйте!
2. Моя́ фами́лия Алекса́ндров.
3. Ваш па́спорт, пожа́луйста!
4. Ваш а́дрес, пожа́луйста!
5. Прости́те, пожа́луйста, где здесь ста́нция метро́?
6. А где Кра́сная пло́щадь?
7. А Большо́й теа́тр то́же в це́нтре?
8. А где лифт?
9. До свида́ния.
10. Большо́е спаси́бо.

5 Was sagen Sie in folgenden Situationen?

1. Sie möchten sich bei Ihrer Gesprächspartnerin bedanken.
2. Sie sprechen jemanden an, um zu erfahren, wo die Metrostation ist.

6 Stellen Sie diese Fragen auf russisch. Was antwortet Ihr(e) Gesprächs-partner(in)?

1. Entschuldigen Sie bitte, wo ist hier eine U-Bahnstation?
2. Und wo ist der Rote Platz?
3. Ist das Bolschoj Theater auch im Zentrum?
4. Ist das der Kreml?
5. Verzeihung, wie ist Ihr Name, bitte?
6. Welcher Stock, bitte?
7. Und wo ist der Lift?

7 Füllen Sie das Formular aus.

ГОСТИНИЦА «МОСКВА»

КАРТА ГОСТЯ

Фамилия: _____

Имя: _____

Дата рождения: _____

Страна: _____

Адрес: _____

_____

Дата: _____

Подпись: _____

Сосн. т. Русупр., 94. 8753 т.

8 Sie stehen an der Rezeption eines Moskauer Hotels, um sich anzumelden. Es tritt eine Frau heran und fragt, ob Sie Frau X/Herr Y sind. Sie bejahen. Machen Sie sich bekannt und beenden Sie das Gespräch an der Rezeption (Ihr Zimmer: 7. Stock, Lift: gegenüber rechts).

9 Sie stehen vor dem Hotel «Метро́поль» und möchten auf die «Тверска́я». Fragen Sie eine Passantin. Sie zeigt auf ein Hotel und antwortet, daß die «Тверска́я» rechts vom Hotel «Москва́» ist.

10 Erkundigen Sie sich bei einem Passanten nach dem Hotel «Росси́я» und dem Истори́ческий музе́й. Er hilft Ihnen weiter (siehe Stadtplan, Seite 19).

11 Übersetzen Sie diesen Ausschnitt aus einem Prospekt.

Kennen Sie schon Wladimir? Das ist eine sehr schöne Stadt am Goldenen Ring (на Золо-то́м кольце́). Im Zentrum ist der Kreml. Er ist sehr alt und schön. Rechts auf dem Foto sehen Sie eine alte Kathedrale. Das ist ein Museum. Und dies ist das Zentrum. Links ist ein kleines Hotel, und das schöne Haus hier ist ein Restaurant.

12 Stellen Sie Ihren russischen Bekannten anhand eines Fotos oder einer Ansichtskarte Ihre Heimatstadt vor.

13

Кроссво́рд. Die Buchstaben der markierten Felder ergeben den Familiennamen eines weltberühmten russischen Schriftstellers. Sie müssen sie jedoch erst ordnen.

1 Handelsunternehmen
2 große Straße
3 Hauptstadt Rußlands
4 Grenzfluß zwischen Rußland und China
5 Reisedokument
6 städtische Grünanlage
7 bekannter russischer Fluß
8 Anrede für einen Mann
9 Zollerklärung
10 kulturelle Einrichtung
11 städtisches Verkehrsmittel
12 Erste Hilfe-Stelle
13 Polizei in Rußland
14 berühmter russischer Romancier
15 zweitgrößte Stadt Rußlands
16 Lichtspielhaus
17 Verkehrsmittel
18 körperliche Betätigung
19 Grenzgebirge zwischen Europa und Asien

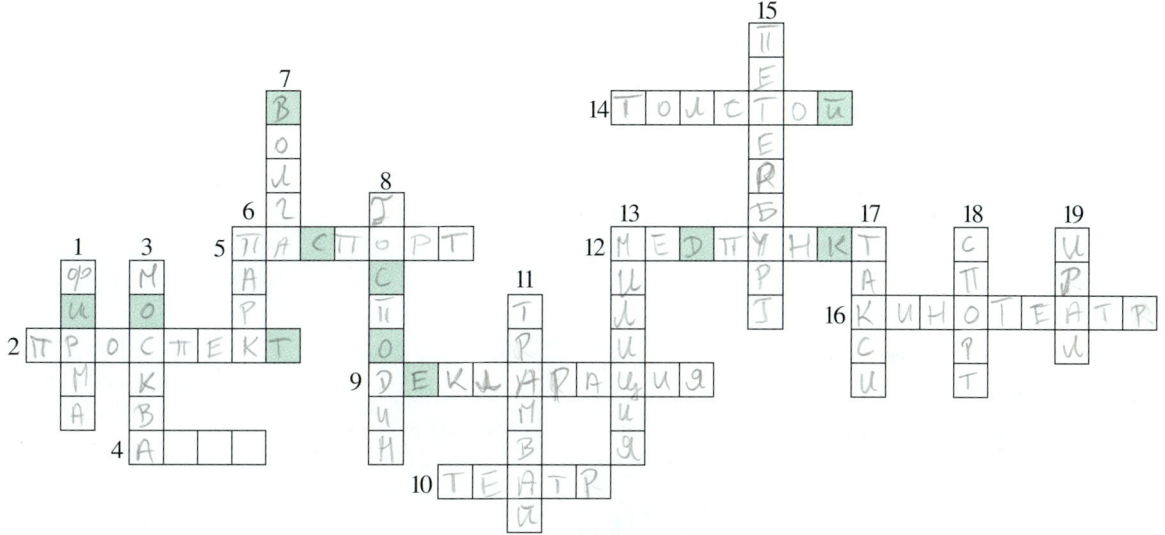

Вы это уже знаете?

Der vollständige russische Name besteht aus Vor-, Vaters- und Familienname (и́мя, о́тчество, фами́лия): А́нна Андре́евна Ахма́това, Алекса́ндр Серге́евич Пу́шкин. In der höflichen Anrede verwendet man den Vor- und Vatersnamen: Ири́на Алексе́евна, Серге́й Миха́йлович.

Zur Zeit hört man immer häufiger, insbesondere im Umgang mit Ausländern, die Anrede госпожа́/господи́н in Verbindung mit dem Familiennamen: госпожа́ Крамер, господи́н Вебер.

Wie in allen Sprachen haben auch die russischen Vornamen Deminutive: А́нна – А́ня, Алекса́ндр – Са́ша, Валенти́на – Ва́ля, Мари́я – Ма́ша, Влади́мир – Воло́дя, Анато́лий – То́ля, Маргари́та – Ри́та, Евге́ний – Же́ня.

Уроки

1 Это мы!

А ▶ AB 1/2

1 Herr Weger unterhält sich mit Frau Petrówa, seiner russischen Kollegin, über ihre Arbeit.

– Ни́на Серге́евна, вы рабо́таете в газе́те. А ваш муж?
– Он врач, рабо́тает в больни́це.
– Здесь в го́роде?
– Да, здесь в Москве́.
– А рабо́та интере́сная?
– Ду́маю, о́чень.
– Вы, Ни́на Серге́евна, живёте в Москве́, да?
– Да, мы живём здесь. А вы, господи́н Вегер?
– Я живу́ и рабо́таю в Ве́не.

2 Stimmt das? Stellen Sie die falschen Aussagen richtig.

1. Ни́на Серге́евна и её муж живу́т и рабо́тают в Санкт-Петербу́рге.
2. Она́ рабо́тает в газе́те, он рабо́тает в больни́це.
3. Господи́н Вегер рабо́тает в Берли́не.

▶ AB 3

3 Fragen Sie sich gegenseitig, wo Sie wohnen und arbeiten. Erkundigen Sie sich auch nach den Familienangehörigen.

Б

1 Frau Petrówa sieht bei Herrn Weger ein Foto und erkundigt sich danach.

– Э́то ва́ша семья́, господи́н Вегер?
– Нет. Э́то моя́ сестра́ Кристине и её семья́. Сле́ва её муж. Он инжене́р, рабо́тает в констру́кторском бюро́ в Маннгейме. А спра́ва Аксель, их сын. Вы ви́дите, Аксель ещё ма́ленький, он учени́к. А вот здесь Сандра, их дочь. Она́ уже́ взро́слая и живёт в Мю́нхене. Там она́ рабо́тает на небольшо́й фи́рме.

▶ AB 4

2 Stellen Sie sich kurz vor. Vielleicht haben Sie ein Familienfoto dabei?

В

▶ AB 5

1 Frau Petrowa erzählt Herrn Weger, wie ihre Familie den Abend verbringt.

Вы спра́шиваете, что мы обы́чно де́лаем ве́чером? Муж обы́чно до́ма, а я ве́чером иногда́ рабо́таю. Наш сын Ю́ра ещё в институ́те, а Ка́тя, на́ша дочь, до́ма.
Когда́ все до́ма, мы вме́сте у́жинаем. А пото́м мы обы́чно отдыха́ем. Мой муж ча́сто слу́шает класси́ческую му́зыку и чита́ет газе́ту и́ли медици́нский журна́л. Э́то он де́лает в большо́й ко́мнате. Я то́же иногда́ слу́шаю му́зыку. Вчера́ мы бы́ли в ци́рке. Бы́ло о́чень интере́сно.

1. Где живу́т Ни́на Серге́евна и её муж Алексе́й Петро́вич?
2. Где рабо́тает Ни́на Серге́евна, а где – Алексе́й Петро́вич?
3. Где Алексе́й Петро́вич, Ни́на Серге́евна, Ю́ра и Ка́тя ве́чером?
4. Ю́ра – учени́к? И́ли он уже́ рабо́тает? А Ка́тя?
5. Алексе́й Петро́вич и Ни́на Серге́евна обы́чно у́жинают вме́сте?
6. Что они́ пото́м де́лают?

▶ AB 6/7

2 Sie haben den Bericht sicher verstanden. Nehmen Sie die Fragen zu Hilfe und tragen Sie alle Informationen über die Familie Petrów zusammen.

3 Erzählen Sie, wie Sie gewöhnlich die Abende verbringen und wo Sie gestern abend waren.

Г

1 Diesen Brief hat Herr Weger von einer Petersburger Bekannten bekommen. Sie verstehen ihn sicher, auch wenn einige unbekannte Wörter enthalten sind.

> Петербург, 12 октября
>
> Дорогой Герберт!
>
> Ты спрашиваешь о моей семье. Мой муж Анатолий - бизнесмен. Он работает на небольшой фирме в

Петербурге. Вечером Анатолий тоже на фирме. Такая работа!

Я, как ты уже знаешь, учительница и работаю здесь в большой школе.

Работа очень интересная. А это на фото — наши дети: Владислав и Светлана. Владик, как видишь, уже большой, он студент. Света ещё маленькая, она ученица.

Вечером мы обычно дома отдыхаем все вместе: слушаем музыку, читаем, смотрим телевизор. А летом отдыхаем на море. Это мы!

А твоя семья большая? Где вы работаете? Где вы обычно отдыхаете? На море? На озере? Как вы отдыхаете вечером? Что делаете? Вы часто слушаете музыку? Какую? Классическую, поп, рок, джаз? Вы много читаете?

До свидания.

Лариса

Так говорят русские

- Sie fragen nach dem Wohnort: Где вы живёте?/Где ты живёшь?
- Ihre Tochter ist schon erwachsen: Моя́ дочь уже́ взро́слая.
- Ihr Sohn ist schon erwachsen: Мой сын уже́ взро́слый.
- Sie sprechen Ihren Freund im Brief an: Дорого́й Михаи́л!
- Sie sprechen Ihre Freundin im Brief an: Дорога́я Ка́тя!
- So verweisen Sie auf schon Bekanntes: Как ты уже́ зна́ешь./Как вы уже́ зна́ете.

1   Verb: e-Konjugation

	слу́шать		
я	слу́ша-**ю**	мы	слу́ша-**ем**
ты	слу́ша-**ешь**	вы	слу́ша-**ете**
он		они́	слу́ша-**ют**
она́	слу́ша-**ет**		
оно́			

Abweichungen von diesem Muster werden im Lektionswortschatz angegeben:
жить – живу́, живёшь, ..., живу́т.

2   Hilfsverb »sein«: Präteritum

Im Präteritum wird nur nach Geschlecht und Zahl unterschieden. Es gibt daher nur
die Formen: был, была́, бы́ло; бы́ли.

	быть				Betonung bei Verneinung:		
я	был/была́	мы	бы́ли		не́	был	
ты	был/была́	вы	бы́ли		не	была́	не́ были
он	был	они́	бы́ли		не́	было	
она́	была́						
оно́	бы́ло						

3   Belebt – unbelebt

Im Russischen wird zwischen belebten und unbelebten Substantiven unterschieden.
Belebt sind Menschen und Tiere.

4   **Substantiv: Nom., Akk. und Präp. Sg.**

Es gibt drei Deklinationen (3. Deklination siehe Seiten 226/227):

		1. Deklination		2. Deklination
		maskulin	*neutrum*	*feminin*
Nom.	*hart*	рестора́н	кольцо́	ма́рка
	weich	Кремль	мо́ре	семья́
		музе́й		
Akk.*	*hart*	= Nom.		ма́рку
	weich			семью́
Präp.	*hart*	в рестора́не	на кольце́	на ма́рке
	weich	в Кремле́	в мо́ре	в семье́
		в музе́е		

* Unbelebte maskuline Substantive sind im Akk. Sg. gleich dem Nom. Sg.

5   **Adjektiv, Pronomen: Nom., Akk. und Präp. Sg.**

Adjektiva, Possessiv- und Demonstrativpronomina werden nach ein und demselben Muster dekliniert.

	maskulin (unbelebt)	*neutrum*	*feminin*
Nom.	ста́рый	ста́рое	ста́рая
	э́тот	э́то	э́та
	мо́й	моё	моя́
	наш	на́ше*	на́ша
Akk.	= Nom.	= Nom.	ста́рую
			э́ту
			мою́
			на́шу
Präp.	ста́ром	ста́ром	ста́рой
	э́том	э́том	э́той
	моём**	моём**	мое́й**
	на́шем*	на́шем*	на́шей*

  * Nach **ш** wird unbetontes **о** zu **е** (o/e-Regel).
** Мо**й** und тво**й** sind weich, daher lautet der Präpositiv мо**ём**/тво**ём** bzw. мо**е́й**/тво**е́й**.

6   **Faustregel**

> **Adjektiv-Substantiv-Block: Präp. Sg.**
>
> | *maskulin / neutrum* | | *feminin* | |
> |---|---|---|---|
> | **-ом** | **-е** | **-ой** | **-е** |
>
> в э́том но́вом рестора́не   в э́той большо́й ко́мнате
> на Золото́м кольце́

7   **Fremdwörter**

> Fremdwörter auf Vokal werden in der Regel nicht dekliniert:
>
> бюро́, кафе́, метро́, ра́дио, такси́, …
>
> Она́ рабо́тает в констру́кторском бюро́.

8   **Possessivpronomen der 1. und 2. Person: Nom. Sg.**

> Die Possessivpronomen stimmen immer mit dem Bezugswort überein:
>
> | *maskulin* | *neutrum* | *feminin* | |
> |---|---|---|---|
> | мо́й | моё | моя́ | Э́то мо́й брат. |
> | тво́й | твоё | твоя́ | Моя́ сестра́ рабо́тает. |
> | наш | на́ше | на́ша | Э́то на́ша шко́ла. |
> | ваш | ва́ше | ва́ша | Где рабо́тает ва́ша жена́? |

9   **Possessivpronomen der 3. Person**

> | его́ | Э́то Оле́г. А э́то его́ сестра́. | Das ist Oleg. Und das ist seine Schwester. |
> |---|---|---|
> | её | Э́то Ка́тя. А э́то её сестра́. | Das ist Katja. Und das ist ihre Schwester. |
> | их | Э́то Оле́г и Ка́тя. А э́то их сестра́. | Das sind Oleg und Katja. Und das ist ihre Schwester. |

10   Zur Verwendung der Präpositionen в und на

> Wird **в** (in) und **на** (auf, an) anders als im Deutschen verwendet, wird die
> Abweichung im Vokabelverzeichnis bei dem Substantiv angegeben:
>
> заво́д, на ~   →   на заво́д**е**   (in der Fabrik)
> фи́рма, на / в ~   →   на / в фи́рм**е**   (in der Firma)

▶ AB 8–10

1   Ihr Gesprächspartner erinnert sich
nicht mehr an Familie Huber. Frischen
Sie sein Gedächtnis auf.

2   Schreiben Sie einen kurzen Bericht
über Ihre russischen Bekannten in Ihr
Tagebuch. Vielleicht hilft Ihnen dieser
Anfang:

Виктор Сергеевич Катенин –
инженер – …

3   Hören Sie den Ausschnitt aus einem
Interview mit der Familie des Monats.
Beantworten Sie die Fragen:

1. Где рабо́тает Ири́на Васи́льевна,
   а где – Алекса́ндр Васи́льевич?
2. Что вы зна́ете об Андре́е?
3. Что вы зна́ете о Со́не?
4. Что де́лает э́та семья́ обы́чно
   ве́чером?

▶ AB 11/12

4   Ihre neuen Bekannten interessieren sich
für Sie und für Ihre Familie. Erzählen
Sie möglichst ausführlich, auch, wie
Sie gewöhnlich den Abend verbringen.

5   Beantworten Sie Larissas Brief an
Herrn Weger.

◢ Вы это уже знаете?

Sie haben gehört, daß man sowohl «на филологи́ческом факульте́те» als auch
«в экономи́ческом институ́те» studieren kann. Worin liegt der Unterschied
zwischen der russischen «факульте́т», dem russischen «институ́т» und unseren
Einrichtungen? Das russische «институ́т» ist ein Synonym für «университе́т», die
russische «факульте́т» dagegen entspricht einer Fachrichtung, einer Abteilung der
«университе́т» bzw. des «институ́т».
Weiter haben Sie gehört, daß Ю́ра am Abend noch an der Universität ist. An vielen
Universitäten bzw. Instituten gibt es drei Abteilungen: die »Tagesabteilung«
(дневно́е отделе́ние), die »Abendabteilung« (вече́рнее отделе́ние) und die Abteilung für das Fernstudium (зао́чное отделе́ние). An der «дневно́е отделе́ние»
studiert der Großteil aller Studenten. An der «вече́рнее отделе́ние» studieren jene,
die tagsüber arbeiten, an der «зао́чное отделе́ние» studieren die «зао́чники»
(Fernstudenten).

2 Первые встречи

A

▶ AB 1

1 Herr Weger ruft seinen Moskauer Bekannten Сергéй Николáевич Сорóкин an:

– Аллó …
– Здрáвствуйте, э́то Герберт Вегер. Сергéй Николáевич дóма?
– Он ещё на рабóте. Прости́те, пожáлуйста, кто говори́т?
– Герберт Вегер.
– Дóбрый вéчер, господи́н Вегер. Я óчень рáда. Это Ири́на Ивáновна.
– Ири́на Ивáновна, здрáвствуйте. И я óчень рад. Как вы поживáете?
– Спаси́бо, хорошó. А вы?
– Тóже хорошó.
– Господи́н Вегер, вы óчень хорошó говори́те по-рýсски. Вы ужé бы́ли в Росси́и?
– Спаси́бо за комплимéнт. Да, был, оди́н раз.
– Нет, нет, э́то не комплимéнт, э́то прáвда.
– Ири́на Ивáновна, вы говори́те, что Сергéй Николáевич ещё на рабóте?
– Да. Он сегóдня вéчером рабóтает. Вы знáете егó рабóчий телефóн?
– Да, знáю. Спаси́бо. До свидáния, Ири́на Ивáновна.
– До свидáния.

2 Sie haben das Gespräch sicher verstanden. Beantworten Sie die Fragen.

1. Где Ири́на Ивáновна и Сергéй Николáевич? Дóма?
2. Вы знáете, где рабóтает Сергéй Николáевич?
3. Господи́н Вегер знáет, где рабóтает Сергéй Николáевич?
4. Как господи́н Вегер говори́т по-рýсски?

▶ AB 2

3 Sie treffen Ihre russischen Bekannten nach längerer Zeit wieder. Sie begrüßen sich, erkundigen sich nach dem Befinden, nach der Arbeit und verabschieden sich.

▶ AB 3

4 Sie rufen bei Ihren russischen Freunden an. Der kleine Sohn hebt ab und teilt Ihnen mit, daß seine Mutter noch in der Arbeit und sein Vater im Kino ist.

5 Wer antwortet Ihnen da am Telefon?

– Аллó …
– Здрáвствуйте. Сергéй Николáевич дóма?
– Пáпа ещё на рабóте.

Б

 ▶ AB 4

1 Herr Weger besucht господи́н Соро́кин in der Redaktion. Sie unterhalten sich über ihre Arbeit.

– Господи́н Вегер, э́то мой колле́га Васи́лий Соколо́в. Васи́лий, господи́н Вегер – наш австри́йский колле́га.
– Очень рад, господи́н Вегер.
– Я то́же.
– Скажи́те, пожа́луйста, господи́н Вегер, каки́е журна́лы и газе́ты вы регуля́рно чита́ете?
– Коне́чно, все на́ши газе́ты и журна́лы.
– Зна́чит, австри́йские и неме́цкие?
– Да, и швейца́рские. Но я мно́го чита́ю и на англи́йском языке́. А по-францу́зски я понима́ю о́чень пло́хо, поэ́тому не чита́ю.
– А ру́сские газе́ты и журна́лы вы зна́ете?
– Коне́чно, я чита́ю и ва́ши журна́лы.
– А на́ши газе́ты?
– Не регуля́рно.
– А каки́е вы чита́ете?
– Регуля́рно – «Но́вое вре́мя» и «Моско́вские но́вости», иногда́ «Аргуме́нты и фа́кты». А вы чита́ете на́ши журна́лы, господи́н Соро́кин?
– Я не говорю́ по-неме́цки, наш Васи́лий хорошо́ говори́т. Э́то он чита́ет на неме́цком языке́. А я чита́ю на англи́й-ском и на италья́нском.
– А вы, господи́н Соколо́в, уже́ бы́ли на За́паде?
– Да, в Берли́не и Ве́не.

2 Haben Sie das Gespräch verstanden? Sicher!

1. Где рабо́тает господи́н Вегер?
2. Каки́е газе́ты и журна́лы он чита́ет?
3. Он чита́ет газе́ты и журна́лы то́лько на неме́цком языке́?
4. Каки́е языки́ зна́ет господи́н Вегер, каки́е – господи́н Соро́кин, каки́е – господи́н Соколо́в?
5. Как господи́н Вегер говори́т по-ру́сски?
6. Како́й язы́к его́ родно́й?
7. Он хорошо́ говори́т по-францу́зски? А по-англи́йски?

▶ AB 5

3 Was erzählt Herr Weger seinen russischen Freunden über Herrn Соро́кин und Herrn Соколо́в?

4 Was berichtet Васи́лий Соколо́в zu Hause über Herrn Weger?

5 Über welche Sprachkenntnisse verfügen Ihre russischen Bekannten? Unterhalten Sie sich mit ihnen und stellen Sie Fragen:

Каки́е языки́ они́ зна́ют? Как они́ понима́ют / говоря́т / чита́ют на э́том языке́? Како́й язы́к они́ сейча́с изуча́ют?

6 Wie schätzen Sie Ihre Fremdsprachen-kenntnisse ein? Berichten Sie Ihren Gesprächspartnern darüber.

B

 ▶ AB 6

1 Господи́н Соро́кин bringt Herrn Weger zurück ins Hotel.

– Ну, господи́н Соро́кин, как ва́ши де́ти?

– Со́ня, как вы, наве́рно, ещё по́мните, студе́нтка. Изуча́ет неме́цкий язы́к на филологи́ческом факульте́те, уже́ на четвёртом ку́рсе. Васи́лий говори́т, что она́ о́чень хорошо́ говори́т по-неме́цки: о́чень мно́го чита́ет, осо́бенно лю́бит литерату́ру. Поэ́тому она́, наве́рно, так хорошо́ говори́т по-неме́цки.

– Да, да, чита́ть – э́то о́чень помога́ет.

– Я то́же всегда́ так говорю́.

– Она́ уже́ была́ на За́паде?

– Да, в Ле́йпциге.

– А ваш сын?

– Он то́же студе́нт.

– Да что вы говори́те? Уже́ студе́нт?

– Да, Андре́й в экономи́ческом институ́те на пе́рвом ку́рсе.

– А ко́нкурс был большо́й?

– Да, сейча́с в экономи́ческом институ́те, как и на филологи́ческом факульте́те, большо́й ко́нкурс.

– И он то́же изуча́ет языки́?

– Да, англи́йский, но он ещё пло́хо говори́т и понима́ет по-англи́йски. Но о́чень лю́бит матема́тику и информа́тику. А вот и ва́ша гости́ница. Спаси́бо за ваш визи́т.

– Большо́е спаси́бо, господи́н Соро́кин. До свида́ния.

– До свида́ния.

2 Herr Weger wird von seinen Bekannten über die Familie Соро́кин ausgefragt. Er beantwortet die Fragen, so gut er kann.

1. Где рабо́тает Серге́й Никола́евич?
2. Что де́лают его́ де́ти?
3. Со́ня сейча́с на како́м ку́рсе? А Андре́й?
4. Како́й язы́к она́ изуча́ет?
5. Мы зна́ем, что она́ хорошо́ говори́т по-неме́цки? Почему́?
6. А како́й язы́к изуча́ет Андре́й?
7. Как он зна́ет э́тот язы́к?
8. Андре́й лю́бит языки́?

3 Hören Sie den Text auf der Kassette und stellen Sie fest, ob die Aussagen dem Inhalt des Gesprächs entsprechen.

4 Ihr Bekannter Georg studiert in Hamburg im 4. Semester Englisch und Russisch. Englisch spricht er schon sehr gut, Russisch noch nicht. Er liest verhältnismäßig wenig russische Bücher im Gegensatz zu englischen. Ihre russischen Bekannten wollen einiges über Georg erfahren. Erzählen Sie von ihm.

5 Erzählen Sie von sich und Ihren Geschwistern oder von Ihren Freunden. Studieren sie (in welchem Semester), wer geht noch zur Schule (шко́ла), welche Fremdsprachen lernen oder sprechen sie?

Так говорят русские

- Sie fragen nach dem Befinden: | Как вы поживáете?
- Und nach den Kindern: | Как вáши дéти?
- Sie antworten darauf: | Спасúбо, (óчень) хорошó.
- Sie melden sich am Telefon: | Аллó. / Слýшаю.
- Sie stellen sich am Telefon vor: | Э́то (говорúт) …
- Sie danken für etwas: | Спасúбо за комплимéнт / визúт.
- Sie reagieren auf eine Vorstellung: | О́чень рад / рáда.
- Sie schließen sich an: | Я тóже.
- Sie drücken Ihre Verwunderung aus: | Да что вы говорúте?
- Sie wenden sich an jemanden: | Простúте, пожáлуйста, …/
  Скажúте, пожáлуйста, …

1 Verb: i-Konjugation

говорúть			
я	говор-**ю́**	мы	говор-**и́м**
ты	говор-**и́шь**	вы	говор-**и́те**
он		они́	говор-**я́т**
онá	говор-**и́т**		
онó			

Tritt in der 1. Person Sg. ein Konsonantenwechsel auf, so wird dies in der Lektionswortschatz angegeben:

вúдеть – вú**ж**у, вúдишь, …, вúдят
готóвить – готó**вл**ю, готóвишь, …, готóвят
любúть – лю**бл**ю́, лю́бишь, …, лю́бят

2 Adverb

интерéс**ный**	→	интерéс**но**	
регуля́р**ный**	→	регуля́р**но**	
хорó**ший**	→	хорошó	(Betonung!)
плохó**й**	→	плóхо	(Betonung!)
рýсск**ий**	→	по-рýсск**и**	(Sprachenadverb)
немéцк**ий**	→	по-немéцк**и**	(Sprachenadverb)

3   Substantiv auf -ия: Präp. Sg.

Nom. Sg.	Росси́я	А́встрия	Герма́ния	Швейца́рия
Präp. Sg.	в Росси́и	в А́встрии	в Герма́нии	в Швейца́рии

4   Substantiv: Nom., Akk. (unbelebt) Pl.

	maskulin	*neutrum*	*feminin*
hart	рестора́ны	ко́льца	гости́ницы
	па́рки*		ма́рки*
weich	писа́тели	моря́**	ста́нции
	музе́и		се́мьи**

 * Nach den Zischlauten **ж, ш; ч, щ** und den Kehllauten **г, к, х** steht nie **ы**, sondern immer **и** (ы/и-Regel).

** Beachten Sie den Betonungswechsel bei мо́ре → моря́, семья́ → се́мьи!

5   Adjektiv, Pronomen: Nom., Akk. (unbelebt) Pl.

Die Adjektive und Pronomina werden im Plural nicht mehr nach den Geschlechtern unterschieden:

Adjektiv	Pronomen
но́в**ые**	э́т**и**
хоро́ш**ие***	мо**и́**
больш**и́е***	тво**и́**
	на́ш**и***
	ва́ш**и***

 * (ы/и-Regel)

6   Faustregel

Adjektiv-Substantiv-Block: Nom. Pl.

maskulin / feminin

-ые	**-ы**	но́вые рестора́ны
		но́вые кварти́ры

▶ AB 7/8

1 Was sagen Sie in den folgenden Situationen?

1. Das Telefon läutet, Sie heben ab.
2. Sie rufen Ihren Geschäftspartner an und stellen sich vor.
3. Sie bedanken sich für den Besuch und das Kompliment.
4. Sie fragen nach dem Befinden
   a) Ihres Freundes und
   b) Ihrer Kollegin.
5. Sie fragen nach dem Befinden der Kinder Ihrer Bekannten.
6. Man fragt Sie, wie es Ihnen geht.
7. Sie wenden sich an eine Passantin mit der Frage, wo der Rote Platz ist.
8. Sie wundern sich über die Worte Ihrer Gesprächspartnerin.

▶ AB 9

2 Im Gespräch mit Freunden kommt die Sprache auf ihre abendliche Lieblingsbeschäftigung (Musik hören, Sprachen lernen, lesen, …). Da Sie gerne lesen, erzählen Sie, was Sie alles lesen. Erkundigen Sie sich nach den Lesegewohnheiten Ihrer Freunde: Was lesen sie gern? In welcher Sprache? Vielleicht auch Romane? (Вы читáете и ромáны? Вы лю́бите детекти́вные ромáны?)

3 Sie interessieren sich für die Sprachkenntnisse Ihrer neuen Bekannten. Verwenden Sie die höfliche Anrede (Скажи́те, пожáлуйста, … / Прости́те, пожáлуйста, …) und machen Sie sich Notizen.

▶ AB 10 / 11

4  Hören Sie von der Kassette den Ausschnitt aus einem Interview, und beantworten Sie die Fragen.

1. Wie heißen die beiden Gesprächspartner?
2. Ри́та – студéнтка? Где? На какóм кýрсе?
3. Онá лю́бит изучáть языки́?
4. О какóм писáтеле онá готóвит дипло́мную рабóту?
5. Онá ужé былá за грани́цей? Где и когдá?

5 Schreiben Sie in einem Brief an Ihre russischen Freunde über Ihre bevorzugte Freizeitbeschäftigung. Sie lesen gern, und nicht nur in Ihrer Muttersprache. Was lesen Sie am liebsten? Erwähnen Sie kurz, welche Fremdsprachen Sie beherrschen, und erzählen Sie, in welchen Fremdsprachen Sie manchmal lesen. Erinnern Sie sich noch an die Briefform (siehe 1. Lektion)?

Вы это уже знаете?

Um an einer russischen Universität zu studieren, gibt es zwei Voraussetzungen: die abgelegte Reifeprüfung (Abitur) und die bestandene Aufnahmeprüfung an dieser Universität, die nur eine begrenzte Anzahl von Studienplätzen anbietet. Da sich um einen Studienplatz an manchen Universitäten 20, 25 Schulabsolventen (абитуриéнты) bewerben, wird die Aufnahmeprüfung als eine Art Wettbewerb, auf russisch «кóнкурс», durchgeführt. Die Prüfungsfächer umfassen рóдной рýсский язы́к (die russische Muttersprache), ein studienbezogenes Fach und (in der Regel) eine Fremdsprache (иностра́нный язы́к). Manche Universitäten bieten bereits Studienplätze ohne Aufnahmeprüfungen an. Dafür ist aber für das Studium eine nicht geringe Studiengebühr zu zahlen.

Am begehrtesten sind zur Zeit Wirtschaftsuniversitäten (экономи́ческие университéты) und philologische Fakultäten (филологи́ческие факультéты) mit Ausbildung in zwei Fremdsprachen. Bei der Aufnahmeprüfung an philologischen Fakultäten wird in den gängigen Fremdsprachen (англи́йский язы́к, францýзский язы́к, немéцкий язы́к, …) ein hohes Sprachniveau vorausgesetzt.

3 В Москве

А

▶ AB 1

1 У кассы

– У вас ещё есть билеты в консерваторию?
– На сегодня?
– Да.
– Есть ещё.
– Отлично. Два билета в партер, пожалуйста.
– Вот пожалуйста.

2 Sie möchten an einem Kiosk die Zeitschrift «Новое время» und Ansichtskarten (открытка) kaufen.

3 Ihnen sind die Zigaretten (сигарета) ausgegangen. Fragen Sie am Kiosk, ob und welche Zigaretten es gibt. Kaufen Sie eine gängige internationale Marke.

▶ AB 2

Б

▶ AB 3

1 Встреча на улице

– Тамара Ивановна! Здравствуйте. Очень рад вас видеть.
– Добрый день, господин Вегер. Я тоже. Вы на работу?
– Нет, сегодня у меня свободный день: осматриваю город.
– И ещё в такую хорошую погоду!
– Да, погода сегодня действительно прекрасная.
– В Кремле вы уже были?
– Да, вчера, и на Красной площади. Сейчас иду на Тверскую. Говорят, что это очень интересная улица: красивые здания, магазины, …,

– Тверская, действительно, интересная улица. Ну, тогда всего доброго, господин Вегер.
– До свидания, Тамара Ивановна, всего доброго.

2 Sie haben sicher alles verstanden.

1. Куда идёт господин Вегер?
2. Какая в этот день погода?
3. Почему он идёт на Тверскую?
4. Что он уже знает в Москве?

▶ AB 4

3 Sie treffen in Ihrer Heimatstadt einen russischen Bekannten. Er macht gerade eine Stadtbesichtigung. Unterhalten Sie sich mit ihm darüber.

B

1 Вот что мы чита́ем в путеводи́теле (Reiseführer) о Тверско́й у́лице.
Lassen Sie sich nicht beirren, wenn Sie das eine oder andere unbekannte Wort nicht
übersetzt vorfinden. Der Textzusammenhang hilft Ihnen, alles zu verstehen.

Тверская – главная улица Москвы. Начало улицы –
Манежная площадь. Здесь гостиница «Националь»
и новое современное здание гостиницы «Инту-
рист». Слева по улице Центральный телеграф, а
5 дальше красивое оригинальное здание городской   город

мэрии ипамятник Юрию Долгорукому, основателю   Rathaus, Gründer
Москвы. Русские национальные блюда готовят на   Speisen
Тверской в ресторане «Центральный». Он на пра-   справа
вой стороне улицы. Справа и слева по улице –   Seite
10 магазины и кафе. Дальше по правой стороне
Пушкинская площадь и памятник Пушкину в центре. Здесь на площади современный кинотеатр
«Россия» и станции метро «Тверская», «Пушкин-
ская», «Чеховская». Ещё не много вперёд – и вы на etwas, nach vorne
15 Триумфальной площади. Здесь знаменитый кон-   berühmt
цертный зал имени Чайковского, где часто звучит   erklingen
современная и классическая музыка.

2   Sie haben den Text sicher verstanden. Suchen Sie auf dem Stadtplan die im Prospekt
    genannten Sehenswürdigkeiten und sprechen Sie darüber.

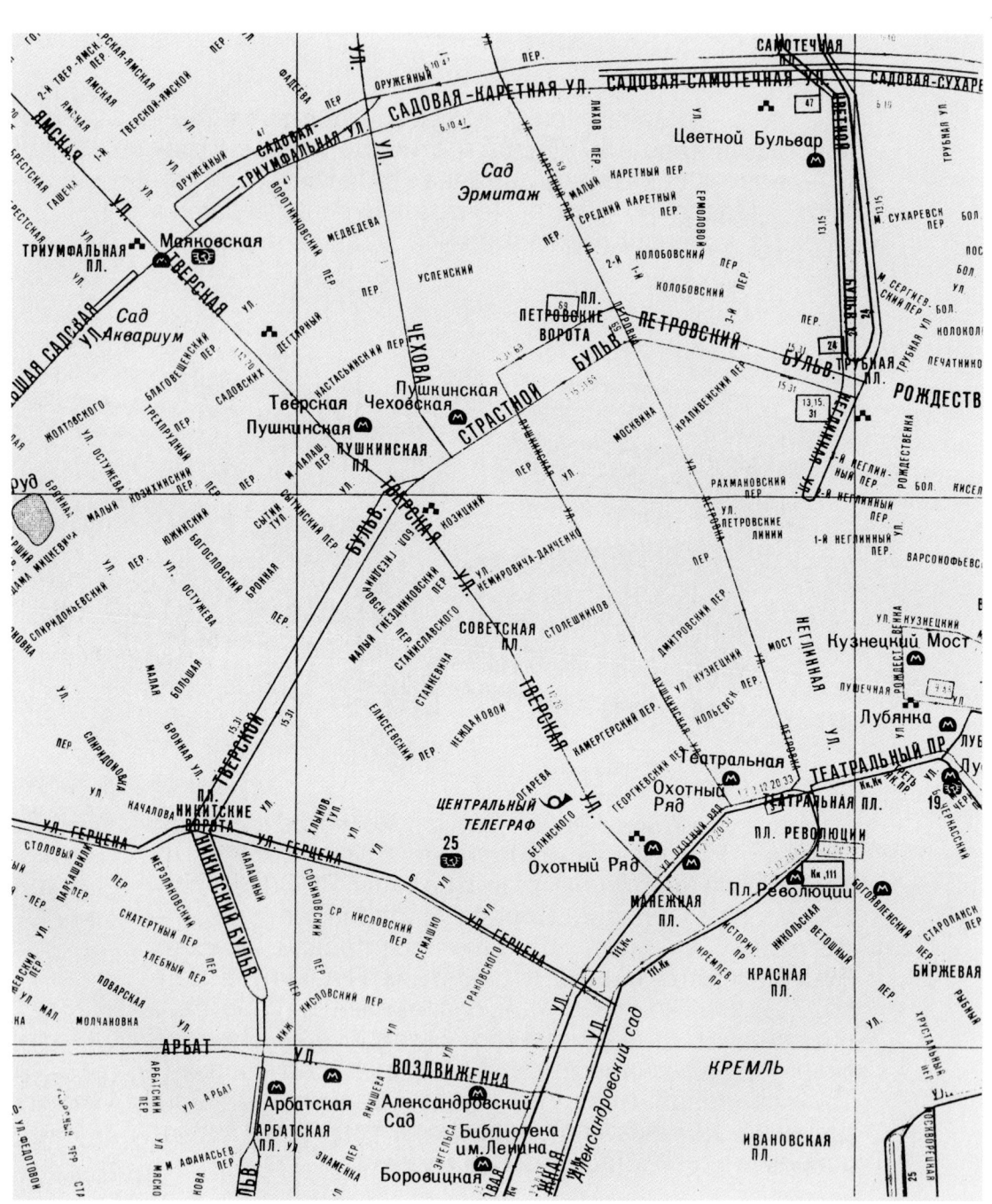

Г   ▶ AB 5/6   ▶ AB 7

1 Разгово́р по телефо́ну

- Алло́.
- Здра́вствуйте, Лари́са Петро́вна. Э́то Вегер.
- Здра́вствуйте, господи́н Вегер.
- Скажи́те, пожа́луйста, Никола́й до́ма?
- Его́ нет.
- Он, наве́рно, ещё на рабо́те?
- Нет, он у знако́мого.
- Лари́са Петро́вна, я зна́ю, что Никола́й о́чень лю́бит гру́ппу «Бра́во». И у меня́ есть биле́ты на их конце́рт, но на сего́дня. Програ́мма о́чень хоро́шая!
- О́чень интере́сно. Но, к сожале́нию, Никола́й бу́дет сего́дня то́лько о́чень по́здно. Он у знако́мого на да́че, у них там нет телефо́на.
- О́чень жаль. Но ничего́ не поде́лаешь. До свида́ния.
- Всего́ до́брого.

2 Haben Sie verstanden, warum Herr Weger mit Никола́й sprechen möchte? Fassen Sie das Gespräch kurz zusammen.

3 Sie möchten Ihren Bekannten Михаи́л für heute ins Stadion einladen. Seine Frau sagt Ihnen, daß er nicht zu Hause ist.

▶ AB 8/9

Так говоря́т ру́сские

■ Sie begrüßen jemanden:	Здра́вствуйте! / Здра́вствуй! / До́брый день! / До́брый ве́чер!
■ Sie verabschieden sich:	До свида́ния!
■ Sie wünschen alles Gute:	Всего́ до́брого!

1 **Personalpronomen: Gen., Akk.**

Nom.	я	ты	он	оно́	она́	мы	вы	они́
Gen., Akk.	меня́	тебя́	его́*	его́*	её*	нас	вас	их*

* Steht vor den Personalpronomina der 3. Person eine Präposition, so erfolgt ein sogenannter н-Vorschlag: у него́, у неё, у них.

2 »haben«: y + Gen.

У тебя́ есть биле́ты?	Hast du Karten?
	(*wörtlich:* Bei dir sind Karten?)
У меня́ уже́ есть биле́т.	Ich habe schon eine Karte.
	(*wörtlich:* Bei mir schon ist eine Karte.)
У вас есть ма́рка?	Haben Sie eine Briefmarke?
	(*wörtlich:* Bei Ihnen ist eine Briefmarke?)

3 Substantiv: Gen. Sg.

	maskulin	*neutrum*	*feminin*
hart	рестора́на	кольца́	ко́мнаты
			ма́рки*
weich	Кремля́	мо́ря	семьи́
	музе́я		Росси́и

* ы /и-Regel

4 Adjektiv, Pronomen: Gen. Sg.

maskulin /neutrum	*feminin*
но́вого	но́вой
ма́ленького	ма́ленькой
большо́го	большо́й
хоро́шего*	хоро́шей*
э́того	э́той
моего́	мое́й
на́шего*	на́шей*
э́того интере́сного журна́ла	э́той интере́сной газе́ты
ма́ленького музе́я	ма́ленькой ма́рки
моско́вского Кремля́	большо́й семьи́
моего́ му́жа	мое́й жены́
на́шего хоро́шего ме́неджера	хоро́шей больни́цы

* Nach **ш** wird unbetontes **o** zu **e** (o/e-Regel).

5   Faustregel

Adjektiv-Substantiv-Block: Gen. Sg.

maskulin / neutrum		*feminin*	
-ого	**-а**	**-ой**	**-ы**
нóвого ресторáна		нóвой газéты	

6   Belebt – unbelebt

Im grammatikalischen Sinn belebt sind alle Menschen und Tiere. Im Singular ist die Kategorie *belebt – unbelebt* nur für maskuline Substantive relevant:

mask. belebt:	Akk. Sg. = Gen.	Я знáю Борúса.
mask. unbelebt:	Akk. Sg. = Nom.	Я знáю инститýт.

Борúс	Я знáю Борúса.	→	Я знáю мáленьк**ого** Борúс**а**.
Волóдя	Я знáю Волóд**ю**.	→	Я знáю мáленьк**ого** Волóд**ю**.

7   »nicht haben« (Verneinung des Vorhandenseins): нет + Gen.

У нас нет телефóн**а**.	Wir haben kein Telefon.
	(*wörtlich:* Bei uns ist nicht des Telefons.)
Там нет музé**я**.	Dort gibt es kein Museum.
	(*wörtlich:* Dort ist nicht des Museums.)
Ирúны нет дóм**а**.	Irina ist nicht zu Hause.
	(*wörtlich:* Der Irina ist nicht zu Hause.)

8   Hilfsverb »sein«: Futur

быть				
я	бýд-**у**	мы	бýд-**ем**	– Когдá ты бýдешь дóма?
ты	бýд-**ешь**	вы	бýд-**ете**	– Вéчером, óчень пóздно.
он		они	бýд-**ут**	
онá	бýд-**ет**			
онó				

9   Unpersönliches »man«

Zum Ausdruck von »man« steht häufig die 3. Person Pl. des Verbs ohne Personalpronomen:

Говоря́т, что …   Man sagt, daß …
Здесь говоря́т по-ру́сски.   Hier spricht man Russisch.

▶ AB 10–12

1 Sie treffen auf der Straße in Moskau Ihre russische Bekannte Ве́ра: Sie plaudern mit ihr darüber, daß Sie heute, obwohl das Wetter nicht besonders schön ist, einen Stadtbummel unternehmen und sich das Stadtzentrum, insbesondere den Roten Platz und den Kreml, ansehen. Ве́ра selbst ist auf dem Weg zur Arbeit.

2 Sie rufen Ihre russische Bekannte Та́ня an und möchten sie in die Oper einladen. Ihre Mutter ist am Apparat und teilt Ihnen mit, daß Та́ня noch in der Bibliothek ist. Sie kennen die Telefonnummer von Tanjas Arbeitsstelle. Sie bedanken und verabschieden sich.

3 Sie wollen Ihren Bekannten Михаи́л Никола́евич Тата́ринов telefonisch ins Theater einladen. Sie haben Karten für sein Lieblingstheater, das Большо́й теа́тр. Seine Frau hebt ab und teilt Ihnen mit, daß ihr Mann nicht zu Hause ist. Er wird erst morgen (за́втра) wieder da sein, da er auf einer Dienstreise (командиро́вка, в командиро́вке) in Petersburg ist. Sie bedauern und verabschieden sich.

4 Sie sind in einer Ausstellung (вы́ставка). Dort treffen Sie Ihre Kollegin, Frau Бара́нова. Drücken Sie Ihre Überraschung aus, sie hier zu sehen. Sie teilt Ihnen mit, daß sie Bilder (карти́на) auch sehr schätzt. Dann macht Frau Бара́нова Sie mit ihrem Mann Ви́ктор Алексе́евич bekannt. Anschließend: Small talk über das Wetter.

5 Sie unterhalten sich mit Ihren Bekannten über Ihre kulturellen Vorlieben: Wer liest was/wen? Wer hört was/wen? Wer sieht sich was/wen an (смотре́ть – смотрю́, смо́тришь, …, смо́трят)?

6 Schreiben Sie eine kurze Nachricht an Ihre Bekannte, daß Sie heute abend bei Серге́й und Ва́ля sind und spät kommen werden.

7 Hinterlassen Sie Ihrem Arbeitskollegen eine kurze Notiz, daß Sie morgen später ins Büro kommen werden, weil Sie in der Früh zum Arzt gehen.

8 Schreiben Sie Ihrem russischen Mitbewohner eine Notiz, daß Sie heute abend im Theater sind und erst sehr spät kommen werden.

9 Beschreiben Sie Ihrer russischen Brief-
freundin die schönste Straße Ihrer
Heimatstadt.

10 Hören Sie das Gespräch zwischen
Бори́с und Вале́рий. Kreuzen Sie die
zutreffenden Aussagen an.
Diese Wörter sollten Sie sich vorher
merken:

Приходи́те!	Kommen Sie!/ Kommt!
друго́й	der andere
в друго́й день	am nächsten Tag

Бори́с
☐ москви́ч.
☐ не москви́ч, сейча́с он в
командиро́вке в Москве́.

Вале́рий
☐ москви́ч.
☐ не москви́ч, сейча́с он в
командиро́вке в Москве́.

Ната́ша
☐ жена́ Бори́са.
☐ жена́ Вале́рия.
☐ сестра́ Бори́са.

Вале́рий рабо́тает сейча́с
☐ в библиоте́ке.
☐ в институ́те.
☐ в ба́нке.

Сего́дня ве́чером Вале́рий и Ната́ша
бу́дут
☐ в теа́тре.
☐ в Большо́м теа́тре.
☐ у Бори́са.

▶ AB 13–16

Вы это уже знаете?

Moskau wird das erste Mal in einer Chronik des 12. Jahrhunderts erwähnt. Fürst
Ю́рий Долгору́кий aus Су́здаль hatte am südwestlichen Rand des heutigen
Kremls eine Festung aus Holz errichten lassen. In dieser Chronik ist unter dem
Jahr 1147 vermerkt, daß er den Kiewer Fürsten Святосла́в zu einem Treffen
5 nach Moskau einlud. Die Entwicklung Moskaus konnte auch durch das
»mongolisch-tatarische Joch«, unter dem die »russische Erde« (ру́сская земля́)
vom 13. bis ins 15. Jahrhundert litt, nicht verhindert werden. Gegen Ende des
15. Jahrhunderts besiegten die russischen Heere unter dem Moskauer Fürsten
Ива́н III die Tataren endgültig, der Moskauer Großfürst Ива́н III wurde zum
10 Herrscher Rußlands (госуда́рь всея́ Руси́), und Moskau zur Hauptstadt.
Moskau blieb Hauptstadt bis 1712, als Zar Peter der Große (царь Пётр I) die
Hauptstadt in das 1703 gegründete Санкт-Петербу́рг verlegte. Nach der
Oktoberrevolution (1917) wurde Moskau im Jahre 1918 wieder die Hauptstadt
des neuen Staates, der von 1924 bis 1991 den Namen Union der sozialistischen
15 Sowjetrepubliken (Сою́з Сове́тских Социалисти́ческих Респу́блик) oder
Sowjetunion (Сове́тский Сою́з) trug.

4 Музыкальный вечер

A

1 Господин Вегер заказывает по телефону билеты.

– Алло́.
– Здра́вствуйте. У вас ещё есть биле́ты на суббо́ту?
– Что? Биле́ты? А вы куда́ звони́те?!
– В консервато́рию.
– А э́то кварти́ра.
– Ой, прости́те, пожа́луйста.

2 Sie wollen telefonisch im Большо́й теа́тр Karten für Samstag bestellen, haben sich aber verwählt …

▶ AB 1/2

3

– Консервато́рия.
– Здра́вствуйте. У вас есть би́леты на суббо́ту?
– Нет.
– А на воскресе́нье?
– На воскресе́нье есть.
– Отли́чно. Пожа́луйста, оди́н биле́т на фами́лию Вегер.
– На Бергер?
– Нет, на Вегер.
– А, на Вегер.
– Да. А когда́ спекта́кль начина́ется?
– В семь.
– В семь часо́в. Спаси́бо, до свида́ния.
– До свида́ния.

4 Ist das richtig? Falls nicht, korrigieren Sie.

1. Господи́н Вегер звони́т в Большо́й теа́тр и зака́зывает два биле́та на суббо́ту.
2. Спекта́кль начина́ется в шесть часо́в.

5 Sie rufen im Ма́лый теа́тр an und fragen, wann die heutige Vorstellung beginnt. Man teilt es Ihnen mit (sieben Uhr). Bestellen Sie Karten auf Ihren Namen.

Б

1   В гостинице администратор даёт господину Вегеру два письма. Господин
    Вегер их, конечно, сразу открывает и читает.

МОСКВА
Кремль. Успенский собор
MOSCOW
The Kremlin. The Assumption Cathedral

© Издательство «Панорама». Москва. 1991 г. Тип. изд-ва «Коммунар». г. Тула.

Изд. № 1042-02927.
Т. 100 000 экз.
Зак. 246.

*Дорогой господин
Вегер!*

*к сожалению,
завтра буду поздно
в редакции, после
обеда, в 2 часа.*

*Ваш
Алексей Соколов*

*117 437 Москва
пл. Революции
Гостиница
"Метрополь"
комн. № 517
г-ну Вегеру*

Фото В. Полякова

2   Entspricht das Telefongespräch auf der Kassette dem Inhalt dieses Briefes? Liefert das
    Telefonat zusätzliche Informationen? Wenn ja, welche?

▶ AB 3

3 Вот какую открытку пишет господину Вегеру Лариса.

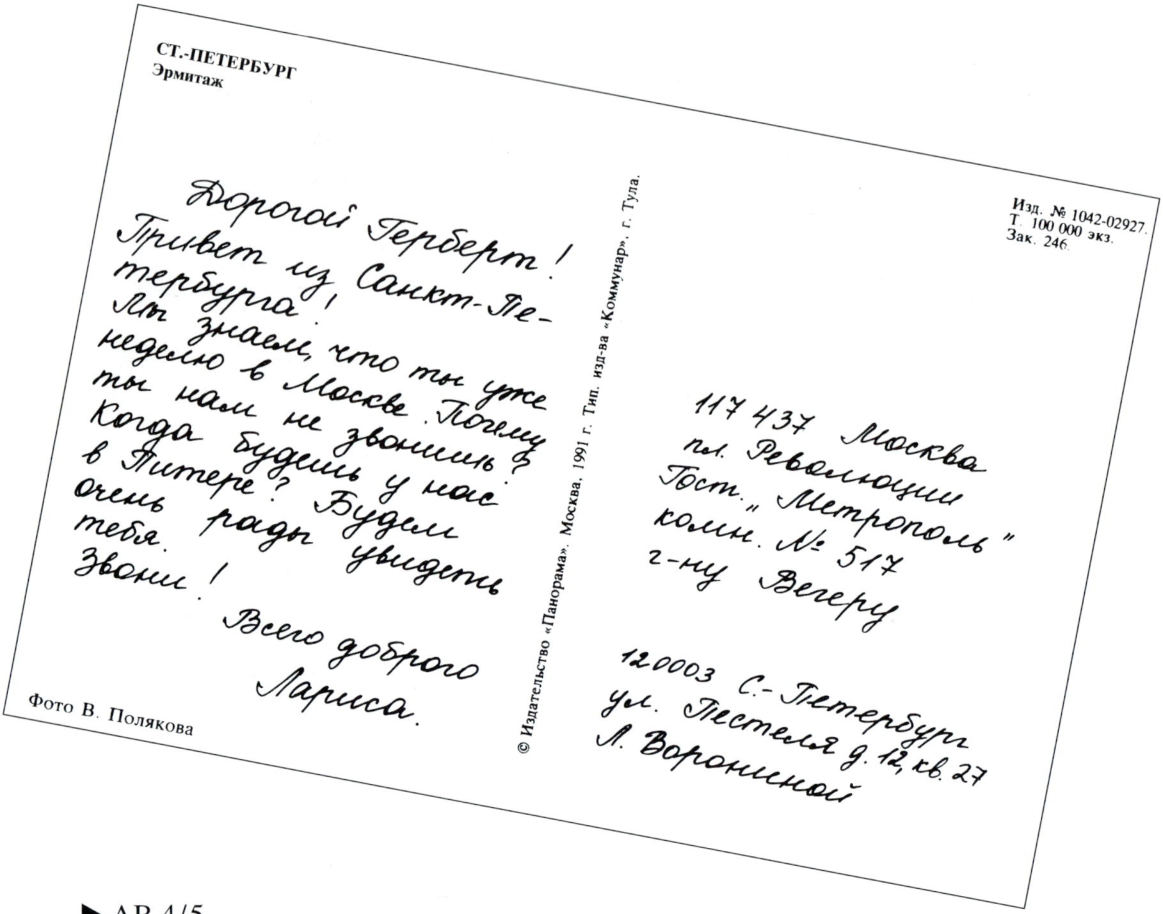

СТ.-ПЕТЕРБУРГ
Эрмитаж

Изд. № 1042-02927.
Т. 100 000 экз.
Зак. 246.

© Издательство «Панорама». Москва. 1991 г. Тип. изд-ва «Коммунар», г. Тула.

Дорогой Герберт!
Привет из Санкт-Петербурга!
Мы знаем, что ты уже неделю в Москве. Почему ты нам не звонишь? Когда будешь у нас в Питере? Будем очень рады увидеть тебя. Звони!
Всего доброго
Лариса.

117 437 Москва
пл. Революции
Гост. "Метрополь"
комн. № 517
г-ну Вегеру

120003 С.-Петербург
ул. Пестеля д. 12, кв. 27
Л. Ворониной

Фото В. Полякова

▶ AB 4/5

4 Schicken Sie Ihren russischen Bekannten Grüße.

В

1 У входа в консерваторию

– У вас лишнего (билета) нет?
– Есть, один.
– Прекрасно, и даже в партере. Большое вам спасибо.
– Пожалуйста.

2 В консерватории

– Ваш билет. … Партер, третий ряд, направо, пожалуйста.
– Спасибо. А программа есть?
– Есть, пожалуйста.
– Спасибо.

3   Finden Sie etwas Interessantes?

ПРИГЛАСИТЕЛЬНЫЙ БИЛЕТ

БОЛЬШОЙ ЗАЛ КОНСЕРВАТОРИИ

12 - Академический симфонический оркестр Самарской государственной филармонии. Дирижер - М. Щербаков. **13** - Закрытие фестиваля искусств "Русская зима". Авторский концерт Евгения Светланова. **14** - Вечер фортепьянной музыки. Л. Тимофеева. Шопен. **15** (день) - "По странам и континентам". Государственный симфонический оркестр п/р В. Дударовой. "Вена-Берлин". Малер, Штраус. **15** (вечер) - Хор Академии хорового искусства. Академический симфонический оркестр МГФ. Танеев, Рахманинов, Б. Петров.

МАЛЫЙ ЗАЛ КОНСЕРВАТОРИИ

14 - Федор Аникеев (тенор). Произведения русских и итальянских композиторов. **15** - Алексей Кошванец (скрипка). Прокофьев, Стравинский, Дебюсси, Шоссон, Равель.

МУЗЫКАЛЬНАЯ ГОСТИНАЯ ДОМА ШУВАЛОВОЙ

13 - В рамках монофестиваля "Рождество в старой Москве" концерт церковной музыки Московского ансамбля старинной музыки.

БОЛЬШОЙ ТЕАТР

12 - "Севильский цирюльник". **13** - "Щелкунчик". **15** - Бал-маскарад. **17** - "Золотой петушок". **18** - "Лебединое озеро".

МАЛЫЙ ТЕАТР

▶ AB 6–8

4   Во время антракта

– Какой сюрприз! Нина Сергеевна!

– Добрый вечер, господин Вегер. Значит, и вы любите концерты.

– Да, очень. Дома часто хожу.

– Господин Вегер, познакомьтесь: мой муж Алексей Петрович.

– Очень рад, господин Вегер.

– И я тоже. Вы часто ходите на концерты?

– Я не часто, но Нина очень любит классическую музыку, особенно Бетховена.

– Да, но, к сожалению, редко хожу на концерты. Иногда дома слушаю. А как вам нравится концерт, господин Вегер?

– Очень. Особенно мне нравится дирижёр.

– Да, Ростропович известный дирижёр.

– А вам, Пётр Алексеевич, концерт тоже нравится?

– Да, нравится. Но меня зовут Алексей Петрович.

– Простите, пожа-…

– Ничего, ничего. Но мне особенно интересно будет сейчас: очень люблю Мусоргского.

– Я Мусоргского не очень знаю. Поэтому мне тоже будет очень интересно. А вам, Нина Сергеевна, Мусоргский нравится?

– Да, нравится, но … (звонок)

– Уже третий звонок. До свидания, господин Вегер.

– До свидания, всего доброго.

▶ AB 9

5   Sie sind mit einer Bekannten in der Oper. Dort treffen Sie Ihren Kollegen, Herrn Сорокин. Machen Sie die beiden miteinander bekannt.

- ■ Sie grüßen in einem Brief: Серде́чный приве́т из …
- ■ Sie machen miteinander bekannt: Познако́мьтесь!
- ■ Sie fragen nach dem Namen: Как вас зову́т?/ Как тебя́ зову́т?
- ■ Sie nennen Ihren Namen: Меня́ зову́т …

1   Substantiv: Dat. Sg.

	maskulin	*neutrum*	*feminin*
hart	рестора́ну	кольцу́	ко́мнате
weich	Кремлю́	мо́рю	семье́
	музе́ю		Росси́и

2   Adjektiv, Pronomen: Dat. Sg.

maskulin/neutrum	*feminin*
но́вому	но́вой
ма́ленькому	ма́ленькой
большо́му	большо́й
хоро́шему*	хоро́шей*
э́тому	э́той
моему́	мое́й
на́шему*	на́шей*
э́тому интере́сному журна́лу	э́той интере́сной газе́те
ма́ленькому музе́ю	ма́ленькой ма́рке
моско́вскому Кремлю́	большо́й семье́
моему́ му́жу	мое́й жене́
на́шему хоро́шему ме́неджеру	хоро́шей больни́це

* o/e-Regel

3   Russische Familiennamen: Dat. Sg.

In der Briefanschrift steht der Name im Dativ. Maskuline russische Familiennamen
auf **-ов**, **-ев**, **-ин** enden auf **-у**, feminine Familiennamen auf **-ой**.

maskulin	*feminin*
А. С. Соколо́ву	Н. А. Соколо́вой

4   Faustregel

Adjektiv-Substantiv-Block: Dat. Sg.

maskulin/neutrum	*feminin*
-ому **-у**	**-ой** **-е**
э́тому но́вому студе́нту	э́той но́вой студе́нтке
Золото́му кольцу́	

5   Personalpronomen: Dat.

Nom.	я	ты	он	оно́	она́	мы	вы	они́
Dat.	мне	тебе́	ему́*	ему́*	ей*	нам	вам	им*

* Steht vor einem Pronomen der 3. Person eine Präposition, erfolgt ein sogenannter **н**-Vorschlag:
к **н**ему́, к **н**ей, к **н**им.

6   Verb »gehen«: Präsens

Zum Ausdruck der Tätigkeit »gehen« gibt es im Russischen zwei Verben:

идти́*				ходи́ть			
я	ид-у́	мы	ид-ём	я	хож-у́	мы	хо́д-им
ты	ид-ёшь	вы	ид-ёте	ты	хо́д-ишь	вы	хо́д-ите
он/она́	ид-ёт	они́	ид-у́т	он/она́	хо́д-ит	они́	хо́д-ят

* Entsprechend konjugiert wird das Verb:
жить – жив-у́, жив-ёшь, …, жив-у́т.

Im angesprochenen Moment in einer Richtung unterwegs sein:

– Куда́ вы идёте?
– Я иду́ на конце́рт в консервато́рию.

Сейча́с Ва́ля идёт в шко́лу.

Wiederholt unterwegs sein:

Мы ча́сто хо́дим на конце́рты.

Ва́ля уже́ хо́дит в шко́лу, в пе́рвый класс.

7 Uhrzeit

(оди́н) час	два	часа́	пять	часо́в
	три	часа́	…	
	четы́ре	часа́	двена́дцать	часо́в

Сейча́с три часа́.	Jetzt ist es drei Uhr.
Конце́рт начина́ется в семь часо́в.	Das Konzert beginnt um sieben Uhr.

▶ AB 10–15

1 Schreiben Sie an Ihren Russischkurs eine Ansichtskarte aus Rußland (Grüße aus …, Hotel, Wetter, Gesamteindruck, …).

2 Machen Sie Ihren Mann (Ihre Frau) mit Ihrem Arbeitskollegen, Herrn Тата́ринов, bekannt.

3 Sie sind mit Ihrer Frau (Ihrem Mann) in der Oper. Dort treffen Sie Ihre Kollegen, Herrn Маху́тин und Frau Мо́лотова. Machen Sie die drei miteinander bekannt. Unterhalten Sie sich über ihr gemeinsames Hobby: die Musik, ihre Lieblingskomponisten, …

4 Geben Sie diese Information an Ihre russischen Gesprächspartner weiter (Vorsicht, keine Übersetzung!):

Seit einiger Zeit gehen Sie nicht mehr so oft in Konzerte, obwohl Sie nach wie vor ein(e) große(r) Musikliebhaber(in) sind. Sie können selbst nicht sagen, warum. Vielleicht gehen Sie abends nicht mehr so gerne aus, vielleicht liegt es daran, daß Ihr(e) Bekannte(r) das Theater der Musik vorzieht und Sie jetzt öfter mal ins Theater gehen, vielleicht liegt es auch daran, daß Sie einmal pro Woche zu einem Freund (einer Freundin) gehen und dort Musik hören. Eines können Sie aber klar sagen: Sie haben immer noch keinen Fernsehapparat und sehen fast nie fern (смотре́ть телеви́зор).

5 Sie unterhalten sich mit Ihren russischen Bekannten darüber, was Sie abends am liebsten machen.

6 Schreiben Sie Ihrer russischen Arbeitskollegin eine kurze Mitteilung, daß Sie morgen später in die Firma kommen werden, erst um elf oder zwölf Uhr.

7 Was schreibt Herr Weger am Abend in sein Tagebuch?

Утром осматриваю город: Тверская, …
Вечером – консерватория (Бетховен, …) …

8 Obwohl alle Karten ausverkauft sind, versuchen Sie Ihr Glück. Wie fragen Sie?

9 Sie rufen im Kino «Октя́брь» an, um zu fragen, ob es für den Film «Идио́т» noch Karten für heute abend gibt. Sie verwählen sich.

Beim zweiten Versuch erreichen Sie das «Октя́брь». Auf Ihre Frage teilt man Ihnen mit, daß für heute alle Karten ausverkauft sind, es für morgen aber noch Karten gibt. Sie fragen nach dem Vorstellungsbeginn morgen abend (acht Uhr) und bestellen zwei Karten auf Ihren Namen.

Вы это уже знаете?

Die bekanntesten Theater Rußlands befinden sich in Moskau und Sankt Petersburg.

Die berühmtesten Sprechbühnen Moskaus sind: «Ма́лый теа́тр», «Моско́вский Худо́жественный Академи́ческий теа́тр» (МХАТ), das durch die Regisseure К.С. Станисла́вский und В.И. Немиро́вич-Да́нченко sowie durch die Werke von А.П. Че́хов und М. Го́рький Weltruhm erlangte, «Теа́тр на Тага́нке», dessen Ruf durch den Regisseur Е. Люби́мов begründet wurde.

Zu den berühmtesten Theatern Sankt Petersburgs zählen das «Большо́й драмати́ческий теа́тр» (hier wirkte lange Zeit der Regisseur Товстоно́гов) und das «Ма́лый драмати́ческий теа́тр».

Die berühmtesten Opern- und Balletthäuser Rußlands sind das «Большо́й теа́тр» in Moskau und das «Мари́инский теа́тр» (*früher*: Kirow-Theater) in Sankt Petersburg.

5 Повторение – мать учения

1 Sie werden von Ihrer Firma beauftragt, einen Petersburger Gast vom Flughafen abzuholen. Sie machen sich mit ihm bekannt und fragen ihn,
– ob er vielleicht Deutsch spricht,
– ob er zum ersten Mal hier ist,
– nach seinen Interessen,
– …

2 Während Ihres Aufenthaltes in Rußland werden Sie von Ihren Bekannten eingeladen. Sie schauen sich mit den Gastgebern das Familienalbum an und unterhalten sich über die Fotos.

3 Sie sind in einem Konzert in Ihrer Heimatstadt. Während der Pause treffen Sie zufällig eine russische Bekannte und unterhalten sich mit ihr über das Konzert.

4 In Moskau rufen Sie Ihren Geschäftspartner an, um mit ihm ein Treffen auszumachen. Er ist nicht zu Hause. Sie sprechen mit seiner Frau, die Sie auch kennen.

5 In Ihrer Heimatstadt treffen Sie Ihre russische Geschäftspartnerin, die das schöne Wetter nutzt, um die Stadt zu besichtigen. Sie unterhalten sich mit ihr über die Sehenswürdigkeiten.

6 Sie treffen in einer Ausstellung in Ihrer Heimatstadt einen russischen Bekannten. Sie unterhalten sich mit ihm.

7 Hören Sie einen Ausschnitt aus der Radiosendung «На́ше спра́вочное бюро́» und wählen Sie für Samstag ein Theaterstück oder eine Oper aus, die Sie gerne sehen möchten.

8 Sie brauchen eine Visitenkarte in russischer Sprache. Entwerfen Sie sie nach diesen Mustern.

ИНТЕРТРАНС
Митрофанов Михаил Сергеевич
Генеральный директор

Москва,
Молодежная улица,
д. 16

тел. 431-86-94
факс 431-86-92

Московский государственный университет
им. М.В.ЛОМОНОСОВА
Международная научно-практическая программа
"Русский язык в деловом общении"

Михалкина Ирина Владимировна

Кандидат педагогических наук
Директор

тел.: (095) 939-42-62
факс: (095) 939-30-19

РОССТРОМ

А. О. „Российская биржа
строительных материалов
и предметов домоустройства"

КОШЕЛЕВ АЛЕКСЕЙ НИКОЛАЕВИЧ
Заместитель генерального директора
по экономическим вопросам

117818, Москва
ул. Кржижановского, д.13

Тел. 124 42 24
Факс 124 42 24
Телекс 411737 БАКОР

9 Афи́ша

МАЛЫЙ ЗАЛ КОНСЕРВАТОРИИ
(тел. 229-81-83)

7 - Э. Элдридж (виолончель, США). **Ю. Акимото (фортепьяно,США).** Де Фа-лья, Брамс, Рахманинов. **8** - **Т. Папаврами (скрипка, Франция). С. Безродный (фортепьяно).** Тартини, Сарасате, Франк. **10** - Ансамбль старинной музыки "Орфари-он". **Т. Белякова (сопрано).** Немецкая и итальянская музыка начала XVIII в. **11** - **А. Князев (орган).** Гендель, Гайдн.

БОЛЬШОЙ ТЕАТР
(тел. 292-00-50)

6 - "Тоска". **7** - "Баядерка". **8** - "Трави-ата". **9** - "Сильфида". **10** - "Трубадур". **11** (утро) - "Чиполлино"; (вечер) - одноакт-ные балеты.

МАЛЫЙ ТЕАТР
(тел. 923-26-21)

6 - "Дядя Ваня". **7** - "Волки и овцы". **8** - "Царь Борис". **9** - "Преступная мать, или Второй Тартюф". **10** - "Смерть Иоанна Грозного". **11** - "Пир победителей".

ТЕАТР «САТИРИКОН»
(тел. 218-10-19)

6, 11 - "Сатирикон-шоу". **7** - "Багдад-ский вор". **8** - "Мнимый больной". **9** - "Си-рано де Бержерак". **10** - "Хозяйка гости-ницы".

ТЕАТР «СОВРЕМЕННИК»
(тел. 921-64-73)

5 - "Квартира Коломбины". **7** - "Реви-зор". **8** - "Мурлин Мурло". **9** - "Кот до-машний средней пушистости". **10** - "Четы-

ТЕАТР «У НИКИТСКИХ ВОРОТ»
п/р М. РОЗОВСКОГО
(тел. 202-82-19)

6 - "Игра в джин". **7** - "Дядя Ваня". **8** - "Бедная Лиза". **10** - "Роман о девочках". **11** - "Утиная охота".

КОНЦЕРТНЫЙ ЗАЛ «РОССИЯ»
(тел. 298-11-24)

6 - Поет нар. арт. РФ Р. Ибрагимов. **8, 11** - "Золушка" - классический балет В. Смирнова-Голованова. **9** - Балет п/р г-жи Шакти (Япония).

СЛАВЯНСКИЙ КУЛЬТУРНЫЙ ЦЕНТР
(тел. 231-26-31)

2 - И. Якунин (бас). Арии из опер, ро-мансы, народные песни. **8** - "Славянский звукоряд". Встреча с композиторами В. Беляевой, В. Довганем.

МУЗЕЙ-УСАДЬБА «КУСКОВО»,
ШЕРЕМЕТЬЕВСКИЙ ДВОРЕЦ
(тел. 299-98-51)

6 - Фестиваль "Музыка в музеях, двор-цах и усадьбах Москвы и Подмосковья". **Ансамбль солистов "Мадригал".** Музыка России, Италии и Англии XVI-XVIII вв. **8** - Камерный оркестр "Московская каме-рата". **Государственная капелла п/р В. Судакова. В. Журавлева (сопрано), С. Прытин (баритон), Н. Дорожкин (те-нор).** Бах, Моцарт, Шуберт.

ТЕАТР-КАБАРЕ «ЛЕТУЧАЯ МЫШЬ»
(тел. 229-86-61)

7 - "Я степую по Москве". **10** - "100 лет кабаре".

1. Wählen Sie aus dem Programm des Большо́й теа́тр eine Aufführung aus, die Sie gerne sehen möchten.

2. Rufen Sie im Большо́й теа́тр an und fragen Sie, ob es noch Karten gibt. Bestellen Sie drei Karten.

10 Beantworten Sie den Brief Ihrer russischen Bekannten.

Москва, 12 марта

Дорогая Ингрид!

Спасибо за твоё письмо. Как ты знаешь, Татьяна уже студентка экономического университета, изучает и иностранные языки (немецкий и английский). По-немецки она уже говорит не плохо, а по-английски уже читает тексты по экономике. Олег в 11 классе и тоже хочет изучать экономику. Теперь это очень модно.

Сейчас у нас больше свободного времени, и мы часто ходим в театры и на концерты. Вчера были в консерватории и слушали моего любимого Рахманинова: Второй концерт. Какая прекрасная музыка! Какой прекрасный композитор! А ты знаешь Рахманинова? Он тебе нравится?

Вот так мы и живём. А как у вас дела? Что вы делаете вечером, в субботу и воскресенье? Часто ли ходите в театр? Будем очень рады увидеть тебя летом в Москве.

Всего доброго!

Твои Катя и Миша

11 Кроссво́рд. Wenn Sie das Rätsel gelöst haben (nur senkrecht), finden Sie in einer der waagrechten Zeilen den Namen eines berühmten russischen Komponisten.

1	Anrede für eine Frau	14	Wetter
2	Dirigent	15	Haupt-
3	am Morgen	16	russisch
4	Ansichtskarte	17	kaufen
5	verstehen	18	Brief
6	nur	19	Schweiz
7	Krankenhaus		
8	Eintrittskarte		
9	warum		
10	am Abend		
11	machen		
12	jetzt, sofort		
13	der Bekannte		

▶ AB 1–9

6 Приглашаем в гости

A

1   Wissen Sie, wie Sie zu uns kommen?

– Вы зна́ете, как к нам попа́сть?
– Нет.
– На метро́ до ста́нции «Арба́тская», а пото́м ещё пять мину́т пешко́м.

▶ AB 1–3

2   Госпожа́ Штейнер живёт в гости́нице «Метропо́ль». Ра́но у́тром у неё в но́мере звони́т телефо́н.

– Алло́.
– До́брое у́тро, Ютта. Э́то Валенти́на.
– Валенти́на, до́брое у́тро.
– О́чень хорошо́, что вы ещё до́ма. Ютта, сего́дня ве́чером мы приглаша́ем вас в го́сти.
– Сего́дня ве́чером?
– Да. Сего́дня у нас бу́дут Со́ня и Ле́на.
– Со́ня и Ле́на? Како́й сюрпри́з!
– Ждём вас в пять часо́в.
– В пять часо́в. Зна́чит, я е́ду сра́зу по́сле рабо́ты.
– Наш а́дрес: проспе́кт Верна́д-ского, дом 106, кварти́ра 112. Вы зна́ете, как к нам попа́сть?
– Нет.
– На метро́ до ста́нции «Проспе́кт Верна́дского».
– А от ста́нции?

– Пешко́м еще де́сять мину́т.
– Э́то недалеко́. Хорошо́, в пять часо́в бу́ду у вас. Большо́е спаси́бо за приглаше́ние. До ве́чера.
– До ве́чера, Ютта.

3   Welche Aussagen entsprechen dem Telefongespräch?

1. Ютта звони́т Валенти́не домо́й.
2. Валенти́на приглаша́ет в го́сти Со́ню и Ле́ну.
3. Валенти́на приглаша́ет Ютту.
4. Ютта бу́дет у Валенти́ны в четы́ре часа́.
5. К ней на́до е́хать на авто́бусе и на метро́.
6. Валенти́на живёт далеко́ от ста́нции метро́.

▶ AB 4/5

4   Sie laden Ihre russischen Freunde zu sich ein. Teilen Sie ihnen mit, wann Sie sie erwarten und wie sie zu Ihnen kommen.

5   Ihre russischen Freunde laden Sie für heute sieben Uhr ein und wollen Sie vom Hotel abholen. Es befindet sich in der Nähe der Metrostation «Театра́льная». Sagen Sie ihnen, wie sie am besten zum Hotel kommen.

Б

▶ AB 6

1 После разговóра по телефóну
госпожá Штéйнер éдет на рабóту.
Там онá говори́т с Антони́ной
Ивáновной, коллéгой по рабóте.

– Антони́на, вы не скáжете, как
мне отсю́да попáсть на проспéкт
Вернáдского?
– Отсю́да? Ой, э́то далекó. Вот
посмотри́те на схéму: здесь
нáша стáнция метрó, а э́то
«Проспéкт Вернáдского».
Ви́дите, вам нáдо éхать с
пересáдкой.
– А скóлько врéмени, Антони́на?
Как вы дýмаете?
– Ми́нимум час.

2 Вы всё пóняли?

1. Как и скóлько врéмени нáдо
éхать к Валенти́не?
2. Нáдо éхать с пересáдкой?

3 Wenn Sie in Moskau die Telefonnummer 100 wählen, hören Sie die
genaue Uhrzeit. Welche Zeit wird
gerade angesagt?

4 Sie haben sich am Bahnhof die
Abfahrtszeiten der Züge nach
Сéргиев Посáд herausgeschrieben
und teilen sie Ihrem Gesprächspartner
telefonisch mit:

10.05	13.40	14.50	18.25
12.20	14.30	15.10	20.09

– Когдá пóезд на Сéргиев Посáд?
– В дéсять часóв пять минýт.

▶ AB 7

5 Антони́на Ивáновна говори́т с
госпожóй Штéйнер.

– Ю́тта, я дýмаю, что вам порá
идти́. Скóро четы́ре часá.
– Как? Ужé? Да, мне порá.
– Вы пóмните? Пересáдка на
стáнции «Парк культýры».
– Да, спаси́бо, Антони́на. До
свидáния.
– Всегó дóброго!

6 Вы всё пóняли?

1. Когдá Ю́тте нáдо éхать?
2. Ей нáдо éхать с пересáдкой?
3. Где бýдет пересáдка?

В

1 Darf ich vorstellen?

– Вы ужé знакóмы с мойм
  мýжем?
– Нет ещё.
– Тогдá познакóмьтесь: мой муж
  Пáвел Михáйлович, госпожá
  Гебхарт.
– Óчень рад.

▶ AB 8–10

2 Валентѝна знакóмит Ютту с
мýжем и покáзывает ей квартѝру.

– Дóбрый вéчер, Ютта!
  Пожáлуйста, проходѝте,
  раздевáйтесь.
– Дóбрый вéчер. Спасѝбо.
– Вы ужé знакóмы с мойм
  мýжем?
– Нет.
– Тогдá познакóмьтесь, Ютта: это
  Вѝктор, мой муж.
– Óчень рáда, Вѝктор.
– И я тóже, Ютта.
– Это мáленький сувенѝр для вас.
– О, большóе спасѝбо. Какáя
  красѝвая кнѝга!
– Сóня и Лéна скóро бýдут. А
  покá посмотрѝте нáшу
  квартѝру.
– С удовóльствием, Валентѝна.
– Это дéтская. Здесь живёт наш
  сын.
– Хорóшая кóмната, и сад есть.
  Здесь мнóго книг. Он, навéрное,
  лю́бит читáть.
– Да, он óчень мнóго читáет. А
  это нáша спáльня и
  одноврéменно кабинéт мýжа.
– Всё óчень красѝво.

– А здесь спрáва – гостѝная.
– Óчень свéтлая кóмната. И
  балкóн есть, прекрáсно! А кто
  игрáет на пианѝно? Вы?
– Нет, это муж. Он óчень лю́бит
  мýзыку, осóбенно Чайкóвского.
– О, и я óчень люблю́
  Чайкóвского. Осóбенно мне
  нрáвится егó шестáя симфóния.
  У вас … (звонóк в дверь)
– А, это Сóня и Лéна.
  Извинѝте!

3 Sie haben das Gespräch sicher
verstanden. Beantworten Sie die
Fragen.

1. С кем Валентѝна знакóмит
   Ютту?
2. Когó ещё ждёт Валентѝна?
3. У Валентѝны есть дéти?
4. Какѝе кóмнаты есть в
   квартѝре?
5. Что вы знáете о дéтской и о
   гостѝной?
6. У мýжа есть кабинéт?
7. Кто лю́бит игрáть на
   пианѝно?

▶ AB 11

4 Beschreiben Sie in einem Brief an Ihre
russischen Bekannten kurz Ihre
Wohnung. Vergessen Sie nicht, Lage
und Größe der Wohnung anzugeben.

5 Ihre russischen Bekannten haben eine
neue Wohnung bekommen. Sie freuen
sich mit ihnen. Welche Fragen stellen
Sie? Wie reagieren Sie auf deren
Aussagen?

Г

1   Sie suchen in Moskau eine größere Wohnung. In der Zeitung «Центр плюс» finden Sie folgende Inserate. Welche sind für Sie interessant?

№ 27(118) • Июль 1995 • Выпуск второй
ВАШ ПАРТНЕР ПО БИЗНЕСУ-
РЕКЛАМА "ЦЕНТР ПЛЮС"
ТЕЛ.:200-45-48; 200-44-27; 203-78-82

Предлагаю…

1824−05. Двухкомнатную квартиру
(52 кв. м, ст. метро «Коньково»).
Комнаты изолированные (25 + 27),
кухня (9 кв. м.), балкон,
5 этаж 9-этажного дома.
Тел. 336−82−20 после 8 ч. вечера.

1784−09. Трехкомнатную кватриру (49 кв. м,
ст. метро «Аэропорт»). Комнаты
изолированные (20, 10, 19), кухня (10 м),
балкон, 7 этаж 12-этажного дома, рядом
парк. Тел. 282−16−34 после 18 ч.

1972−02. Комнату (18 кв. м), в центре (ст. метро
«Тургеневская»), окна в парк, 4 этаж без лифта.
Тел. 924−61−42 вечером.

Так говорят русские

- Sie fragen nach dem Weg: Как к вам попа́сть?/
                                     Как мне попа́сть …?

- Sie stellen jemanden vor: Вы уже́ знако́мы с …?/
                                     Тогда́ познако́мьтесь, …

- Sie laden jemanden ein: Приглаша́ем вас в го́сти./
                                     Ждём вас в пять часо́в.

- Sie bitten Ihre Gäste herein: Пожа́луйста, проходи́те,
                                     раздева́йтесь.

- Es ist Zeit zu gehen: Мне / Нам пора́.
- Sie entschuldigen sich: Извини́те!
- Sie fragen nach einer Adresse: Како́й а́дрес …?

1 Grundzahlwörter: 0–100

0–10	11–19	20–100
ноль		
оди́н, одно́, одна́	оди́ннадцать	
два, две	двена́дцать	два́дцать
три	трина́дцать	три́дцать
четы́ре	четы́рнадцать	!со́рок
пять	пятна́дцать	пятьдеся́т
шесть	шестна́дцать	шестьдеся́т
семь	семна́дцать	се́мьдесят
во́семь	восемна́дцать	во́семьдесят
де́вять	девятна́дцать	девяно́сто
де́сять		сто

2 Uhrzeit

одна́ мину́та	две	мину́ты	пять	мину́т
	три	мину́ты	…	
	четы́ре	мину́ты	два́дцать	мину́т

3 Substantiv: Instr. Sg.

	maskulin / neutrum	feminin
hart	Алекса́ндром письмо́м	Тама́рой
weich	Алексе́ем мо́рем объявле́нием врачо́м му́жем*	Та́ней Росси́ей госпожо́й Ма́шей* Серёжей* у́лицей*

* Nach den Zischlauten **ж, ш; ч, щ** und nach **ц** wird unbetontes **o** zu **e** (o/e-Regel).

4 Adjektiv, Pronomen: Instr. Sg.

maskulin / neutrum	*feminin*
но́в**ым**	но́в**ой**
ма́ленк**им***	ма́леньк**ой**
больш**и́м***	больш**о́й**
хоро́ш**им***	хоро́ш**ей****
э́т**им**	э́т**ой**
мо**и́м**	мо**е́й**
на́ш**им***	на́ш**ей****
э́тим интере́сным журна́лом	э́той интере́сной газе́той
ма́леньким музе́ем	ма́ленькой ма́ркой
моско́вским Кре́млём	большо́й семьёй
мои́м му́жем	мое́й жено́й
на́шим хоро́шим ме́неджером	хоро́шей больни́цей

* Nach **г, к, х** und den Zischlauten **ж, ш; ч, щ** steht nie **ы**, sondern immer **и** (ы/и-Regel).
** о/е-Regel

5 Faustregel

Adjektiv-Substantiv-Block: Instr. Sg.

maskulin / neutrum		*feminin*	
-**ым**	-**ом**	-**ой**	-**ой**
э́тим но́вым рестора́ном		э́той но́вой кварти́рой	

6 Verb »fahren«: Präsens

	е́хать		
я	е́д-**у**	мы	е́д-**ем**
ты	е́д-**ешь**	вы	е́д-**ете**
он	е́д-**ет**	они́	е́д-**ут**

Im angesprochenen Moment in einer bestimmten Richtung fahrend unterwegs sein:

– Куда́ ты сейча́с е́дешь?
– Домо́й.

(*vgl.*: Куда́ ты сейча́с идёшь?)

1 Rufen Sie Ihre russischen Bekannten an und laden Sie sie für Samstag abend zu sich nach Hause ein. Es werden auch andere gemeinsame Freunde kommen. Vergessen Sie nicht, ihnen Ihre Adresse zu nennen und zu erklären, wie sie zu Ihnen kommen.

2 Sie sind zu Besuch bei russischen Freunden, die Ihnen ihre Wohnung zeigen. Nun fragen Ihre Freunde Sie nach Ihren Wohnverhältnissen. Erzählen Sie darüber.

3 Man bietet Ihnen in Moskau zwei Wohnungen an. Wie gefallen Ihnen die beiden Grundrisse? Welche Wohnung ziehen Sie vor? Warum?

4 Ihre russischen Freunde haben in ihrem letzten Brief nach Ihrer Wohnung gefragt. Beantworten Sie den Brief.

▶ AB 12

5 Hören Sie einen Ausschnitt aus einer Reportage über einen russischen Komponisten, dessen Musik Sie vor kurzem zusammen mit einer russischen Freundin in einem Konzert kennengelernt haben. Erzählen Sie Ihrer Freundin, was Sie über den Komponisten erfahren haben.

Вы это уже знаете?

In Rußlands Städten gibt es als öffentliche Verkehrsmittel (тра́нспорт) die Straßenbahn (трамва́й), den O-Bus (трол-ле́йбус), den Autobus (авто́бус) und in einigen Städten mit mehr als einer Million Einwohner (Москва́, Санкт-Петербу́рг, Екатеринбу́рг, Новосиби́рск u. a.) die U-Bahn (метро́).

Um mit der U-Bahn zu fahren, kauft man in der Station жето́ны, die man an einer Sperre einwirft. Wirft man nichts ein, schließt die Sperre sofort.

Um mit Straßenbahn, O-Bus und Autobus zu fahren, benötigt man тало́ны, die man am Kiosk oder beim Fahrer kauft und im Verkehrsmittel entwertet. Es gibt auch übertragbare Monatskarten.

Ein Taxi (такси́) erkennt man in der Regel an einem beleuchteten Schild auf dem Wagendach mit der Aufschrift «Такси». Taxis sind meist Aktiengesellschaften oder Kleinbetriebe. Es empfiehlt sich, vor einer längeren Fahrt den Preis auszuhandeln.

7 В городе

A

1   Как туда попасть?

– Как к вам попасть?
– Снача́ла поезжа́йте на метро́ до ста́нции «Проспе́кт Верна́д-ского», а отту́да де́сять мину́т пешко́м.
– Э́то пряма́я ли́ния?
– Нет, сде́лайте переса́дку на ста́нции «Парк культу́ры».
– Спаси́бо.

▶ AB 1

2   Сего́дня у госпожи́ Штейнер встре́ча в фи́рме «Си́нтез» на Варва́рке. Она́ не то́чно зна́ет, как ей туда́ попа́сть. Она́ спра́шивает дежу́рную.

– Прости́те, пожа́луйста, вы не ска́жете, как мне прое́хать на Варва́рку?
– На Варва́рку? Она́ в це́нтре. Снача́ла поезжа́йте на метро́ до ста́нции «Кита́й-го́род».
– Э́то пряма́я ли́ния?
– Нет, сде́лайте переса́дку на ста́нции «Новокузне́цкая». А от ста́нции «Кита́й-го́род» недалеко́, де́сять – пятна́дцать мину́т пешко́м.
– Зна́чит, переса́дка на ста́нции «Новокузне́цкая», пото́м до ста́нции «Кита́й-го́род», а отту́да пешко́м. Пра́вильно?

– Пра́вильно.
– Ско́лько ста́нций на́до е́хать?
– До ста́нции «Новокузне́цкая» пять и́ли шесть, а отту́да ещё одну́ ста́нцию, пото́м ещё пешко́м …
Ну, час, да ми́нимум час.
– Большо́е спаси́бо.
– Пожа́луйста.

3   Вы всё по́няли?

1. Как попа́сть на Варва́рку?
2. Ско́лько вре́мени на́до е́хать?

▶ AB 2

4 Вот схе́ма ли́ний метрополите́на. Вы живёте в гости́нице «Саво́й» (ста́нция метро́ «Кузне́цкий мост») и спра́шиваете портье́, как вам попа́сть

– к университе́ту (ст. «Университе́т»),
– к гости́нице «Ко́смос» (ст. «ВДНХ»),
– на Арба́т (ст. «Арба́тская»).

Он отвеча́ет: «Снача́ла поезжа́йте на метро́ до …, пото́м … .»

Схема линий Московского метрополитена

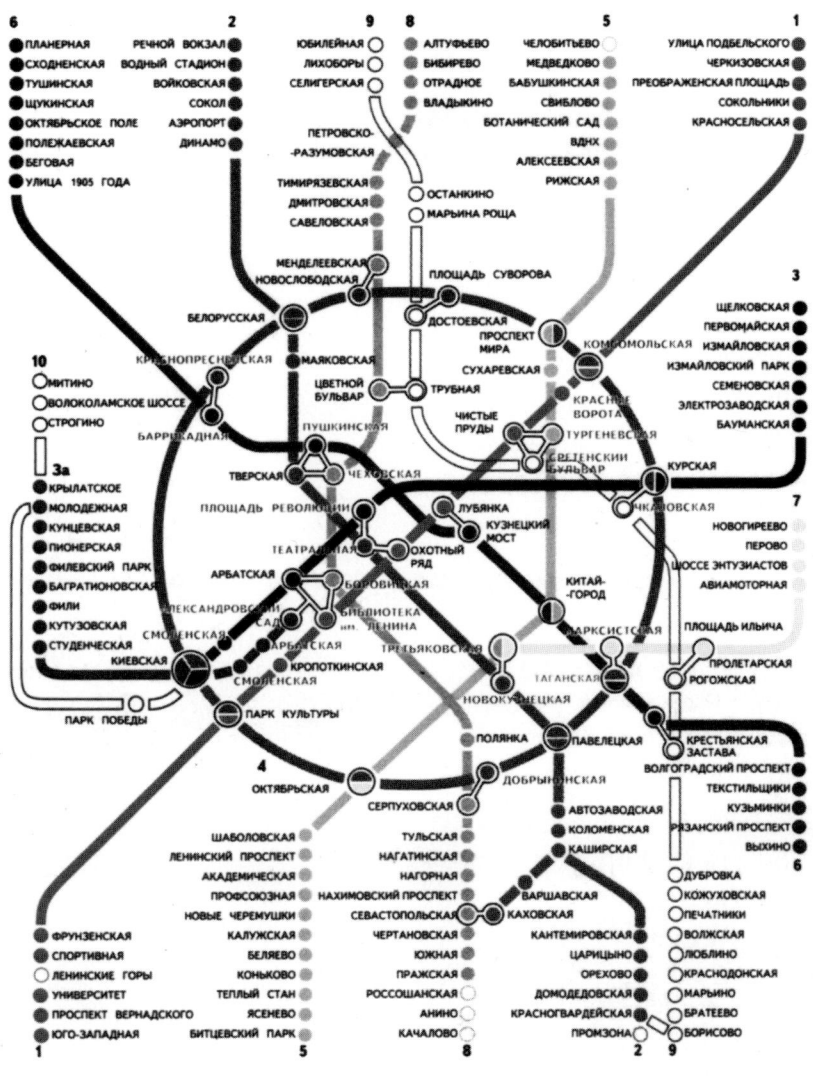

Б

1 Перед станцией «Китай-город» госпожа Штейнер спрашивает прохожего.

– Простите, пожалуйста, вы не скажете, как пройти на Варварку?
– На Варварку, вы говорите? Она где-то здесь в центре, недалеко … Нет, не знаю …

* * *

– Простите, пожалуйста, Варварка – вы не скажете?
– Это недалеко. Так: идите прямо до перекрёстка. Вон видите перекрёсток? Там поверните налево, Варварка – первая или вторая улица направо.
– Значит, сначала прямо до перекрёстка, потом налево?
– Да, правильно.
– Большое спасибо.
– Не за что.

2 Вы поняли, как пройти на Варварку?

▶ AB 3

3 Wenn Sie mit der Moskauer U-Bahn fahren, hören Sie folgende Ansage:

> Осторожно, двери закрываются! Следующая станция: «Университет».

(Vorsicht, die Türen werden geschlossen. Nächste Station: »Universität«.)

4 Hören Sie die Durchsagen auf der Kassette und sagen Sie, wann Frau Steiner um- bzw. aussteigen muß.

В

1 Улица Варварка: госпожа Штейнер стоит перед домом 93. Потом она входит и говорит с портье.

– Простите, пожалуйста, на каком этаже фирма «Синтез»?
– На третьем. Лифт там.
– Спасибо. … Простите, где лифт?
– Вон там слева. Видите?
– Да, спасибо.
– Пожалуйста.

2 На третьем этаже в коридоре

– Простите, пожалуйста, где кабинет господина Иванова?
– Вторая дверь слева.
– Спасибо.
– Пожалуйста.

3 Вы всё поняли?

1. На каком этаже фирма «Синтез»?
2. Где кабинет господина Иванова?

4   На како́м этаже́ и в како́й кварти́ре живёт / нахо́дится …?

кв. 9: Татья́на Алексе́евна	кв. 10: Ивано́вы
кв. 7: Са́ша, Ка́тя, Во́ва	кв. 8: Еле́на Серге́евна
кв. 5: Смирно́вы	кв. 6: Тата́рины
кв. 3: фи́рма «Иня́з»	кв. 4: ?
магази́н	магази́н

▶ AB 4

Г

1   Frau Steiner fährt von Moskau aus dienstlich nach Petersburg und anschließend nach Murmansk. Um zu wissen, welche Kleidung sie mitnehmen soll, liest sie den Wetterbericht. Wissen Sie, wo die genannten Städte liegen?

2   Frau Steiner hört sich den Wetterbericht für die nächsten Tage auch im Radio an. Auf der Kassette finden Sie einen Ausschnitt. Welche Kleidung wird Sie mitnehmen: Sommerkleidung, Übergangskleidung oder Winterkleidung?

Прогноз погоды
на конец недели

По сведениям Росгидрометцентра

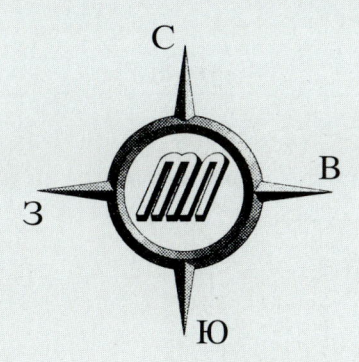

Москва: ночью +5+10, днем +17+18, дожди.
С.-Петербург: ночью +4+11, днем +18+19, дожди.
Минск: ночью +6+7, днем +15+16, дожди.
Киев: ночью +11+12, днем +17+22, дожди.
Казань: ночью +11+12, днем +14+22, осадки.
Мурманск: ночью -1+1, днем +4+6, без осадков.
Тверь: ночью +5+10, днем +15+17, дожди.
Челябинск: ночью +3+10, днем +12+19, без осадков.
Владивосток: ночью +6+8, днем +12+16, без осадков.
Одесса: ночью +5+10, днем +15+17, дожди.
Ю. Сахалинск: ночью +3+5, днем +10+15, без осадков.

Так говорят русские

- Sie haben einen Termin in der Firma …: У меня́ (бу́дет) встре́ча в фи́рме …
- Sie leiten eine Frage ein: Вы не ска́жете, …?
- Sie fragen nach dem Weg: Как (мне/нам) попа́сть в/на …?
  Как (мне/нам) прое́хать в/на …?
  Как (мне/нам) пройти́ в/на …?
  (Варва́рка) – вы не ска́жете?
- Sie geben eine Wegbeschreibung: Вам на́до е́хать на метро́ до ста́нции «…».
  Поезжа́йте на метро́ до ста́нции «…».
  На́до е́хать с переса́дкой.
  Сде́лайте переса́дку на ста́нции «…».
  Иди́те пря́мо / нале́во/напра́во.
  Поверни́те нале́во/напра́во.

1   Verben der Fortbewegung

Zum Ausdruck einer Fortbewegung gibt es im Russischen jeweils zwei Verben: идти́ – ходи́ть (gehen), е́хать – е́здить (fahren).

Im angesprochenen Moment in einer bestimmten Richtung unterwegs sein:	Wiederholt unterwegs sein:
идти́ – иду́, идёшь, …, иду́т е́хать – е́ду, е́дешь, …, е́дут	ходи́ть – хожу́, хо́дишь, …, хо́дят е́здить – е́зжу, е́здишь, …, е́здят
– Куда́ ты идёшь? – Я иду́ на конце́рт.	Я ча́сто хожу́ на конце́рты.
Сейча́с я е́ду в Москву́.	Я ча́сто е́зжу в Москву́.

2   Verb »fahren mit«: е́хать / е́здить на + Präp.

е́хать/е́здить	
на авто́бусе на тролле́йбусе на трамва́е на маши́не на метро́ на такси́	Обы́чно я е́зжу на рабо́ту на метро́. Но сего́дня я е́ду на такси́.

3   Substantiv: Gen. Pl.

Die Endungen des Genitiv Plurals werden anders als die bisherigen Fälle (Kasus) dargestellt. Es ist sinnvoll, vom Nom. Sg. auszugehen, und nicht vom Geschlecht des Substantivs.

	Nom. Sg.	Gen. Pl.
1.	**hart** *(maskulin)*	**-ов**
	час	час**ов**
	гра́дус	гра́дус**ов**
2.	**-a** *(feminin)*	**-Ø**
	мину́та	мину́т
	кни́га	кни́г
	ста́нция	ста́нций*
	ли́ния	ли́ний*

* Betrachtet man den Lautbestand der Substantive [stáncija, línija], so erkennt man, daß der Genitiv Plural auch hier vollkommen regelmäßig ist, nämlich endungslos: [stáncij, línij].

4   Grundzahlwort

Nur die Grundzahlwörter eins und zwei unterscheiden das Geschlecht:

maskulin	*neutrum*	*feminin*
оди́н	одно́	одна́
	два	две

5   Grundzahlwort: Rektion

Das Grundzahlwort bestimmt den Fall des abhängigen Substantivs.

Zahlwort	*Substantiv*	*maskulin*	*neutrum*	*feminin*
1	Nom. Sg.	оди́н час	одно́ окно́	одна́ мину́та
2, 3, 4	Gen. Sg.	два часа́	два окна́	две мину́ты
		три часа́	три окна́	три мину́ты
		четы́ре часа́	четы́ре окна́	четы́ре мину́ты
5, …, 0	Gen. Pl.	пять часо́в	пять о́кон	пять мину́т

6 Imperativ

Die meisten russischen Verben enden im Imperativ Sg. auf **-и́**, **-й** oder **-ь**. Im Plural wird die Endung **-те** zusätzlich angehängt. Näheres zur Bildung des Imperativs in Lektion 11 (siehe Seite 106/107).

-и́	-й	-ь
Прости́! / Прости́те!	Здра́вствуй! / Здра́вствуйте!	Познако́мься! / Познако́мьтесь!
Скажи́! / Скажи́те!	Поезжа́й! / Поезжа́йте!	

▶ AB 5–11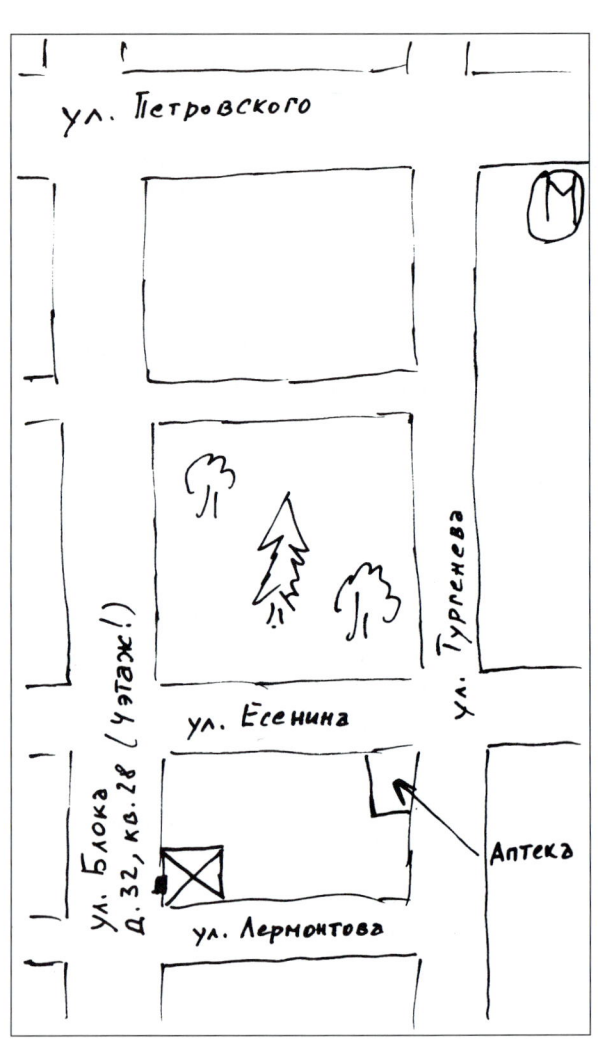

1 Вы приглаша́ете ва́ших колле́г в го́сти. Как попа́сть от э́той аудито́рии, где вы сейча́с изуча́ете ру́сский язы́к, к вам домо́й?

2 Ва́ши ру́сские го́сти спра́шивают, как из це́нтра прое́хать к вам.

3 Ва́ши ру́сские партнёры не зна́ют, как им попа́сть из гости́ницы на конце́рт.

4 Ihr russischer Kollege ist zum ersten Mal in Ihrer Stadt. Schreiben Sie ihm auf, wie er vom Büro zu Ihnen nach Hause kommt.

5 Sie interessieren sich für Musik. Im Radio hören Sie die folgenden Programmvorschauen. Welche ist / sind für Sie von Interesse?

6 Erklären Sie Ihrer russischen Bekannten möglichst genau, wo Sie wohnen. Bezirk (райо́н), Straße, Haus, Stockwerk sollten ausführlich beschrieben werden.

Вы это уже знаете?

Первые тринадцать станций московского
метрополитена открылись в 1935 году. Символ
российского метро – большая красная буква «М».

wurden eröffnet

roter Buchstabe

Сейчас в метро больше 120 станций (около
5 200 километров). На метро можно быстро
попасть в центр города со всех концов Москвы.
Метро – самый быстрый и удобный транспорт в
Москве.
Поезда курсируют каждые три минуты, а в часы-
10 «пик» – каждые 45 секунд. Московский
метрополитен работает с шести часов утра до
часу ночи. В московском метро прекрасные залы,
переходы, большие вестибюли. Говорят, что
станции московского метро самые красивые в
15 мире.

mehr als

man kann

von allen Enden

schnellster, bequemster

Züge, alle, Haupt-

verkehrszeit

morgens

nachts

Übergänge

Welt

8 Дела, дела …

A

▶ AB 1/2

1 Фи́рма «Си́нтез», у́лица Варва́рка, дом 93, 3 эта́ж.

– Войди́те, пожа́луйста!
– Здра́вствуйте, господи́н Ивано́в.
– До́брый день.
– Моя́ фами́лия Штейнер.
  Я из фи́рмы «Теле Контрол».
– Рад с ва́ми познако́миться, госпожа́ Штейнер. Пожа́луйста, сади́тесь!
– Спаси́бо. Вот моя́ визи́тка.
– Спаси́бо. Ага́ … У вас есть бюро́ в Москве́.
– Да. На́ше бюро́ в до́ме почти́ ря́дом со ста́нцией метро́ «Соко́льники».
– Это, коне́чно, о́чень удо́бно. Вот моя́ визи́тка. Вы уже́ давно́ в Москве́?
– То́лько пять дней.
– Как вам у нас нра́вится?
– О́чень. Москва́ – тако́й большо́й, интере́сный го́род. И пого́да прекра́сная.
– Да, настоя́щая ру́сская зима́. И совсе́м не хо́лодно, де́сять гра́дусов. Вы хоти́те чай или ко́фе, госпожа́ Штейнер?
– Чай, пожа́луйста.
– Где вы уже́ бы́ли в Москве́?
– Коне́чно, в Кремле́ и на Кра́сной пло́щади, на Тверско́й, в консерва́тории. Я о́чень люблю́ му́зыку и с удово́льствием хожу́ на конце́рты.
– И кака́я у вас програ́мма на неде́лю?
– Мно́го интере́сных встреч и бесе́д. Сего́дня по́сле обе́да две встре́чи у нас в фи́рме, ве́чером – цирк, за́втра пое́здка в Санкт-Петербу́рг. В сре́ду опя́ть бу́ду в Москве́ и опя́ть бу́дут встре́чи и бесе́ды.
– О, у вас о́чень больша́я програ́мма.
– Ита́к, господи́н Ивано́в, э́то наш но́вый катало́г …

2 Вы всё по́няли?

1. У фи́рмы, где рабо́тает госпожа́ Штейнер, есть бюро́ в Петербу́рге?
2. Она́ уже́ давно́ в Москве́?
3. Как ей нра́вится в Москве́?
4. Где она́ уже́ была́ в Москве́?
5. Кака́я у неё програ́мма на неде́лю?

▶ AB 3/4

3 Ihr russischer Kollege klopft. Sie bitten ihn ins Zimmer und begrüßen ihn. Anschließend fordern Sie ihn auf, Platz zu nehmen, und bieten ihm eine Erfrischung an.

Б

1 У госпожи́ Штейнер есть биле́ты в цирк на сего́дня. Она́ хо́чет пригласи́ть Ри́ту, но её записна́я кни́жка в но́мере гости́ницы.

– Слу́шаю.
– Здра́вствуйте, О́льга Серге́евна. Э́то Штейнер.
– Здра́вствуйте, госпожа́ Штейнер.
– О́льга Серге́евна, помоги́те мне, пожа́луйста: нет ли у вас случа́йно телефо́на Маргари́ты Алекса́ндровны.
– Сейча́с посмотрю́. … Запиши́те: 539–07–78.
– 539–07–78. Спаси́бо, О́льга Серге́евна. До свида́ния.
– До свида́ния.

2 Как вы ду́маете, почему́ О́льга зна́ет телефо́н Маргари́ты Алекса́ндровны?

▶ AB 5

3 Bitten Sie Ihren russischen Geschäfts-partner um seine Telefonnummer.

▶ AB 6

4 – Слу́шаю.
– Здра́вствуйте. Маргари́ту Алекса́ндровну, пожа́луйста!
– Её сейча́с нет. А кто её спра́шивает?
– Ютта Штейнер.
– А, до́брый день. Маргари́та Алекса́ндровна сейча́с в це́нтре.
– А вы не зна́ете, когда́ она́ вернётся?
– То́лько по́сле обе́да. Ей что́-нибудь переда́ть?

– Спаси́бо, не на́до. Я по́сле обе́да ещё раз позвоню́. До свида́ния.
– До свида́ния.

▶ AB 7

5 – Алло́.
– Здра́вствуй, Ри́та. Э́то Ютта.
– До́брый день, Ютта.
– Ри́та, что ты бу́дешь де́лать сего́дня ве́чером?
– Ещё не зна́ю. А почему́ ты спра́шиваешь?
– У меня́ есть биле́ты в цирк. Ты не хо́чешь пойти́ со мной?
– В цирк? С удово́льствием пойду́.
– Хорошо́. Тогда́ встре́тимся в шесть часо́в у ста́нции метро́ «Университе́т».
– Большо́е спаси́бо за приглаше́ние, Ютта. До ве́чера.
– До ве́чера, Ри́та.

БОЛЬШОЙ ЦИРК

НА ПРОСПЕКТЕ ВЕРНАДСКОГО, 7
ст. м. Университет
Тел.: 930-28-15

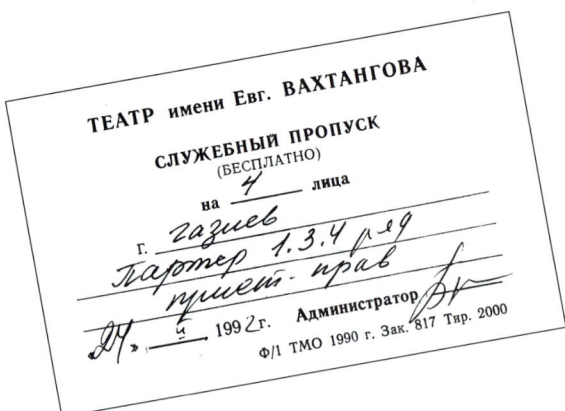

6 Куда́ госпожа́ Штейнер пригла-
ша́ет Ри́ту? Когда́ и где они́
встре́тятся?

▶ AB 8

7 Sie haben Freikarten für das Theater.
Laden Sie Ihre Bekannten für Freitag
abend ein. Treffpunkt: 19 Uhr.

B

1 Госпожа́ Штейнер зака́зывает такси́.

– Спра́вочная.
– Я хочу́ заказа́ть такси́.
– Звони́те: 337–00–40.
– Спаси́бо.

* * *

– Такси́.
– До́брый день. Я хочу́ заказа́ть
такси́ на за́втра.
– На како́е вре́мя?
– На во́семь часо́в.
– Ваш а́дрес?
– Гости́ница «Метропо́ль».
– Ва́ша фами́лия?
– Штейнер. Но́мер 438.
– Куда́ пое́дете?
– На Ленингра́дский вокза́л.
– Зака́з при́нят.
– Спаси́бо.

2 Э́то ве́рно?

1. Госпожа́ Штейнер зака́зывает
такси́ на во́семь часо́в.
2. Она́ пое́дет на фи́рму.
3. Она́ живёт в гости́нице
«Метропо́ль», но́мер 483.

3 Sie wollen mit dem Taxi ins Theater
fahren. Die Vorstellung beginnt um
19 Uhr. Bestellen Sie das Taxi
telefonisch.

Г

1 За́втра госпожа́ Штейнер е́дет в Санкт-Петербу́рг. Поэ́тому она́ знако́мится с э́тим го́родом и чита́ет проспе́кты.

Санкт-Петербург – город-музей. Здесь много красивых, старинных улиц, площадей и домов. Здесь также много прекрасных парков, музеев с картинами лучших художников мира. В Санкт-   bester Künstler, Welt
5 Петербурге бывали многие поэты и писатели.

Под Санкт-Петербургом много красивых мест.   bei
Одно из них Петродворец. Там вы увидите прекрасные парки, фонтаны, дворцы. Вы посетите   Palast, besuchen
музей, где находятся коллекции картин, скульп-
10 туры, хрусталя и фарфора. В Петродворец можно   Porzellan
доехать на поезде или теплоходе.   Schiff

Посетите город Пушкин! Здесь в лицее учился   studieren
великий русский поэт. В Пушкине прекрасный архитектурно-парковый ансамбль, дворец и музей.

15 В музее коллекции картин, скульптуры и мебели.
В парке вы увидите памятник А.С. Пушкину. В
город Пушкин можно доехать на автобусе или на
электричке.   Vorortzug

Так говорят русские

- Sie reagieren auf ein Klopfen: Войди́те, пожа́луйста!
- Sie bitten jemanden, Platz zu nehmen: Сади́тесь, пожа́луйста.
- Sie freuen sich über eine Bekanntschaft: Ра́д(а) с ва́ми познако́миться.
- Sie bieten etwas zu trinken an: Вы хоти́те (чай и́ли ко́фе)?
- Sie sagen, daß es Ihnen hier gefällt: Мне здесь нра́вится.
- Sie fragen, ob Sie etwas ausrichten sollen: (Ему́/Ей/Им) что́-нибудь
                                              переда́ть?
- Sie fragen nach einer Telefonnummer: Нет ли у вас телефо́на (Серге́я
                                              Петро́вича)?

1 Substantiv: Gen. Pl. (Zusammenfassung)

	Nom. Sg.	Gen. Pl.
1.	**hart**	**-ов**
	час	часо́в
	рестора́н	рестора́н**ов**
	weich	**-ев**
	музе́й	музе́**ев**
	трамва́й	трамва́**ев**
2.	**Zischlaut/-ь/-е**	**-ей**
	вра́ч	враче́**й**
	эта́ж	этаже́**й**
	писа́тель	писа́тел**ей**
	пло́щадь	площаде́**й**
	мо́ре	море́**й**
3.	**-а/-о**	**-Ø**
	кни́га	кни́г
	откры́тка	откры́ток*
	письмо́	пи́сем*
	неде́ля	неде́ль**
	ста́нция	ста́нций

* Endet das Substantiv auf zwei Konsonanten, wird in der Regel ein **o** bzw. **e** eingeschoben, um die Aussprache zu erleichtern.

** Das **-ь** ist keine Abweichung von der Regelmäßigkeit. Es zeigt nur, daß das **-л-** (Nom. Sg.) auch im Gen. Pl. erweicht ist.

2   Adjektiv, Pronomen: Gen. Pl.

Im Plural sind die Endungen für
alle drei Geschlechter gleich.

maskulin / neutrum / feminin	*maskulin / neutrum / feminin*
но́вых	э́тих
ма́леньких*	мои́х
больши́х*	на́ших*

* ы/и-Regel

3   Grundzahlwörter: 100–1000

сто	две́сти	пятьсо́т	ты́сяча
	три́ста	шестьсо́т	
	четы́реста	семьсо́т	
		восемьсо́т	
		девятьсо́т	

4   Verbalaspekte: Futur

Fast alle russischen Verben treten in zwei Aspekten auf, im unvollendeten und im
vollendeten Aspekt. Künftig wird bei Verben immer zuerst der unvollendete Aspekt,
danach (nach dem Schrägstrich) der vollendete Aspekt angegeben:

де́лать / сде́лать
встреча́ться / встре́титься
идти́ / пойти́

Unterscheidet sich der vollendete Aspekt vom unvollendeten nur durch ein Präfix,
so wird dies verkürzt dargestellt: де́лать / с~

1. Bildung des Futurs

unvollendeter Aspekt	быть + unvollendeter Infinitiv	я бу́ду де́лать
vollendeter Aspekt	konjugiertes vollendetes Verb	я сде́лаю

Im Gegensatz zum Deutschen wird das Futur im Russischen (mit einer Ausnahme)
nie mit der Präsensform ausgedrückt:

Deutsch: *Russisch:*
Die Karten kaufe ich morgen.   Die Karten werde ich morgen kaufen.
                                                          Биле́ты я куплю́ за́втра.

2. Bedeutung

Betrachtet der Sprecher eine Handlung im Verlauf, d. h. als Prozeß, oder als wieder-
holte Handlung, so verwendet er den unvollendeten Aspekt. Betrachtet er eine
Handlung im Hinblick auf ihr Ergebnis, so verwendet er den vollendeten Aspekt.
Im Deutschen werden diese Unterschiede nur selten mit Hilfe des Verbs zum
Ausdruck gebracht.

Когда́ она́ **вернётся**?	Vollendeter Aspekt, weil das Ergebnis des Zurückkehrens (das Zurücksein), und nicht der Prozeß des Zurückkehrens, im Mittelpunkt steht.
Я ещё раз **позвоню́**.	Vollendeter Aspekt, weil das zukünftige Ergebnis des Anrufens im Mittelpunkt steht.
Что ты **бу́дешь де́лать** сего́дня ве́чером?	Unvollendeter Aspekt, weil der zukünftige Verlauf der Handlung im Mittelpunkt steht: »Womit wirst du heute abend beschäftigt sein?«
Мы **встре́тимся** в 6 часо́в.	Vollendeter Aspekt, weil das zukünftige Ergebnis des Treffens im Mittelpunkt steht: »Um sechs Uhr werden wir zusammen sein.«
Я с удово́льствием **пойду́**.	Der vollendete Aspekt пойти́ (*ebenso:* пое́хать) hat die Bedeutung »sich auf den Weg machen, losgehen (losfahren)«. Hier steht der vollendete Aspekt, weil es nicht darum geht, daß ich mit Vergnügen auf dem Weg sein werde, sondern mich mit Vergnügen auf den Weg machen werde.

▶ AB 9–18 🔘◖

1 Stellen Sie Ihren Terminkalender für die kommende Woche vor.

2 Sie erwarten einen russischen Kollegen. Er wird vier Tage bleiben. Erstellen Sie für ihn einen Terminplan mit drei Gesprächen an der Universität und einem Kulturprogramm.

3 Zu Ihnen kommen russische Kollegen. Sie unterhalten sich (Begrüßung, Vorstellung, Platznehmen, Tee, Small talk übers Wetter, Vorschlag: die Bibliothek zeigen).

4 Ва́ши ру́сские знако́мые приглаша́ют вас в го́сти. Они́ хотя́т встре́титься с ва́ми в семь часо́в у вы́хода со ста́нции метро́ «Беля́ево».

Вы это уже знаете?

Bald nach der Gründung der Stadt Санкт-Петербу́рг entstanden in der Umgebung zahlreiche Zarenresidenzen, von denen die berühmtesten Петродворе́ц, Пу́шкин (Ца́рское Село́), Па́вловск, Ора́ниенбаум und Га́тчина sind.

Die Sommerresidenz in Петродворе́ц oder Петерго́ф, nur 30 Kilometer außerhalb der Stadt am Finnischen Meerbusen gelegen, wurde von царь Пётр I eigenhändig konzipiert und von bedeutenden Architekten und Bildhauern (Еро́пкин, Земцо́в, Растре́лли, Козло́вский, u. a.) im 18. und 19. Jahrhundert in die Tat umgesetzt. Zwei Jahrhunderte hindurch war die prachtvolle Schloß- und Parkanlage mit ihren berühmten Fontänen Sommerresidenz der russischen Zaren.

In Ца́рское Село́, 24 km von Petersburg entfernt, ließ Zarin Екатери́на I im 18. Jahrhundert ein Schloß in einem wunderschönen Park anlegen. Der letzte Umbau dieses Schlosses (besonders berühmt ist das restaurierte Bernsteinzimmer) wurde von Б. Растре́лли durchgeführt. In Ца́рское Село́ befand sich das Lyzeum, das Алекса́ндр Серге́евич Пу́шкин von 1811 bis 1817 besuchte.

Für царь Па́вел wurde drei Kilometer südlich von Ца́рское Село́ ein Schloß erbaut und später mehrmals umgebaut (Орони́хин, Кваре́нги, Ро́сси). Der Park des Schlosses ist mit seinen 600 ha der größte Park Rußlands und eine Perle der Gartenbauarchitektur. Seine Wege sind so lang wie die Strecke von Moskau nach Petersburg (fast 700 km). Übrigens: Die erste Eisenbahnstrecke wurde in Rußland im Jahre 1837 zwischen Санкт-Петербу́рг, Ца́рское Село́ und Па́вловск mit einer Länge von 27 km eröffnet.

9 В дороге

A

▶ AB 1

1 Госпожа́ Штейнер е́дет на такси́ на вокза́л.

– До́брое у́тро! На Ленингра́дский вокза́л, пожа́луйста.
– Пожа́луйста, сади́тесь!
– По́езд отправля́ется в де́сять часо́в. Успе́ем?
– Да, коне́чно. … Вот и Ленингра́дский вокза́л.
– Ско́лько с меня́?
– 18 600 рубле́й. … Спаси́бо.
– До свида́ния.
– Счастли́вого пути́!

2 Das sind die Antworten des Taxifahrers. Was sagten Sie?

– …
– До́брый день. Пожа́луйста, сади́тесь.
– …
– Да, коне́чно. Вот и аэропо́рт.
– …
– 300 000 рубле́й. Счастли́вого пути́!
– …

3 Sie wollen mit dem Taxi zum genannten Ziel. Fragen Sie, ob Sie Ihr Flugzeug / Ihren Zug noch erreichen werden. Anschließend zahlen Sie.

Fahrziel	*Abfahrtszeit*	*Fahrpreis*
аэропо́рт Шереме́тьево-2	17.20 ч.	400 000 руб.
Ки́евский вокза́л	18.30 ч.	52 000 руб.
Каза́нский вокза́л	11.45 ч.	66 000 руб.

Б

1 На вокза́ле госпожа́ Штейнер чита́ет на́дписи.

К при́городным поезда́м	Zu den Vorortzügen
К при́городным ка́ссам	Zu den Kassen der Vorortzügen
К поезда́м да́льнего сле́дования	Zu den Fernzügen
Зал ожида́ния	Wartesaal
Вы́ход на перро́н	Zum Bahnsteig

Пла́тный туале́т	Münztoilette
М (Мужско́й) – Ж (Же́нский)	Männer – Frauen
Посторо́нним вход воспрещён	Eintritt verboten
Буфе́т	Büfett
Ка́мера хране́ния	Gepäckaufbewahrung
Автомати́ческая ка́мера хране́ния	Schließfächer
Спра́вочное бюро́	Auskunft
Информа́ция	Information
Междугоро́дный телефо́н	Fernamt (Ferngesprächanmeldestelle)

2 Вот табло́. С како́й платфо́рмы отправля́ется по́езд госпожи́ Штейнер?

№ поезда	Пункт назначения	Время отправления	Платформа
4	Хельсинки	7.41	6
12	Петрозаводск	8.25	8
1	Санкт-Петербург	9.02	4
3	Санкт-Петербург	9.46	2
5	Санкт-Петербург	10.00	6
8	Таллин	10.15	4
96	Волховстрой	12.06	2

▶ AB 2–4

3 На вокза́ле госпожа́ Штейнер слы́шит объявле́ния.
Како́е из них интересу́ет её?

В

1 Госпожа́ Штейнер сади́тся в ваго́н
и говори́т с проводнико́м.

– Э́то шесто́й ваго́н?
– Да, шесто́й. Ваш биле́т,
  пожа́луйста.
– Пожа́луйста.
– Ме́сто 11, ни́жнее. Проходи́те,
  пожа́луйста, шесто́е купе́.
– Спаси́бо.

2 Э́то ве́рно?

1. Госпожа́ Штейнер е́дет в оди́н-
   надцатом ваго́не.
2. У неё шесто́е ве́рхнее ме́сто.

3 Вы е́дете в Берли́н. У вас биле́т
в восьмо́й ваго́н, 14 ме́сто. Вы
говори́те с проводнико́м.

▶ AB 5

1 В купе

– Добрый день! Это одиннадцатое место?
– Да, пожалуйста, вот здесь внизу. Давайте познакомимся. Меня зовут Лариса Владимировна Муравьёва.
– Очень приятно. Ютта Штейнер.
– Очень рада. Вы из Германии?
– Да, из Гамбурга. А вы?
– Я из Санкт-Петербурга. Вы уже были в нашем городе?
– Нет, я еду в первый раз.
– Сколько дней вы будете в Петербурге?
– Пять.
– Это, конечно, не очень много. Тогда я вам советую сначала автобусную экскурсию по городу, она даёт общее представление о городе, и вы познакомитесь с самыми известными местами Питера, с Эрмитажем и Русским музеем, Исаакиевским и Казанским соборами, Петропавловской крепостью, Невским проспектом, самыми красивыми дворцами, …
– Лариса Владимировна, я буду в Петербурге только пять дней, кроме того, буду работать: у меня уже запланировано очень много встреч и бесед. Осматривать город я буду только в субботу после обеда и в воскресенье.
– А в театр не пойдёте?
– Пойду на «Жизель», в субботу вечером. Билет уже есть.

– Тогда я вас поздравляю. В нашем Мариинском театре самый известный и самый лучший балет …
– А москвичи говорят, что самый известный и самый хороший балет у них в Большом театре …

2 Это верно?

1. Лариса Владимировна и госпожа Штейнер уже давно знакомы.
2. Лариса Владимировна советует сначала экскурсию по городу, потому что она даёт общее представление о Петербурге.
3. Госпожа Штейнер будет в Петербурге неделю.
4. Госпожа Штейнер в Петербурге будет отдыхать.
5. Госпожа Штейнер говорит, что балет в Мариинском театре самый хороший.

▶ AB 6–8

3 Schlagen Sie Ihren russischen Freunden eine Besichtigungstour in Ihrer Heimatstadt vor.

4 Notieren Sie alles, was Sie sich in St. Petersburg ansehen möchten.

5 Sie steigen in Moskau in den Zug und stellen fest, daß auf Ihrem reservierten Platz jemand sitzt. Doch es handelt sich um ein Mißverständis: Sie sind statt im 6. im 7. Abteil.

▶ AB 9/10

1 Госпожа́ Штейнер чита́ет в путеводи́теле о Петербу́рге.

Название города

Название «Санкт-Петербург» этот красивый город на Неве получил уже второй раз.	Bezeichnung
В начале 18 века, в 1703 году, царь Пётр I Великий (1698–1725 г.) основал этот город в дельте Невы. И город получил имя апостола Петра: Санкт-Петербург (люди обычно думают, что город носит имя своего основателя, что неверно). Вскоре после основания город стал столицей России.	Beginn, Jahrhundert Jahr, gründen Name Menschen, tragen Gründer, Gründung werden, Hauptstadt
В 1914 г. началась первая мировая война и город получил новое название: Петроград. Это перевод слова «Петербург» на русский язык.	beginnen, Weltkrieg Übersetzung Wort
Третье название «Ленинград» город получил в 1924 году после смерти Ленина, основателя советского государства. Это название город носил до 1991 года, когда он опять получил название «Санкт-Петербург».	Tod Staat wiederum

5 (слева нумерация строк)

10 (слева нумерация строк)

15 (слева нумерация строк)

Эрмитаж

Эрмитаж – самый большой музей России и один из самых больших и богатых музеев мира. В его прекрасных залах можно познакомиться с картинами художников всего мира, скульптурами, гобеленами, …	reich, Welt man kann, Bild Künstler

20 (слева нумерация строк)

Эрмитаж находится в здании бывшего Зимнего дворца, зимней резиденции царя. Этот замечательный дворец построил во второй половине 18 века один из самых известных архитекторов Санкт-Петербурга, итальянец Варфоломей Растрелли.

ehemalig, Winter-

очень хороший, Hälfte
Jahrhundert

25

Русский музей

Второй музей в Санкт-Петербурге – Русский музей. В его залах можно осмотреть картины и скульптуры русских художников и много икон.

Bild
Künstler

30

Русский музей находится в бывшем Михайловском дворце, который построил архитектор Карл Росси (в первой половине 19 века). Перед Русским музеем стоит памятник Александру Сергеевичу Пушкину.

ehemalig

Hälfte, Jahrhundert

35

2 Это верно?

1. St. Petersburg wurde 1703 gegründet.
2. Die Bezeichnung Leningrad erhielt die Stadt 1914, als der 1. Weltkrieg begann.
3. Petrograd ist die russische Bezeichnung für Petersburg.
4. В Русском музее можно познакомиться с картинами художников всего мира.

5. Эрмитаж находится в здании бывшего Зимнего дворца, который построил Карл Росси в 19 веке.
6. Перед Русским музеем находится памятник Фёдору Михайловичу Достоевскому.
7. В Эрмитаже вы увидите много икон.

Так говорят русские

■ Sie fragen nach dem Preis:	Ско́лько с меня́?
■ Sie wünschen eine gute Reise:	Счастли́вого пути́!
■ Sie wundern sich über etwas:	Не мо́жет быть!
■ Sie wollen sich bekanntmachen:	Дава́йте познако́мимся!
■ Sie nennen Ihren Namen:	Меня́ зову́т …
■ Sie raten zu einer Autobusrundfahrt:	Я вам сове́тую автобусную экску́рсию по го́роду.

1   Adjektiv, Substantiv: Dat., Instr., Präp. Pl.

Die Endungen sind in diesen Fällen (Kasus) für die drei Geschlechter gleich.

2   Faustregel

Adjektiv-Substantiv-Block:

	maskulin / neutrum / feminin	
Dat. Pl.	**-ым**	**-ам**
Instr. Pl.	**-ыми**	**-ами**
Präp. Pl.	**-ых**	**-ах**

Я пишу́ мои́м* но́вым ру́сским** партнёрам.
Я пишу́ на́шим** гостя́м*.

Я говорю́ с мои́ми но́выми ру́сскими партнёрами.
Я говорю́ с на́шими гостя́ми.

Я расска́зываю о мои́х но́вых ру́сских партнёрах.
Я расска́зываю о на́ших гостя́х.

 * Weicher Stamm: мой, гость.
** ы/и-Regel

3   Substantiv: Präp. Sg. auf -ии

	maskulin	*neutrum*	*feminin*
Substantiv	**-ий**	**-ие**	**-ия**
Präp. Sg.	в санато́р**ии**	в зда́н**ии**	в Росси́**и**

4 Superlativ: «са́мый»

Die Superlativform eines Adjektivs wird mit «са́мый» gebildet, das in Geschlecht und Zahl mit dem Adjektiv übereingestimmt wird.

Э́то са́мый изве́стный бале́т.	Das ist das interessanteste Ballett.
Он был в са́мом изве́стном теа́тре Петербу́рга.	Er war im berühmtesten Theater Petersburgs.
Э́то са́мая краси́вая карти́на вы́ставки.	Das ist das schönste Bild der Ausstellung.
Э́то са́мое краси́вое зда́ние го́рода.	Das ist das schönste Gebäude der Stadt.

5 Verb «сове́товать»: Präsens

Alle Verben mit dem Suffix **-овать** werden nach folgendem Muster konjugiert:

сове́т-**ова**-ть		
я	сове́т-**у-ю**	мы	сове́т-**у-ем**
ты	сове́т-**у-ешь**	вы	сове́т-**у-ете**
он/она́	сове́т-**у-ет**	они́	сове́т-**у-ют**

интере́с-ова́-ть	Меня́ о́чень интересу́ет ру́сский язы́к.
	Меня́ о́чень интересу́ют э́ти карти́ны.
сове́т-ова-ть	Я вам сове́тую автобусную экску́рсию по го́роду.

6 Präteritum

Es gibt nur eine Vergangenheitsform. Zur Bildung der Vergangenheit wird die Infinitivendung -ть durch **-л, -ла, -ло; -ли** ersetzt: был, была́, бы́ло; бы́ли.

чита́ть → чита́л, чита́ла, чита́ло; чита́ли

я	чита́л/чита́**ла**	мы	
ты	чита́л/чита́**ла**	вы	чита́**ли**
он	чита́л	они́	
она́	чита́**ла**		
оно́	чита́**ло**		

Он чита́л интере́сную кни́гу.
Ка́тя, ты уже́ чита́ла э́ту кни́гу?
Вы сего́дня уже́ чита́ли газе́ту?

▶ AB 11–13

1 Spielen Sie die Situation: Sie bestellen telefonisch ein Taxi zu Ihrem Hotel und fahren damit zum «Моско́вский вокза́л». Der Zug nach Moskau steht schon bereit. Sie suchen Ihren Wagen und sprechen mit dem Schaffner. Im Abteil machen Sie sich mit Ihrem Reisegefährten, einem Moskauer, bekannt. Er macht Ihnen Vorschläge, was Sie in Moskau besichtigen könnten.

2 На «Моско́вском вокза́ле» в Санкт-Петербу́рге вы слы́шите сле́дующие объявле́ния. Како́е из них вас интересу́ет?

3 Erstellen Sie einen Terminplan für Ihren fünftägigen Aufenthalt in St. Petersburg.

4 Überfliegen Sie die folgenden Zeitungsausschnitte und suchen Sie eine Notiz über St. Petersburg.

● 4 ● «КОМСОМОЛЬСКАЯ ПРАВДА» ●

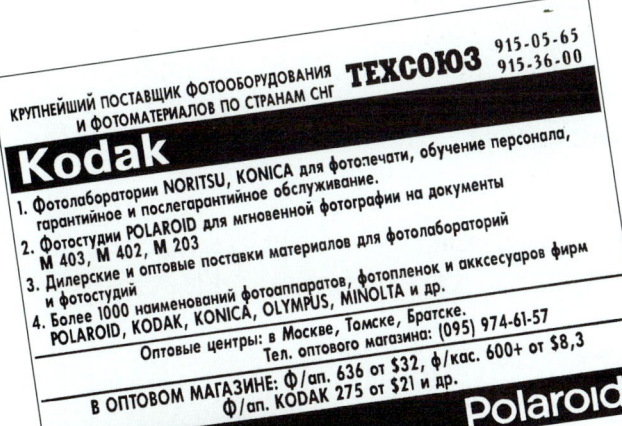

5 Markieren Sie auf der Zeichnung die Bahnhofseinrichtungen, die Sie aufsuchen. Sie kaufen eine Karte für einen Vorortzug. Da Sie noch genügend Zeit haben, besuchen Sie das Büfett und gehen zur Toilette. Sie erkundigen sich bei der Auskunft nach den Rückfahrmöglichkeiten und holen Ihren Koffer aus dem Schließfach.

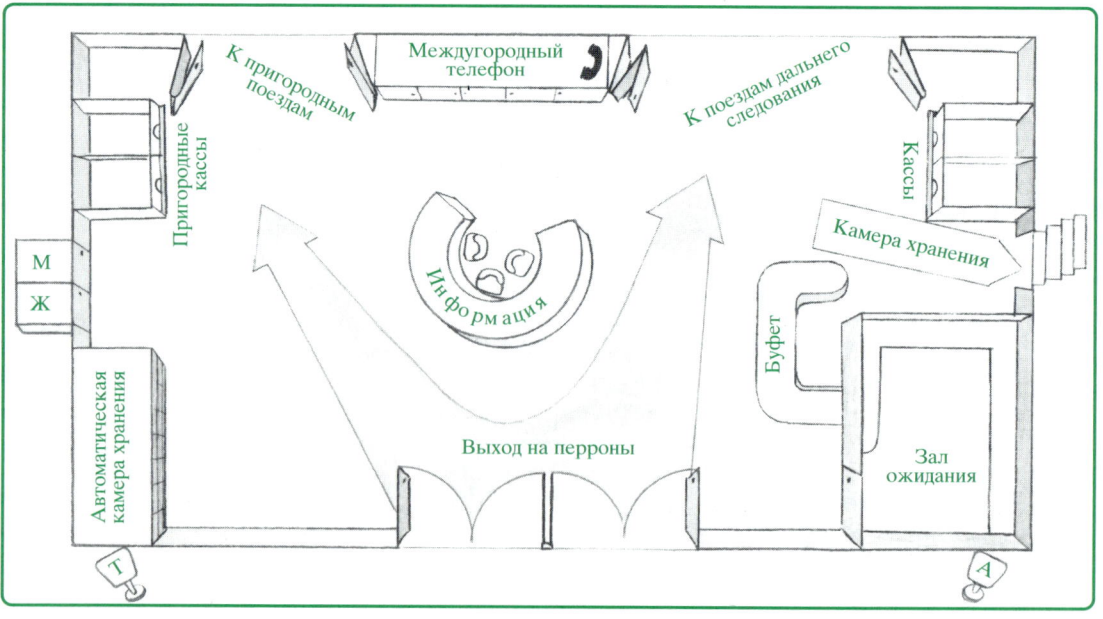

Вы это уже знаете?

Es gibt in Rußland verschiedene Arten von Zügen: экспре́ссы, ско́рые, пассажи́рские, фи́рменные. Die Züge unterscheiden sich durch ihre Geschwindigkeit, ihren Komfort und die Anzahl der Aufenthalte. Ein ско́рый по́езд hält seltener als ein пассажи́рский по́езд, ein экспре́сс seltener als ein ско́рый по́езд. Фи́рменный heißt jener ско́рый по́езд oder экспре́сс, der einen besonderen Namen hat, z.B.: «Кра́сная стрела́», «Авро́ра» (beide nach St. Petersburg), «Лев Толсто́й» (nach Helsinki), …

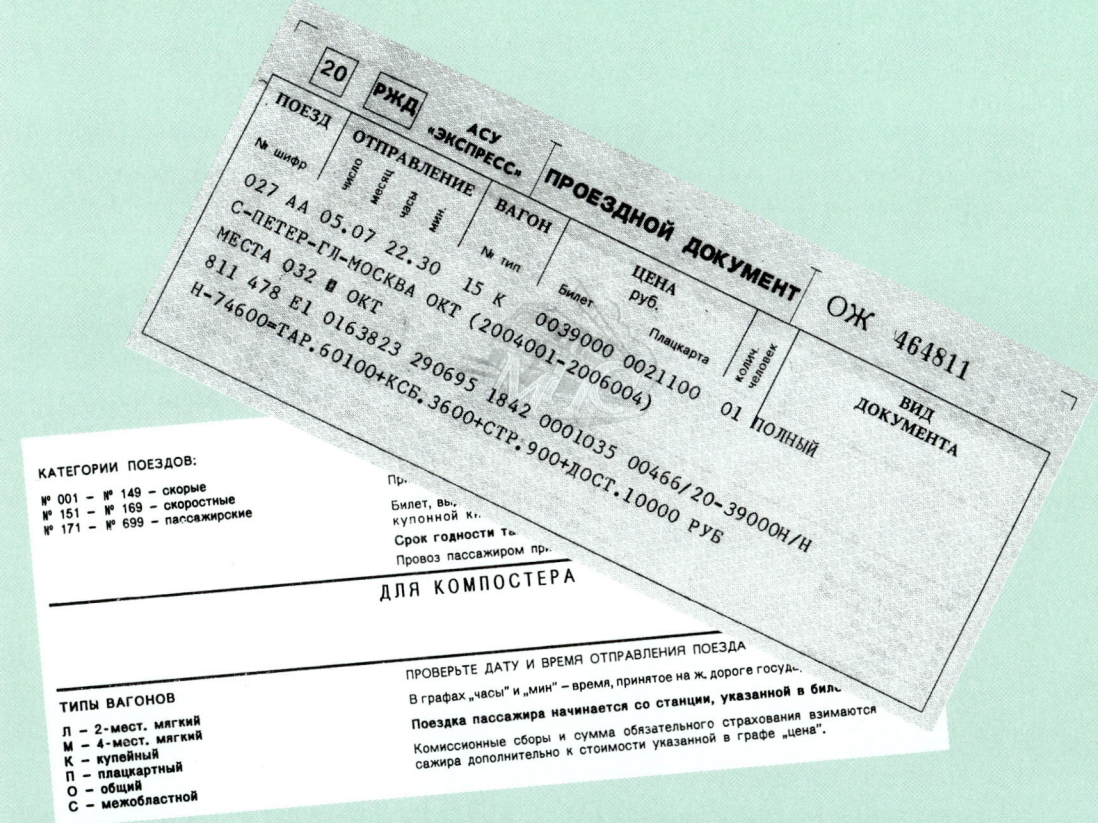

Es werden verschiedene Wagen unterschieden: о́бщий (auf der Fahrkarte ist nur die Nummer des Wagens vermerkt, den Platz sucht sich jeder Passagier selbst); плацка́ртный (auf der Fahrkarte ist die Sitzplatznummer im Wagen angegeben, der Wagen hat jedoch keine Abteile und entspricht der 2. Klasse); купи́рованный (mit Abteilen für drei bis vier Personen, entspricht der 2. Klasse); мя́гкий oder СВ (mit Abteilen für zwei Personen, entspricht der 1. Klasse).
Fahrkarten kann man in der Regel 30 Tage vor Reiseantritt kaufen oder telefonisch mit Hauszustellung bestellen.

10 Повторение – мать учения

1 Eine Vertreterin Ihrer Moskauer Partnerfirma ist angekommen. Sie wohnt im Hotel. Rufen Sie sie an und laden Sie sie zu sich ein. Beschreiben Sie, wie sie zu Ihnen findet.

2 Nun ist Ihre Kollegin bei Ihnen. Begrüßen Sie sie, machen Sie sie mit Ihrer Familie bekannt und zeigen Sie ihr Ihre Wohnung.

3 Während Ihres Moskauaufenthaltes haben Sie sich in der Stadt verirrt. Fragen Sie einen Passanten, wie Sie zur Vertretung der Firma «Интерáко» kommen (Краснопрéсненская нáбережная, д. 12; стáнция метрó: «Краснопрéсненская»). Verwenden Sie dazu den Linienplan der Moskauer U-Bahn (Seite 71).

4 Empfangen Sie die Vertreterin Ihrer russischen Partnerfirma in Ihrem Büro.

5 Während Ihres Aufenthalts in St. Petersburg lädt eine gute Bekannte Sie ins Konzert ein.

6 Während Ihres Moskauaufenthalts bestellen Sie ein Taxi, um in die Oper zu fahren.

7 Während Ihrer Zugfahrt nach Moskau plaudern Sie mit Ihrem russischen Reisegefährten.

8 Während Ihres Moskauaufenthalts hören Sie im Radio die Sendung «Нáше спрáвочное бюрó». Welche Ankündigung interessiert Sie besonders?

9 Sie fliegen von Moskau nach Петрозавóдск. Auf dem Inlandflughafen Шеремéтьево-1 hören Sie die folgenden Ansagen. Welche davon betrifft Sie?

10 Verwenden Sie den Linienplan der Moskauer U-Bahn (Seite 71). Sie möchten zur Station «Югозáпадная». Sie sind in die U-Bahn eingestiegen und hören die Ansagen. Sind Sie in der richtigen Linie?

11 Sie haben eine Reise nach Новосибúрск vor und möchten wissen, wie dort das Wetter ist. Hören Sie den Wetterbericht. Was erwartet Sie in Новосибúрск?

12 Ihr russischer Bekannter ist in Ihrer Stadt angekommen. Hinterlassen Sie in seinem Hotel eine Nachricht, in der Sie beschreiben, wie er von dort zu Ihnen nach Hause kommt.

13 Arbeiten Sie für die Vertreterin Ihrer Partnerfirma aus Sankt Petersburg ein Programm für ihren Aufenthalt in Ihrer Stadt aus.

14 Schreiben Sie Ihren Bekannten in St. Petersburg einen Brief und berichten Sie, was Ihnen in Moskau gefällt und was nicht.

15 Lesen Sie die Ausschnitte aus dem Anzeigenteil der Zeitung «Моско́в-ские но́вости». Welcher der Werbetexte interessiert Sie?

16 Sie suchen in der Broschüre «Совме́стные предприя́тия в Москве́» (Joint-ventures in Moskau) die Joint-ventures mit Deutschland, Österreich und der Schweiz heraus. Notieren Sie deren Namen, Adressen und Telefonnummern und geben Sie sie telefonisch an Ihre russischen Kollegen weiter.

ПРЕДСТАВИТЕЛЬСТВА ЗАРУБЕЖНЫХ ФИРМ И ПРЕДПРИЯТИЙ

«Банконационале дела Воро», Италия			«Меторг», Швеция	
Краснопресненская наб., 12	253 18 02		Краснопресненская наб., 12	253 12 33
«Биэндспектроник», ФРГ			«Милден Банк», Беликобритания	
Краснопресненская наб., 12	253 25 047		Краснопресненская наб., 12	253 21 44
«Вако-коски», Япония			«Новея», ФРГ	
Краснопресненская наб., 12	253 16 76		Краснопресненская наб., 12	256 73 955
«ВЕК», Греция			«Оливетти», Италия	
Краснопресненская наб., 12	253 28 426		Краснопресненская наб., 12	253 83 47
«Вест-альпинс», Австрия			«ОМЦ», ФРГ	
Краснопресненская наб., 12	253 14 78		Краснопресненская наб., 12	253 17 01
«Вестдойче Ландесбанк», ФРГ			»Ортман», ФРГ	
Краснопресненская наб., 12	253 20 48		Краснопресненская наб., 12	253 24 17
«Воттелер», ФРГ			«Табани», Япония	
Краснопресненская наб., 12	253 17 11		Краснопресненская наб., 12	253 24 62
«Галика», Швейцария			«Технише-Берату́нг Шитко», ФРГ	
Краснопресненская наб., 12	253 27 17		Краснопресненская наб., 12	253 12 26
«Гилдемайстер», ФРГ			«Чейз Манхеттен Банк», США	
Краснопресненская наб., 12	253 59 60		Краснопресненская наб., 12	253 28 65
«Дейви копрорейшен», США			«Хемие Линц», Австрия	
Краснопресненская наб., 12	253 98 61		Краснопресненская наб., 12	253 14 80
«Интерэкспо», Италия			«ХЕХСТ», ФРГ	
Краснопресненская наб., 12	253 13 35		Трехпрудный пер., 11/13	299 82 85
«Интерако»,ФРГГ			«Храст», ФРГ	
Краснопресненская наб., 12	253 15 39		Б. Бронная ул., 7	202 27 24
«Клейн, шанц-линдбекер», ФРГ			«Шамбон», Франция	
Краснопресненская наб., 12	253 24 56		Грузинский пер., 3	254 69 27
«Кредитанстальт», Австрия			«Шенк», ФРГ	
Краснопресненская наб., 12	253 27 52		Краснопресненская наб., 12	253 24 58
«Лаурел-индастриз», Беликобритания			«Шисс», ФРГ	
Краснопресненская наб., 12	253 28 09		Краснопресненская наб., 12	253 24 60
«Марпосс», Италия			«Шмиттер-гмбх», ФРГ	
Трехпрудный пер., 11/13	299 09 32		Краснопресненская наб., 12	253 12 07

17 Кроссво́рд.Wenn Sie das Rätsel gelöst haben (nur senkrecht), erhalten Sie in einer der waagrechten Zeilen einen aus zwei Wörtern bestehenden Begriff, der mit der Geschichte Rußlands untrennbar verbunden ist.

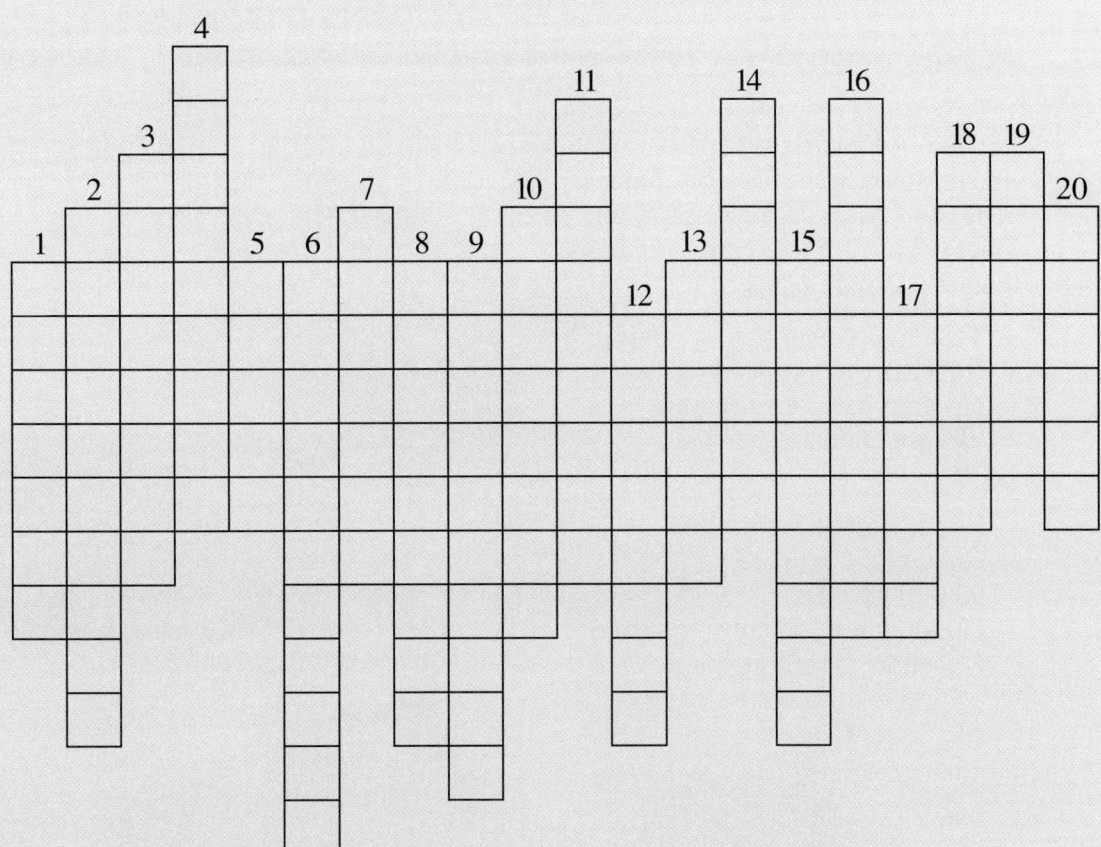

1	… сто́ит биле́т?
2	herrlicher
3	В на́шей … три ко́мнаты.
4	wiederholen
5	Мы осма́тривали Каза́нский …
6	Kreuzung
7	две́сти + три́ста = …
8	Там, где живу́т тури́сты.
9	zeigen
10	Schriftsteller
11	echt, wirklich

12	Тури́сты бы́ли в Петро-па́вловской …
13	Из Москвы́ в Петербу́рг госпожа́ Штейнер е́дет на …
14	Gespräch
15	besonderer
16	richtiger
17	lieben
18	Polizei
19	unterer
20	шесть + три = …

▶ AB 1–8 ◐◖

11 В гостинице

A

1 Господи́н Хохштрассер, представи́тель неме́цкой фи́рмы «Металл А.Г.», прие́хал в Санкт-Петербу́рг. Он выхо́дит из ваго́на и идёт к стоя́нке такси́.

  – Такси́ свобо́дно?
  – Да, сади́тесь, пожа́луйста.
  – Пожа́луйста, в гости́ницу «Европе́йская».

* * *

  – Вот и ва́ша гости́ница.
  – Спаси́бо. Ско́лько с меня́?
  – 92 000 рубле́й.
  – Пожа́луйста. Сда́чи не на́до.
  – Спаси́бо. Всего́ хоро́шего!

2 Э́то вы зна́ете.

1. В каку́ю гости́ницу е́дет господи́н Хохштрассер?
2. Ско́лько сто́ит пое́здка в такси́?

▶ AB 1

3 Вы хоти́те пое́хать на такси́ в Эрмита́ж.

Б

▶ AB 2/3

1 В гости́нице «Европе́йская». Stellen Sie fest, mit wem Herr Hochstrasser spricht.

– До́брое у́тро! Для меня́ заброни́рован но́мер. Моя́ фами́лия Хохштра́ссер, Эрвин Хохштра́ссер.
– Одну́ мину́ту. Соверше́нно ве́рно, господи́н Хохштра́ссер. Ваш но́мер 402. Запо́лните, пожа́луйста, анке́ту. (…) Спаси́бо. Вот ваш ключ.
– Спаси́бо. А где я могу́ поза́втракать?
– На пе́рвом этаже́ сле́ва рестора́н. Он рабо́тает с 10 до 2 часо́в но́чи. На тре́тьем этаже́ есть буфе́т: он рабо́тает с 7 до 20 часо́в. По́чта, телегра́ф, обме́нный пункт на пе́рвом этаже́ спра́ва. Они́ рабо́тают с 8 до 20 часо́в.
– Большо́е спаси́бо.

2 Aber Herr Hochstrasser kehrt bald in die Rezeption zurück.

– Извини́те, пожа́луйста, мой но́мер 402. Я был там.
– Ну и что? Вам он не нра́вится?
– Не в э́том де́ло. Вы зна́ете, там окно́ выхо́дит на у́лицу. О́чень шу́мно.
– Зна́чит, вы хоти́те друго́й но́мер. Я пра́вильно вас по́нял?
– Да, е́сли мо́жно.
– Хорошо́. Есть ещё оди́н но́мер на четвёртом этаже́. О́кна выхо́дят в парк.
– Прекра́сно. Большо́е спаси́бо.

3 Э́то вы зна́ете.

1. На како́м этаже́ но́мер господи́на Хохштра́ссера?
2. Ему́ нра́вится э́тот но́мер или нет? Почему́?
3. Где в гости́нице мо́жно поза́втракать?
4. Где нахо́дится обме́нный пункт?

▶ AB 4–6

4 Эту анкету заполняет господин Хохштрассер:

Гостиница «Европейская»

1. Фамилия, имя, отчество _____
2. Гражданство _____
3. Дата рождения _____
4. Место рождения _____
5. Номер паспорта _____
   Дата и место выдачи _____
6. Срок проживания в гостинице _____
   Дата заполнения _____
   Подпись _____

Россия, 451773 СТ.-ПЕТЕРБУРГ, ул. Ломоносова, 14, ст. метро «Гостиный двор»,
тел.: (812) 37 21 48, факс: (812) 37 21 44.

5 Sie haben in Moskau im Hotel «Россия» ein Zimmer vorbestellt. Erkundigen Sie sich
an der Rezeption danach.

B

▶ AB 7

1 В буфете

– Добрый день. Что у вас есть
на завтрак?
– Пожалуйста, есть сосиски,
яичница, варёные яйца, бутер-
броды с колбасой, сыром,
ветчиной, творог, сметана,
кефир.
– А кофе есть?
– Да, конечно.

– Тогда, пожалуйста, яичницу
с ветчиной, кефир и кофе. И
дайте ещё два куска чёрного
хлеба, пожалуйста.
– Пожалуйста, с вас 112 500
рублей.
– Спасибо.

2 Что берёт господин Хохштрассер
на завтрак?

3   Прейскура́нт буфе́та гости́ницы «Европе́йская».

Прейскурант

Холодные блюда и напитки

Бутерброд с колбасой		2.100 руб.
Бутерброд с сыром		1.900 руб.
Бутерброд с ветчиной		3.600 руб.
Сметана	100 гр.	2.000 руб.
Творог со сметаной	200 гр.	4.200 руб.
Кефир	1 ст.	1.500 руб.
Вода минеральная	1 бут.	4.100 руб.
Сок яблочный	200 гр.	3.300 руб.
Хлеб чёрный	1 кус.	200 руб.
Хлеб белый	1 кус.	400 руб.

Горячие блюда и напитки

Сосиски молочные	1 шт.	400 руб.
Яичница с ветчиной		6.400 руб.
Яйца варёные	1 шт.	2.200 руб.
Кофе чёрный	50 гр.	3.100 руб.
Кофе с молоком	50 гр.	4.200 руб.
Чай с лимоном	150 гр.	2.600 руб.

▶ AB 8–10

4   Wählen Sie Ihr Frühstück und bezahlen Sie.

5   Sie möchten im Büfett des Hotels «Европе́йская» zu Abend essen. Wofür entscheiden Sie sich?

6   Вы хоти́те поза́втракать в но́мере и звони́те в рестора́н. Bestellen Sie das Frühstück.

– Алло́, это рестора́н?
– Да, слу́шаю вас.
– Я хоте́л бы заказа́ть за́втрак в но́мер.
– …

Г

1   Вот какое письмо́ написа́л господи́н Хохштрассер свои́м друзья́м в Москву́.

> С.-Петербург, 18.5.
>
> Дороги́е друзья́!
>
> Сего́дня у́тром прие́хал в Петербург и сра́зу же пое́хал в гости́ницу "Европе́йская". Но но́мер, кото́рый был для меня́ заброни́рован, мне не понра́вился: окно́ выходи́ло на у́лицу и бы́ло о́чень шу́мно. Но сейча́с всё норма́льно: бы́ли ещё свобо́дные номера́, и я получи́л друго́й. Тепе́рь я о́чень дово́лен. Гости́ница, ка́жется, о́чень хоро́шая, прекра́сный буфе́т, где я сра́зу же поза́втракал.
>
> Вот пока́ и все мои́ но́вости.
>
> Ваш Эрвин

▶ АВ 11

Так говоря́т ру́сские

■ Sie haben ein Zimmer vorbestellt:	Для меня́ заброни́рован но́мер. На моё и́мя заброни́рован но́мер.
■ Sie fragen nach dem Preis:	Ско́лько с меня́?
■ Sie erfahren den Preis:	С вас 200 000 рубле́й.
■ Sie verzichten auf das Wechselgeld:	Сда́чи не на́до.
■ Sie fragen, ob ein Taxi frei ist:	Такси́ свобо́дно?
■ Sie sagen, daß es um etwas anderes geht:	Не в э́том де́ло.
■ Sie fragen, ob Sie etwas richtig verstanden haben:	Я пра́вильно вас по́нял/поняла́?
■ Sie erkundigen sich, ob etwas möglich ist:	Е́сли мо́жно.

1 Grundzahlwörter: Gen.

Die Grundzahlwörter werden im Russischen dekliniert. Der häufigste Fall (Kasus) neben dem Nominativ ist der Genitiv:

Nom.	оди́н / одно́	одна́	два	три	четы́ре
Gen.	одного́	одно́й	дву**х**	трёх	четырёх

Alle Grundzahlwörter auf **-ь** bilden den Genitiv auf **-и.**

пять	→	пяти́	де́сять	→	десяти́
шесть	→	шести́	оди́ннадцать	→	оди́ннадцати
семь	→	семи́	двена́дцать	→	двена́дцати
во́семь	→	восьми́	трина́дцать	→	трина́дцати
де́вять	→	девяти́	два́дцать	→	двадцати́

Die Präpositionen **с** (von) und **до** (bis) verlangen den Genitiv, auch vom Grundzahlwort. Das dazugehörige Substantiv steht immer im Genitiv Plural:

Магази́н рабо́тает **с** семи́ **до** двадцати́ часо́в.

Ausnahme: с ча́су (von ein Uhr), до ча́су (bis ein Uhr)

Кио́ск рабо́тает **с ча́су** до восьми́ часо́в.	Der Kiosk ist von ein Uhr bis acht Uhr geöffnet.
Кио́ск рабо́тает **до ча́су.**	Der Kiosk ist bis ein Uhr geöffnet.

2 Reflexives Verb: Präteritum

Reflexive Verben erkennen Sie an der Endung **-ся** bzw. **-сь**. Steht vor der Endung ein Konsonant, lautet die Endung **-ся**. Steht davor ein Vokal, wird **-ся** zu **-сь** reduziert.

находи́ться				
находи-**л**	+	**ся**	→	он находи́лся
находи-**ла**	+	**сь**	→	она́ находи́лась
находи-**ло**	+	**сь**	→	оно́ находи́лось
находи-**ли**	+	**сь**	→	они́ находи́лись

Его́ но́мер находи́лся на тре́тьем этаже́, а мой – на пя́том.
Вчера́ она́ о́чень ра́но верну́лась домо́й.
Мы встре́тились в во́семь часо́в.

3 Verbalaspekt: Präteritum

Wie im Futur (siehe Seite 83/84) spielen auch im Präteritum die Verbalaspekte eine zentrale Rolle.

Сего́дня у́тром он **прие́хал** в Петербу́рг и сра́зу же **пое́хал** в гости́ницу «Европе́йская».	Vollendeter Aspekt, weil in beiden Fällen das Resultat im Mittelpunkt steht. Es handelt sich um aufeinanderfolgende Handlungen: Zuerst mußte er in Petersburg angekommen sein, danach konnte er erst ins Hotel fahren. Alle Handlungen, auch die letzte, müssen im vollendeten Aspekt stehen.
Но́мер ему́ не **понра́вился**.	Vollendeter Aspekt, weil das Resultat, die Unzufriedenheit mit dem Zimmer, im Mittelpunkt steht.
Но́мер ему́ не понра́вился: окно́ **выходи́ло** на у́лицу и бы́ло о́чень шу́мно.	Unvollendeter Aspekt, weil der Zustand im Mittelpunkt steht: Dieses Zimmer geht (immer) zur Straße hinaus.
Но сейча́с всё норма́льно: бы́ли ещё свобо́дные номера́, и он **получи́л** друго́й.	Vollendeter Aspekt, weil das Resultat im Mittelpunkt steht: Er hat inzwischen das andere Zimmer erhalten.

4 Imperativ: Bildung

Sie wissen bereits, daß der Imperativ verschiedene Endungen haben kann (siehe Seite 76). Zur Bildung des Imperativs gehen Sie von der 3. Person Pl. des Verbs aus und streichen die Endung. Diese Form endet nun entweder auf einen Vokal oder auf einen Konsonanten.

1. Nach einem Vokal lautet die Imperativendung **-й:**

Infinitiv	3. Pers. Pl.	Imperativ Sg./Pl.
чита́ть	чита́-ют	чита́**й**!/чита́**йте**!
зака́зывать	зака́зыва-ют	зака́зыва**й**!/зака́зыва**йте**!
осма́тривать	осма́трива-ют	осма́трива**й**!/осма́трива**йте**!
занима́ться	занима́-ются	занима́**й**ся!/занима́**йте**сь!

2. Nach einem Konsonaten lautet die Imperativendung **-и,** wenn die 1. Person Sg. endbetont ist.

Infinitiv	3. Pers. Pl.	1. Pers. Sg.	Imperativ Sg./Pl.
смотре́ть	смо́тр-ят	смотрю́	смотри́!/смотри́те!
говори́ть	говор-я́т	говорю́	говори́!/говори́те!
ждать	жд-ут	жду́	жди!/жди́те!
писа́ть	пи́ш-ут	пишу́	пиши́!/пиши́те!

3. Nach einem Konsonanten lautet die Imperativendung **-ь,** wenn die 1. Pers. Sg. nicht endbetont ist.

Infinitiv	3. Pers. Pl.	1. Pers. Sg.	Imperativ Sg./Pl.
гото́вить	гото́в-ят	гото́влю	гото́вь!/гото́вьте!
знако́миться	знако́м-ятся	знако́млюсь	знако́мься!/знако́мьтесь!

Ausnahme: е́хать/пое́хать   →   поезжа́й!/поезжа́йте!

---

1 Sie sind in Moskau angekommen, werden aber nicht abgeholt. Erkundigen Sie sich, wo der Taxistand ist. Nehmen Sie ein Taxi und fahren Sie in Ihr Hotel.

2 Sie haben ein Hotelzimmer vorbestellt. Nun kommen Sie ins Hotel und wollen Ihr Zimmer beziehen. Sie haben Sorge, daß es kein ruhiges Zimmer ist.

3 Man hat für Sie im Hotel ein Zimmer bestellt. Das reservierte Zimmer gefällt Ihnen aber nicht. Bitten Sie um ein anderes.

4 Sie wollen schnell im Büfett frühstücken. Bestellen Sie anhand der Speisekarte (siehe Seite 103).

5 Erkundigen Sie sich, ob und wo es im Hotel eine Post gibt, und ob die Möglichkeit besteht, im Hotel Geld zu wechseln. Fragen Sie nach den Öffnungszeiten.

6 Когда́ господи́н Хохштрассер выхо́дит из ваго́на в Санкт-Петербу́рге, он слы́шит объявле́ния. Како́е из них его́ интересу́ет?

7 Schreiben Sie Ihren russischen Freunden vom Hotel aus eine Ansichtskarte und berichten Sie über Ihre Unterbringung.

▶ AB 12/13

Вы это уже знаете?

Im Hotel kann man außer im
ресторáн auch im буфéт essen.
Im буфéт ist Selbstbedienung, die
Auswahl an Speisen und Getränken
ist kleiner als im ресторáн.
Gewöhnlich werden dort keine
alkoholischen Getränke angeboten.
Буфéты gibt es nicht nur in Hotels,
sondern auch in den meisten
Betrieben, Firmen, Universitäten,
auf Bahnhöfen, Flughäfen usw.

Für eilige Gäste gibt es mit
Selbstbedienung die столóвая,
die закýсочная, die пельмéнная
oder die блúнная. Eine столóвая
ist ein einfaches Selbstbedienungs-
restaurant mit kleinem Speisen-
angebot. In der закýсочная,
пельмéнная oder блúнная
werden in der Regel zwei bis drei
Speisen angeboten, die man oft im
Stehen ißt.

Eine кафетéрий ist eine
Caféteria, d.h. ein Selbstbe-
dienungscafé, in dem man –
meist stehend – eine Kleinigkeit
zum Kaffee essen kann. Ein
russisches кафé ist kein Café
im Sinne eines Wiener Kaffee-
hauses, sondern ein einfaches
Speiserestaurant.

12 В Северной Венеции

A

▶ AB 1

1   После за́втрака в гости́нице господи́н Хохштрассер звони́т на фи́рму «Се́вер».

– До́брый день! Мо́жно попроси́ть господи́на Доброво́льского?
– А кто его́ спра́шивает?
– Моя́ фами́лия Хохштрассер, из фи́рмы «Металл А.Г.».
– Одну́ мину́ту, господи́н Хох-штрассер.

* * *

– Здра́вствуйте, господи́н Хохштрассер. Доброво́льский говори́т.
– Здра́вствуйте, господи́н Доброво́льский. Вы получи́ли мой факс?
– Да, коне́чно, господи́н Хох-штрассер. Мы ра́ды бу́дем сотру́дничать с ва́ми. Когда́ мы смо́жем встре́титься?
– Мо́жно сего́дня.
– Хорошо́. Я вас приглаша́ю на у́жин. Мой колле́га зае́дет за ва́ми в гости́ницу в 17 часо́в. Э́то вам удо́бно?
– Вполне́. Я в гости́нице «Европе́йская».
– Хорошо́. А в како́м но́мере?
– В 407-м.
– Хорошо́. До ве́чера, господи́н Хохштрассер.
– Всего́ до́брого, господи́н Доброво́льский.

2 Welche Aussagen entsprechen dem Telefonat?

1. Господи́н Доброво́льский звони́т господи́ну Хохштрассеру.
2. Господи́н Доброво́льский не получи́л факс от господи́на Хохштрассера.
3. Господи́н Хохштрассер пред-лага́ет встре́титься за́втра ве́чером.
4. Господи́н Хохштрассер живёт в гости́нице «Европе́йская» в 704 но́мере.
5. Господи́н Доброво́льский зае́дет за господи́ном Хохштрассером в 16 часо́в.

▶ AB 2–5

3 Rufen Sie Ihre russische Bekannte an. Sie haben Kinokarten für heute abend und könnten sie mit dem Auto abholen.

4 Sie rufen in Ihrer russischen Partnerfirma an und bitten, mit Frau Соколо́ва verbunden zu werden.

5 Sie teilen Frau Соколо́ва mit, daß Sie ihr Fax erhalten haben und an einer Zusammenarbeit sehr interessiert sind. Erkundigen Sie sich, wann Sie sich mit ihr treffen könnten.

5

Как вы ду́маете, кто звони́т
в гости́ницу?

– Гости́ница «Европе́йская».
– До́брый день. Мо́жно попроси́ть
  господи́на Хохштра́ссера?
– Одну́ мину́ту. (…) Его́, к сожа-
  ле́нию, сейча́с нет. Ему́ что́-
  нибудь переда́ть?
– Да, пожа́луйста. Переда́йте ему́,
  что Ерёмин Па́вел Петро́вич

заéдет за ним не в 17 часо́в, а
то́лько в 18 часо́в.
– Хорошо́. Ерёмин Па́вел Петро́-
  вич заéдет за господи́ном
  Хохштра́ссером не в 17, а в
  18 часо́в.
– Спаси́бо, до свида́ния.
– Пожа́луйста.

▶ АВ 6/7

Б   ▶ АВ 8

1

Господи́н Доброво́льский и
господи́н Хохштра́ссер вхо́дят в
рестора́н.

– Прошу́ вас, господи́н Хох-
  штра́ссер.
– Куда́ мы ся́дем?
– Вот там, у окна́.
– Извини́те, э́тот стол за́нят.
  Прошу́ вас сюда́. Здесь вам
  нра́вится?
– Пожа́луй, ничего́.
– До́брый ве́чер. Что бу́дете
  зака́зывать?
– Я ду́маю, на пе́рвое, сала́т.
– Так, два сала́та. Горя́чее?
– Господи́н Хохштра́ссер, что вы
  предпочита́ете, ры́бу и́ли мя́со?
– Я бо́льше люблю́ мя́со.
– Тогда́ котле́ты по-ки́евски. И
  что вы посове́туете на десе́рт?
– Возьми́те моро́женое-ассорти́.
– Хорошо́, две по́рции,
  пожа́луйста, и два ко́фе.
– Вино́ бу́дете зака́зывать?
– Да, пожа́луйста, буты́лку
  «Мукуза́ни». Ну, господи́н

Хохштра́ссер, как вам нра́вится
петербу́ргская пого́да?
– Открове́нно говоря́, я роди́лся
  о́сенью и люблю́ о́сень, да́же
  когда́ идёт дождь.
– А я бо́льше люблю́ зи́му: снег,
  лы́жи, коньки́ …
– О, нет, нет, э́то не для меня́ …
  Но, как у вас говоря́т: На вкус,
  на цвет това́рища нет.
* * *
– Де́вушка, счёт, пожа́луйста.
– Пожа́луйста, с вас 422 000
  рубле́й.
– Пожа́луйста, сда́чи не на́до.

2 Welche Aussagen entsprechen dem Gespräch?

1. Господи́н Хохштрассер и господи́н Доброво́льский сидя́т у окна́.
2. Они́ беру́т сала́т, котле́ты по-ки́евски, моро́женое, ко́фе и буты́лку вина́.

3. Господи́ну Хохштрассеру нра́вится петербу́ргская погода́, потому́ что он сам роди́лся о́сенью.
4. Господи́ну Доброво́льскому бо́льше нра́вится зима́.
5. За у́жин они́ пла́тят 450 000 рубле́й.

▶ AB 9/10

3 Что вы зака́жете на у́жин? Wählen Sie aus der Speisekarte.

МЕНЮ   MENU

Первые блюда

Салат «Деликатесный рыбный»	5.000
Салат «Паллада»	5.000
Салат «Овощной букет»	3.000
Икра зернистая	16.000
Крабы натуральные	8.000
Язык отварной	4.000
Ассорти рыбное	10.000
Борщ московский	4.000
Суп-лапша с курицей	3.000
Бульон с пельменями	2.500
Кокот из шампиньонов	3.000
Хачапури	5.000
Лаваш	300
Талма по-кавказски	3.000

Горячие блюда

Осетрина на вертеле	31.000
Шашлык из вырезки	16.000
Бифштекс натуральный из вырезки	27.000
Эскалоп из свинины	33.000
Антрекот	38.000
Цыпленок табака	14.000
Стейк по-калифорнийски	42.000
Цыпленок по-моравски	18.000

Десерт

Пирожное (в ассортименте)	11.000
Мороженое	6.000
Чай с лимоном	3.500
Кофе по-турецки	4.500
Фрукты	2.800

Зав. производством   Туркия Р.М.

В

1 Herr Hochstrasser hatte beschlossen, seine Sprachkenntnisse zu vervollständigen und
während seines Rußlandaufenthalts nur Russisch zu sprechen, zu lesen und zu schreiben,
sogar in seinem Tagebuch (дневни́к). Вот что он записа́л в пе́рвый день своего́
пребыва́ния в Петербу́рге.

понедельник, 28 марта

В 8 часов приехал в Санкт-Петербург. В поезде хорошо отдохнул. С вокзала сразу на такси поехал в гостиницу. Номер, который был забронирован, не понравился. Получил другой. Позавтракал в буфете по-русски: яичница с ветчиной, кефир, кофе, чёрный хлеб. Заплатил 11 000 рублей.

После завтрака позвонил на фирму-партнёр и поговорил с господином Добровольским. Он получил мой факс. Мы договорились лично познакомиться сегодня вечером. Он пригласил меня на ужин в ресторан „Нева". (Уличное движение было очень большое). Мы прекрасно провели вечер. Добровольский, мне кажется, очень симпатичный человек, хорошо знает своё дело.

Будет интересно с ним сотрудничать.

▶ AB 11/12

Так говорят русские

- Sie äußern einen Wunsch:

  Я хоте́л / хоте́ла бы пригласи́ть / заказа́ть …

  Я хочу́ пригласи́ть / заказа́ть …

- Sie machen einen Vorschlag:

  Дава́й / Дава́йте пойдём в / на …!

  Возьми́те (котле́ты по-ки́евски)!

- Sie äußern eine Vermutung:

  А это, наве́рное, (университе́т)?

  Ка́жется, начина́ется (дождь)!

- Sie drücken ein Gefühl aus:

  Открове́нно говоря́, …

  С удово́льствием.

- Sie bevorzugen ein bestimmtes Gericht:

  Я бо́льше люблю́ суп.

  Я предпочита́ю ры́бу.

- Sie bitten um die Rechnung:

  Де́вушка / Молодо́й челове́к, счёт, пожа́луйста!

- Sie fragen nach dem Preis:

  Ско́лько с меня́?

- Sie verzichten auf das Wechselgeld:

  Сда́чи не на́до.

- Sie erkundigen sich nach dem Namen eines Anrufers:

  Кто его́ спра́шивает?

- Sie fragen, ob Sie etwas ausrichten sollen:

  (Ему́ / Ей) что́-нибудь переда́ть?

- Sie holen Ihre Bekannten um 19 Uhr ab:

  Я зае́ду за ва́ми в 19 часо́в.

1 Verbalaspekt: Präteritum

Stellen Sie sich vor, Sie sollen zwei Zeichnungen anfertigen. Das erste Thema lautet: »Die Jäger jagten Hasen.« Das zweite: »Die Jäger erlegten die Hasen.« Die erste Zeichnung wird die Jäger darstellen, wie sie mit der Jagd beschäftigt sind. In der zweiten Zeichnung wird die Aufmerksamkeit auf die erlegten Hasen, also auf dem Ergebnis der Jagd, liegen. Damit ist die zentrale Funktion des russischen Verbalaspekts beschrieben.

unvollendeter Aspekt   vollendeter Aspekt

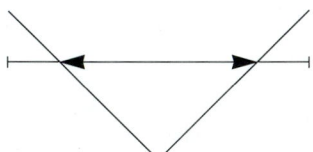   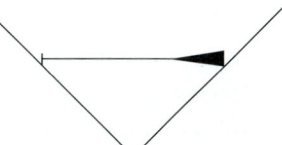

1. Die Handlung wird als Prozeß, in ihrem Verlauf gesehen.

2. Es handelt sich um eine wiederholte Handlung.

3. Die Handlung wird als Gesamtheit gesehen, wobei das Ergebnis im Mittelpunkt steht.

Da es im Russischen nur drei Zeitformen (Präsens, Präteritum, Futur) gibt, werden Zeitverhältnisse wie Gleichzeitigkeit (*Während er las, lief das Radio.*) und Vorzeitigkeit (*Nachdem er die Zeitung gelesen hatte, schaltete er das Radio ein.*) mit Hilfe der Verbalaspekte zum Ausdruck gebracht.

Vergleichen Sie die Sätze und beachten Sie die unterschiedlichen Bedeutungen der Konjunktion »когда́«.

1. **Когда́** он **е́хал** в Санкт-Петербу́рг, он **разгова́ривал** с пассажи́ром. (Когда́ … unvoll. Verb … unvoll. Verb.)

   Zwei parallel verlaufende Handlungen: Gleichzeitigkeit.

2. **Когда́** он **прие́хал** в Санкт-Петербу́рг, он сра́зу же **пое́хал** в гости́ницу. (Когда́ … voll. Verb … voll. Verb.)

   Zwei aufeinanderfolgende Handlungen (Handlungskette): Vorzeitigkeit.

3. **Когда́** он **е́хал** в Санкт-Петербу́рг, он **познако́мился** с интере́сным.пассажи́ром. (Когда́ … unvoll. Verb … voll. Verb.)

   In den Verlauf einer Handlung ist eine zweite Handlung eingeschlossen.

Zum Ausdruck der Gleichzeitigkeit zweier oder mehrerer Handlungen wird когда́ mit *während, als* wiedergegeben, zum Ausdruck der Vorzeitigkeit aber mit *nachdem (als)* übersetzt.

2   Bildung der Verbalaspekte

Ausgehend von den Verben des unvollendeten Aspekts werden die vollendeten Aspekte meist durch Präfigierung (проси́ть/попроси́ть) oder Suffigierung (получа́ть/получи́ть, осма́тривать/осмотре́ть) gebildet. Nur selten gibt es zwei verschiedene Verben.

Eindeutige Regeln, wie der vollendete Aspekt vom unvollendeten Aspekt gebildet wird, gibt es nicht. Sie müssen beide Aspektformen lernen.

3   Reflexives Possessivpronomen: «свой, своя, своё; свои»

Das reflexive Possessivpronomen свой, своя́, своё; свои́ wird wie мой und твой dekliniert und mit dem folgenden Wort übereingestimmt.

Свой, своя́, своё; свои́ wird verwendet, wenn das Subjekt des Satzes auch der »Besitzer« ist. Ist das Subjekt nicht der »Besitzer« steht его́, её; их.

Die Aussage »Irina spricht mit ihrem Bruder.« ist im Deutschen nicht eindeutig:

Ири́на говори́т со свои́м бра́том.	Irina spricht mit ihrem (eigenen) Bruder.
Ири́на говори́т с её бра́том.	Irina spricht mit ihrem (= deren) Bruder, d. h. mit dem Bruder einer anderen Frau.

4 Personalpronomina

Nom.	я	ты	он/оно́	она́	мы	вы	они́
Gen.	меня́	тебя́	его́*	её*	нас	вас	их*
Dat.	мне	тебе́	ему́*	ей*	нам	вам	им*
Akk.	меня́	тебя́	его́*	её*	нас	вас	их*
Instr.	мной	тобо́й	им*	ей*	на́ми	ва́ми	и́ми*
Präp.	мне	тебе́	нём	ней	нас	вас	них

* Steht vor einem Personalpronomen der 3. Person eine Präposition, so erfolgt ein **н**-Vorschlag: у **н**его́, к **н**ей, с **н**и́ми, … Vor zwei oder mehr Konsonanten werden die Präpositionen, die auf einen Konsonanten enden, erweitert: со мно́й, обо мне́

5 Familiennamen: Deklination

Russische Familiennamen, die auf eine Adjektivendung auslauten (Доброво́ль-ский, Доброво́льская), werden auch wie ein Adjektiv dekliniert.

Die Deklination der Familiennamen auf **-ин/-ина**, **-ов/-ова**, **-ев/-ева**, **-ёв/-ёва** lautet:

	maskulin	*feminin*	*Plural*
Nom.	Ермако́в	Ермако́в**а**	Ермако́в**ы**
Gen.	Ермако́в**а**	Ермако́в**ой**	Ермако́в**ых**
Dat.	Ермако́в**у**	Ермако́в**ой**	Ермако́в**ым**
Akk.	Ермако́в**а**	Ермако́в**у**	Ермако́в**ых**
Instr.	Ермако́в**ым**	Ермако́в**ой**	Ермако́в**ыми**
Präp.	Ермако́в**е**	Ермако́в**ой**	Ермако́в**ых**

Мы ви́дели	господи́на Доброво́льского. господи́на Ермако́ва. Ермако́вых.		госпожу́ Доброво́льскую. госпожу́ Ермако́ву. Доброво́льских.
Я говори́ла	с господи́ном Доброво́льским. с господи́ном Ермако́вым. с Ермако́выми.		с госпожо́й Доброво́льской. с госпожо́й Ермако́вой. с Доброво́льскими.

1 Dieses Lied hören Herr Hochstrasser und Herr Доброво́льский im Restaurant.
Wenn es Ihnen gefällt, singen Sie mit.

Ещё не ве́чер

Му́зыка: Р. Па́улса
Стихи́: И. Ре́зника

Ещё не ве́чер,
Ещё не ве́чер,
Ещё светла́ доро́га и я́сны глаза́.
Ещё не ве́чер,
Ещё не ве́чер,
Ещё иду́ я ря́дом с тобо́ю безогля́дно.
Пусть говоря́т, что приближа́ется гроза́,
Пусть говоря́т, что лгут и се́рдце и глаза́,
То́лько не бу́ду ве́рить я таки́м слова́м,
Никому́ тебя́ я не отда́м.

Ещё не ве́чер,
Ещё не ве́чер,
Оши́бок про́шлых мы уже́ не повтори́м.
Ещё не ве́чер,
Ещё не ве́чер,
Продли́тся день счастли́вый для нас с тобо́й, люби́мый,
Пусть говоря́т, ничто́ не ве́чно под луно́й,
Пусть говоря́т, что мы расста́немся с тобо́й,
То́лько я в плен не сда́мся бу́дущим года́м,
Никому́ тебя́ я не отда́м.

Ещё не ве́чер,
Ещё не ве́чер,
Ещё в запа́се вре́мя есть у нас с тобо́й.
Ещё не ве́чер,
Ещё не ве́чер,
Ещё откры́ты две́ри наде́жде и дове́рью.
Пусть говоря́т, что стал с года́ми тру́ден путь,
Пусть говоря́т, было́го сча́стья не верну́ть,
То́лько не бу́ду ве́рить я таки́м слова́м,
Никому́ тебя́ я не отда́м.

2 Вы приéхали в гостúницу и звонúте в фúрму-партнёр, чтóбы договорúться о встрéче (um ein Treffen zu vereinbaren).

3 Sie haben die Leiterin Ihrer Partner-firma in ein Restaurant eingeladen. Wählen Sie gemeinsam die Speisen aus (siehe Seite 111) und bestellen Sie.

4 Herr Hochstrasser beschreibt seine ersten Eindrücke von St. Petersburg in einem Brief an seine Moskauer Freunde.

5 Nach einer Rußlandreise bereiten Sie Ihren Bericht vor. Da die russischen Kollegen eine Kopie erhalten sollen, schreiben Sie ihn auf russisch.

Вы это уже знаете?

Nach der Oktoberrevolution 1917 wurden in Rußland viele geographische Bezeichnungen geändert. Nach der перестрóйка (1986–1991), die mit dem Namen des ersten und gleichzeitig letzten Präsidenten der Sowjetunion, Михаúл Сергéевич Горбачёв, untrennbar verbunden bleiben wird, gab es eine neue Welle der Umbenennung von sowjetischen Bezeichnungen in die alten, »vorrevolutionären«:

Ленингрáд	→	Санкт-Петербýрг
Гóрький	→	Нúжний Нóвгород
Калúнин	→	Тверь
Загóрск	→	Сéргиев Посáд
плóщадь Дзержúнского	→	Лубянка
проспéкт Калúнина	→	Нóвый Арбáт
ст. Гóрьковская	→	ст. Тверскáя
ст. Проспéкт Мáркса	→	ст. Охóтный ряд

13 Город Белых ночей

A

1 Господи́н Хохштра́ссер хо́чет
обменя́ть де́ньги в обме́нном
пу́нкте в гости́нице.

– До́брый день! Я хоте́л бы
  обменя́ть неме́цкие ма́рки.
– До́брый день!
  Пожа́луйста. Ско́лько
  вы хоти́те обменя́ть?
– Сто ма́рок.
– Пожа́луйста.
– Ско́лько сего́дня сто́ят
  неме́цкие ма́рки?
– 2 850 рубле́й. Вот,
  пожа́луйста,
  пятьдеся́т, сто,
  сто пятьдеся́т,
  две́сти, две́сти
  пятьдеся́т ты́сяч,
  две́сти шесть-
  десять, две́сти
  се́мьдесят, две́сти
  во́семьдесять ты́сяч и
  ещё пять ты́сяч:
  две́сти во́семьдесят
  пять ты́сяч рубле́й. Так вас
  устро́ит?
– Да, спаси́бо. Скажи́те,
  пожа́луйста, как вы
  рабо́таете?
– Ежедне́вно с восьми́ до шести́
  часо́в ве́чера.
– Ежедне́вно до шести́ часо́в?
– Да, и в воскресе́нье то́же.
  Пожа́луйста, ва́ша квита́нция.

– Прости́те, ещё оди́н вопро́с.
  Здесь есть по́чта?
– Да, на второ́м этаже́.
– Большо́е спаси́бо. До свида́ния.
– Всего́ до́брого!

2 Вы, коне́чно, по́няли разгово́р.

1. Ско́лько ма́рок хо́чет обменя́ть
   господи́н Хохштра́ссер?
2. Ско́лько сто́ит сего́дня
   неме́цкая ма́рка?
3. Как рабо́тает обме́нный пункт?
4. В гости́нице есть по́чта?
5. В гости́нице есть апте́ка?

3 В обме́нном пу́нкте виси́т курс обме́на валю́ты. Ско́лько сто́ит валю́та ва́шей страны́ в э́тот день?

▶ AB 1/2

ВАШ ПАРТНЕР – КОНСУЛЬТАНТ   № 7 ФЕВРАЛЬ 1995

Картинки
с выставки

Досье делового человека

КУРСЫ ИНОСТРАННЫХ ВАЛЮТ К РОССИЙСКОМУ РУБЛЮ, УСТАНОВЛЕННЫЕ ЦБ РФ на 17—21 февраля 1995 года

1 доллар США	4293.00	1 швейцарский франк	3377.66
1 немецкая марка	2855.15	10 японских иен	438.51
1 английский фунт стерлингов	6728.42	1 ЭКЮ	5374.84
1 австралийский доллар	3193.99	10 испанских песет	331.15
1 австрийский шиллинг	405.75	10 греческих драхм	181.78
10 бельгийских франков	1387.08	1 ирландский фунт	6691.50
1 голландский гульден	2546.57	1 исландская крона	64.52
1 датская крона	724.04	1 кувейтский динар	14391.55
100 итальянских лир	267.43	10 ливанских фунтов	26.18
1 канадский доллар	3052.69	10 португальских эскудо	276.13
1 норвежская крона	651.64	1 сингапурский доллар	2957.63
1 финляндская марка	924.96	10 турецких лир	1.04
1 французский франк	822.41	1 египетский фунт	1266.18
1 шведская крона	582.13	1 доллар по Индии	3434.40

КУРСЫ ДЕНЕЖНЫХ ЕДИНИЦ СТРАН БЛИЖНЕГО ЗАРУБЕЖЬЯ И ПРИБАЛТИКИ на 17—21 февраля 1995 года

Наименование денежных единиц	Официальный курс Банка России (в руб.)	Рыночный курс (в руб.) на 16.02.95 г.
10 белорусских рублей	3,85	3,67
100 украинских карбованцев	3,26	3,10
1 молдавский лей	980,14	966,00
Грузинский купон	не котируется	
1 киргизский сом	397,50	392,00
1 казахстанский тенге	73,90	68,00
1 узбекский сум	171,72	169,00
Расчетный рубль Таджикистана	находится в рублевой зоне	
Туркменский манат	не котируется	10,00
1 азербайджанский манат	0,99	0,98
1 армянский драм	10,56	10,00
1 латвийский лат	7877,06	7763,00
1 литовский лит	1073,25	1058,00
1 эстонская крона	356,89	348,00

Б

1 Господи́н Хохштрассер на по́чте хо́чет отпра́вить телегра́мму.

– До́брый день, где мо́жно взять бланк для телегра́ммы?
– Посмотри́те на столе́.
– Спаси́бо. … Вот, пожа́луйста, телегра́мма в Москву́.
– С вас 85 400 рубле́й.
– Пожа́луйста. А когда́ телегра́мма бу́дет в Москве́?
– Че́рез час. Получи́те сда́чу.
– Спаси́бо, до свида́ния.

2 Отве́тьте на вопро́сы.

1. Куда́ господи́н Хохштрассер отправля́ет телегра́мму?
2. Когда́ телегра́мма бу́дет в Москве́?
3. Ско́лько сто́ит телегра́мма?

▶ АВ 3/4

3 Э́ту телегра́мму господи́н Хохштрассер отправля́ет в Москву́.

МИНИСТЕРСТВО	СВЯЗИ РФ	**ПЕРЕДАЧА**		
		_____го_____ч._____м.		
ТЕЛЕГРАММА		**Номер рабочего места**		
_____		**Автоответ пункт приема**		
№_____		**Передал**_____		
_____сл._____го_____ч._____м.		**Служебные отметки**		

Категория и отметки особого вида	.
Куда, кому	**117437 МОСКВА ПРОФСОЮЗНАЯ 9 ФИРМА МОСТОРГ**
	БУДУ МОСКВЕ ЧЕТЫРНАДЦАТОГО ПОЕЗД ВТОРОЙ
	ВАГОН ПЯТЫЙ ВСТРЕЧАЙТЕ
	ХОХШТРАССЕР

Претензии принимаются в течении 1-месяца со дня подачи

Фамилия и адрес отправителя (не оплачивается и по связям не передается)

4 Was fällt Ihnen an der sprachlichen Ausführung des Telegramms auf?

5 Sie wollen Ihren Bekannten telegrafisch das Datum Ihrer Ankunft in St. Petersburg mitteilen. Gehen Sie zur Post und geben Sie das Telegramm auf. Schreiben Sie den Text vorher auf.

B

1 Господи́н Хохштрассер хо́чет пое́хать на авто́бусную экску́рсию по Санкт-Петербу́ргу. Он гото́вится к э́той экску́рсии и чита́ет в кра́тком проспе́кте о Санкт-Петербу́рге.

Санкт-Петербург основал царь Петр I в начале 18 века в дельте реки Невы. И скоро Санкт-Петербург стал столицей страны.

5 Санкт-Петербург нередко называют «Северной Венецией», так как он расположен на 101 острове. Самый большой из них – «Васильевский». В Санкт-Петербурге очень много рек, 10 каналов и мостов.

PETRO PRIMO
CATHARINA SECUNDA
MDCCLXXXII

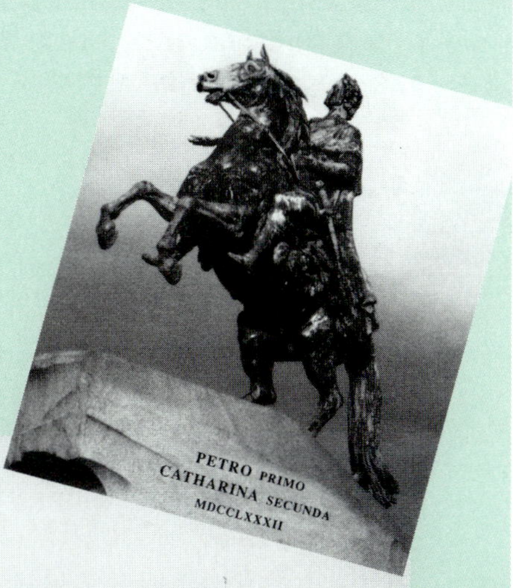

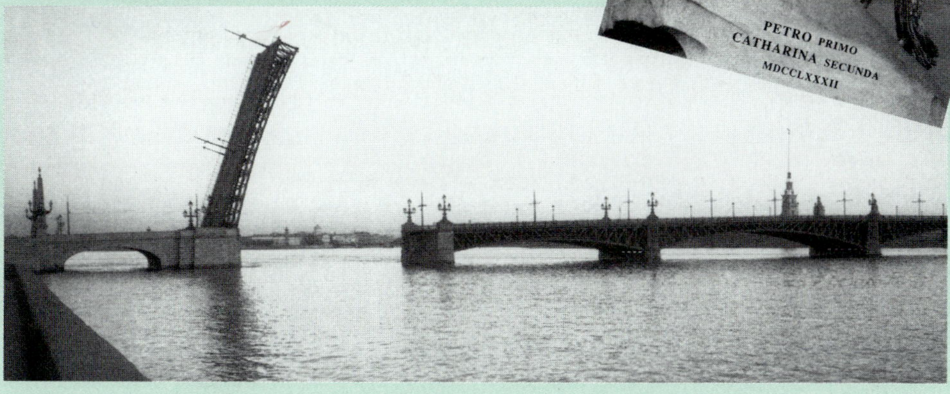

Самый большой музей города и один
из самых богатых музеев мира – Эрмитаж. Он находится в Зимнем дворце
(архитектор Б. Растрелли, 18 век). В
15 нем увидите прекрасные образцы искусства всех стран и эпох.

Исаакиевский собор – образец
архитектуры начала 19 века.

В Русском музее вы найдете образцы
русского искусства всех эпох. Перед
зданием Русского музея находится
20 памятник А.С. Пушкину.

25 Невский проспект – главная
улица Санкт-Петербурга. На
нем расположен Казанский
собор, памятник архитектуры
19 века. На нем найдете
30 самый большой универмаг
города – Гостиный двор – и
много прекрасных дворцов.

Петропавловская крепость – начало
Санкт-Петербурга.

2 После обéда господи́н Хохштрассер éдет на автóбусную экскýрсию
по Санкт-Петербýргу. Вот что
расскáзывает экскурсовóд.

3 Господи́н Хохштрассер прáвильно
пóнял экскурсовóда?

1. Сáмый большóй óстров –
   «Васи́льевский».
2. В Зи́мнем дворцé нахóдится
   Рýсский музéй.
3. Санкт-Петербýрг – гóрод
   «Бéлых ночéй».
4. Глáвная ýлица гóрода назы-
   вáется Нéвский проспéкт.

▶ AB 5/6

4 Sie zeigen Ihrer russischen Kollegin
Ihre Heimatstadt. Sie macht sich
während der Stadtrundfahrt Notizen.

Г

1 Господи́н Хохштрассер звони́т
администрáтору гости́ницы.

– Аллó, администрáтор?
– Да, слýшаю вас.
– Пожáлуйста, разбуди́те меня́
  зáвтра в семь часóв.
– В какóм нóмере вы живёте?
– В 407.
– Хорошó, зáвтра в семь часóв
  утрá, нóмер 407.

2 Вы всё пóняли?

1. Когдá господи́н Хохштрассер
   прóсит разбуди́ть егó ýтром?
2. В какóм нóмере он живёт?

▶ AB 7

3 Попроси́те администрáтора
разбуди́ть вас ýтром в шесть часóв
(7 ч., 7.30 ч.).

1 Вечером господину Хохштрассеру звонит его коллега из московского офиса.

– Да, слушаю.
– Привет, Эрвин, это Сергей.
– Вот так сюрприз!
– Эрвин, ты хорошо устроился в гостинице? Всё нормально?
– Да, всё прекрасно.
– И что ты делал сегодня, уже встречался с Добровольским?
– Да, первый раз. Но переговоры начнём завтра. А сегодня осматривал город.
– Ну и как, рассказывай!
– Ну, Серёжа, ты же знаешь, что я стараюсь общаться только по-русски. Поэтому был на автобусной экскурсии по городу. Всё было по-русски. Экскурсию начали на набережной Невы у Зимнего дворца и увидели самые интересные достопримечательности «Северной Венеции».
– А Петропавловскую крепость осматривали?

– Нет, только видели из автобуса, но экскурсовод рассказывал о её истории.
– И ты всё понял?
– Не всё, конечно, но представление получил.
– Молодец. Но Эрмитаж, конечно, осмотрели?
– Да, конечно. Я просто в восторге!
– Ну что ж, я очень рад за тебя. Желаю тебе ещё хорошо провести время в Питере и больших успехов на переговорах.
– Спасибо, Серёжа, передавай привет коллегам. Всего хорошего!
– До встречи в Москве, Эрвин.

▶ AB 9–12

2 Ihre russische Bekannte, die etwas Deutsch spricht, hat heute eine Stadt-rundfahrt in Ihrer Heimatstadt mit-gemacht. Unterhalten Sie sich mit ihr über ihre Eindrücke.

Так говорят русские

■ Sie möchten Geld wechseln:	Я хотел/хотела бы обменять (немецкие марки).
■ Sie fragen nach den Öffnungszeiten:	Как вы работаете?
■ Sie erkundigen sich, ob etwas recht ist:	Так вас устроит?
■ Sie fragen nach dem Preis:	Сколько стоит …?
■ Sie erhalten Wechselgeld zurück:	Получите сдачу!
■ Sie bitten darum, geweckt zu werden:	Пожалуйста, разбудите меня в (семь) часов.
■ Sie sind gut untergebracht:	Я хорошо устроился / устроилась.

1 Verbalaspekt: Infinitiv

Für den Aspektgebrauch im Infinitiv gelten die bereits bekannten Grundregeln:

Он хо́чет **обменя́ть** де́ньги. Он хо́чет **посла́ть** телегра́мму в Москву́. Где мо́жно **взять** бланк для телегра́ммы? Она́ хо́чет **пое́хать** на экску́рсию. Он про́сит **разбуди́ть** его́ в 7 часо́в. Жела́ю тебе́ хорошо́ **провести́** вре́мя в Пи́тере.	Vollendeter Aspekt, wenn das Resultat einer Handlung im Mittelpunkt steht.
Я стара́юсь **обща́ться** на ру́сском языке́. Мы о́чень лю́бим **говори́ть** по-ру́сски.	Unvollendeter Aspekt, wenn der Verlauf oder die Wiederholung der Handlung im Mittelpunkt steht.

2 Verb: »heißen«

Fragt man nach dem Namen von Belebtem, verwendet man: «Как вас зову́т?»
Die Frage nach Unbelebtem lautet dagegen: «Как э́то называ́ется?»

Как зову́т ва́шего партнёра?   Как называ́ются э́ти го́ры?

3 Zeitangabe

1. Steht die Tageszeit nach der Stunde, so steht sie im Genitiv.

у́тром, в шесть часо́в	→	в шесть часо́в утра́
днём, в час	→	в час дня
ве́чером, в во́семь часо́в	→	в во́семь часо́в ве́чера
но́чью, в час	→	в час но́чи

2. Beachten Sie den Bedeutungsunterschied nach den Präpositionen:

че́рез час (in einer Stunde)	в час (um ein Uhr)
(че́рез + Akk.)	(в + Akk.)
че́рез два часа́ *in 2 Stunden*	в два часа́ *um 2 Uhr*
че́рез неде́лю	
че́рез две неде́ли	

4 Substantiv: -o-/-e- Einschub und »flüchtiges« -o-/-e-

1. Bei einigen femininen und neutralen Substantiven kommt es im Gen. Pl. zu einem Einschub von **-o-** bzw. **-e-**.

Nom. Sg.	Nom. Pl.	Gen. Pl.
ма́рка	ма́рк**и**	ма́р**ок**
откры́тка	откры́тк**и**	откры́т**ок**
сестра́	сёстр**ы**	сест**ёр**
студе́нтка	сту́дентк**и**	студе́нт**ок**
окно́	о́кн**а**	о́к**он**
письмо́	пи́сьм**а**	пи́с**ем**

2. Einige maskuline Substantive auf **-ок** und **-ец** verlieren dagegen das **-o-** bzw. **-e-**.

Nom.	Gen.	Dat.	Akk.	Instr.	Präp.
кус**о́к**	куска́	куску́	кусо́к	куско́м	куске́
пода́р**ок**	пода́рка	пода́рку	пода́рок	пода́рком	пода́рке
напи́т**ок**	напи́тка	напи́тку	напи́ток	напи́тком	напи́тке
перекрёст**ок**	перекрёстка	перекрёстку	перекрёсток	перекрёстком	перекрёстке
переу́л**ок**	переу́лка	переу́лку	переу́лок	переу́лком	переу́лке
от**е́ц**	отца́	отцу́	отца́	отцо́м	отце́

5 Unbestimmte Zahlwörter: «мно́го, ма́ло, ско́лько» + Gen.

Nach мно́го, ма́ло, ско́лько steht das dazugehörige Wort im Genitiv. Handelt es sich bei dem Substantiv um einen zählbaren Begriff, wird der Gen. Pl. verwendet, handelt es sich um einen Sammelbegriff, steht der Gen. Sg. (viel seltener!).

Ско́лько дней вы бу́дете в Москве́?   Ско́лько вре́мени вы бу́дете в Москве́?
Там мно́го рек и кана́лов.   У него́ ма́ло вре́мени.

▶ AB 13–15

1 Während Ihres Aufenthaltes in Moskau müssen Sie morgens um acht Uhr in der Firma sein. Bitten Sie die Hotelrezeption, Sie um sechs Uhr zu wecken und für sieben Uhr ein Taxi zu bestellen.

2 Sie gehen zur Bank, um Geld in Rubel zu wechseln. Erkundigen Sie sich nach dem heutigen Kurs und wechseln Sie DM 300,– (siehe Wechselkurstabelle, Seite 119).

3 Während Ihres Aufenthalts in St. Petersburg wollen Sie Ihren Freunden telegrafisch mitteilen, daß Sie gut in Petersburg angekommen und in einem angenehmen Hotel untergebracht sind. Schreiben Sie das Telegramm und geben Sie es in der Post auf.

4 Прослу́шайте объявле́ния по ра́дио в гости́нице в Москве́. На каку́ю экску́рсию вы хоти́те пое́хать?

5 Ве́чером господи́н Доброво́льский звони́т господи́ну Хохштрассеру. Он спра́шивает, как у него́ дела́. Пото́м он говори́т, что за́втра у́тром в де́вять часо́в господи́н Ерёмин зае́дет за господи́ном Хохштрассером. Переговóры на фи́рме у господи́на Доброво́ль-ского начина́ются в де́сять часо́в.

6 Sie rufen die Hotelrezeption an und bitten, Sie um 8 Uhr zu wecken.

Вы это уже знаете?

Die Gründung von St. Petersburg war die Folge des mehr als 20 Jahre dauernden Krieges gegen die Schweden (Се́верная война́) um den Zugang zur Ostsee (Балти́йское мóре). Zur Unterstreichung der strategischen Bedeutung wurde die 1703 gegründete Stadt bereits 1713 Hauptstadt Rußlands. Die Folge war ein Bauboom, der Architekten aus Ost und West zusammen-führte (Трезини, Растрелли, Кваренги, Земцов, Коробов, Еропкин, Старов, ...).

Ausgangspunkt für die Bebauung war die strategisch bedeutsame Peter-Paul-Festung (Петропа́вловская кре́пость) auf einer kleinen Insel der Newa. Die Peter-Paul-Kirche war für lange Zeit das höchste Gebäude der Stadt und überragte sogar das höchste Moskauer Bauwerk, den Glockenturm «Ива́н Вели́кий». Als die Peter-Paul-Festung ihre strategische Bedeutung verlor, wurde sie bereits 1717 zu einem Gefängnis, in dem die berühmtesten »Staats-gefangenen« inhaftiert wurden: die Dekabristen (декабри́сты), die Schrift-steller Черныше́вский, Ф.М. Достое́вский, М. Гóрький, ...

Im Gegensatz zu vielen mehr oder weniger zufälligen Stadtentwicklungen dieser Zeit gab es in Petersburg bereits einen Stadtentwicklungsplan und ein Planungsbüro. Um der Stadt, die auf sumpfigem Gebiet lag, eine dauerhafte Entwicklung zu gewährleisten, wurde per ука́з (Erlaß, staatliche Anordnung) der Bau von Holzgebäuden untersagt. Darüber hinaus wurde für alle anderen Teile Rußlands der Bau mit Stein verboten. Jeder, der nach Petersburg kam, mußte als eine Art Zoll eine bestimmte Menge Steine abliefern, mit denen die Stadt befestigt und die Gebäude errichtet wurden.

14 Приятные встречи

A

1 Эрвин Хохштрассер звонит своим друзьям.

— Алло́.
— До́брый день! Бу́дьте добры́, Вита́лия Григо́рьевича, пожа́луйста!
— Одну́ мину́ту.
— Я слу́шаю.
— Здра́вствуй, Вита́лий. Э́то Эрвин.
— Эрвин, вот так сюрпри́з! Ты отку́да?
— Я в Петербу́рге в командиро́вке.
— Ско́лько мы не ви́делись? Го́да два?
— Да, ско́лько лет, ско́лько зим!
— Эрвин, каки́е у тебя́ пла́ны на сего́дняшний ве́чер?
— Пока́ никаки́х.
— Отли́чно. Тогда́ приходи́ сего́дня к нам. У мое́й жены́ день рожде́ния.
— С удово́льствием.
— А́дрес по́мнишь?
— Да, коне́чно.
— Тогда́ ждём тебя́ в шесть.
— Спаси́бо. До ве́чера.
— До ве́чера.

2 Вы, коне́чно, по́няли разгово́р. Каки́е выска́зывания соотве́тствуют (entsprechen) разгово́ру по телефо́ну?

1. Эрвин Хохштрассер звони́т Вита́лию Григо́рьевичу домо́й.
2. Эрвин Хохштрассер говори́т с жено́й Вита́лия Григо́рьевича, потому́ что Вита́лия Григо́рьевича нет до́ма.
3. Эрвин Хохштрассер и Вита́лий Григо́рьевич давно́ не ви́делись.
4. Вита́лий Григо́рьевич приглаша́ет господи́на Хохштрассера на ве́чер в семь часо́в.
5. У Вита́лия Григо́рьевича сего́дня день рожде́ния.

3 Reagieren Sie auf die folgenden Äußerungen.

1. Бу́дьте добры́, Вита́лия Григо́рьевича, пожа́луйста!
2. Здра́вствуй! Э́то Серге́й.
3. Ско́лько мы не ви́делись? Го́да два?
4. Каки́е у тебя́ пла́ны на сего́дняшний ве́чер?
5. Тогда́ приходи́ сего́дня к нам! У мое́й жены́ день рожде́ния.

▶ AB 1

4 Nach längerer Zeit ruft Sie Ihre russische Bekannte an. Da Sie heute Geburtstag feiern, laden Sie sie ein.

Б

 ► AB 2/3

1 Эрвин Хохштрассер в гостях у Серёгиных.

– Добрый вечер, Эрвин. Рада вас видеть.
– Добрый вечер, госпожа Серёгина.
– Называйте меня просто Вера. Раздевайтесь, пожалуйста.
– Вера, от души поздравляю вас с днём рождения. Это вам.
– О, большое спасибо. Проходите, пожалуйста! Друзья, знакомьтесь: это наш друг из Берлина Эрвин Хохштрассер. Эрвин, садитесь, пожалуйста, угощайтесь!
– Спасибо. Я хотел бы сначала поднять этот бокал за именинницу, за вас, Вера, и пожелать вам счастья и здоровья. За ваше здоровье.
– Спасибо, Эрвин, большое спасибо. А сейчас вы должны это попробовать. Пельмени – моё фирменное блюдо.
– Очень вкусно. Вы можете дать мне рецепт? Мы с женой очень любим готовить.
– С удовольствием. Владик, дай мне бумагу и ручку.
– Вот, мама.
– Спасибо.

► AB 4/5

2 Sie sind zu Gast bei russischen Freunden. Bringen Sie einen Toast auf deren neue Wohnung aus.

► AB 6/7

3 За столом господин Хохштрассер разговаривает со Владиком и Светой.

– Владик, Света, как у вас дела? На каком курсе ты учишься, Владик? На третьем?
– Нет, уже на последнем, на пятом.
– На пятом? Как быстро летит время. Кем ты будешь работать?
– Я ещё не точно знаю. Сначала я хотел работать учителем английского языка в школе, а теперь … не знаю. Может быть, буду работать на предприятии, платят очень хорошо.
– Ну да, специалисты с хорошим знанием иностранного языка сейчас очень нужны. А как думают твои однокурсники?
– Они тоже не знают, как дальше.
– Это действительно трудный вопрос. У Светы это ещё впереди.
– Но зато я должна решить, куда поступать после школы. Там, куда я хочу поступить, огромный конкурс. Все сейчас хотят поступить или на экономический или на юридический факультет. Но я во всяком случае попробую поступить.
– А твои одноклассники, Света?
– Одни после школы хотят зарабатывать деньги. А другие – как и я – готовятся к вступительным экзаменам. Почти все мои одноклассники хотят поступить на экономический факультет.

– Света, ты говори́шь, что
   гото́вишься к вступи́тельным
   экза́менам. Как э́то поня́ть?
– Что́бы поступи́ть в институ́т,
   нужны́ специа́льные зна́ния,
   кото́рые шко́ла не даёт.
   Поэ́тому я хожу́ на ку́рсы,
   кото́рые гото́вят нас к э́тим
   экза́менам.
– Э́то ку́рсы при шко́ле?
– Нет, за них роди́тели пла́тят.
– И ско́лько раз в неде́лю ты
   хо́дишь на ку́рсы?
– Три ра́за по два часа́.
– Здо́рово!

▶ AB 8/9

4   Вы по́няли разгово́р? Stimmen
    diese Aussagen mit dem Gespräch
    überein? Stellen Sie falsche Aussagen
    richtig.

Вла́дик – студе́нт. Он у́чится на
после́днем ку́рсе. Ско́ро он бу́дет
рабо́тать учи́телем англи́йского
языка́ в шко́ле.

Све́та – учени́ца. Она́ у́чится в
после́днем кла́ссе и хо́чет
поступи́ть на экономи́ческий
факульте́т. Но там о́чень большо́й
ко́нкурс. Нужны́ специа́льные
зна́ния, поэ́тому она́ гото́вится к
вступи́тельным экза́менам. Она́
посеща́ет ку́рсы три ра́за в
неде́лю.

B

1   Господи́н Хохштра́ссер хо́чет
     посети́ть знамени́тый Мари́инский
    теа́тр в Санкт-Петербу́рге. Он
    звони́т по телефо́ну, что́бы узна́ть
    репертуа́р. Ему́ отвеча́ет
    автоотве́тчик.

2   Вы всё по́няли, что сказа́л
    автоотве́тчик?

    1. В Мари́инском теа́тре идёт
       спекта́кль …
    2. Компози́тор: …
    3. Нача́ло спекта́кля в …
       часо́в.
    4. Би́леты мо́жно приобрести́ в …
       и́ли по …
    5. Биле́ты мо́жно заказа́ть по
       телефо́ну: …

3   О чём идёт речь в э́том разгово́ре?
    Stellen Sie fest, wer mit wem worüber
    spricht.

– Мари́инский теа́тр.
– Я хоте́л бы заказа́ть на сего́дня
   ве́чером оди́н биле́т.
– Пожа́луйста. У меня́ есть ещё
   оди́н биле́т в парте́ре, за 55 000
   рубле́й.
– Отли́чно, я его́ возьму́.
– На чьё и́мя?
– Хохштра́ссер, Э́рвин
   Хохштра́ссер.
– Вы говори́те Хохштра́ссер,
   |да?
– Да, Э́рвин Хохштра́ссер.
   Спаси́бо, до свида́ния.
– До свида́ния.

4 Вы всё по́няли? Stimmen diese Aussagen? Stellen Sie die falschen Aussagen richtig.

1. Господи́н Хохштрассер звони́т в Большо́й теа́тр.
2. Господи́н Хохштрассер зака́зывает два биле́та.
3. Биле́т в парте́ре сто́ит 55 000 рубле́й.
4. Он зака́зывает биле́т на фами́лию Соколо́в.

5 У ка́ссы

– Здра́вствуйте. Я зака́зывал биле́т на сего́дня.
– На чьё и́мя?
– Хохштрассер, Эрвин Хохштрассер.
– Сейча́с … Нет, на э́то и́мя у меня́ нет биле́та.
– Не мо́жет быть! Бу́дьте добры́, посмотри́те ещё раз. Биле́т на и́мя Хохштрассер, в парте́ре, за 55 000 рубле́й … Я его́ зака́зывал по телефо́ну сего́дня в час, …
– А вот он. Да, в парте́ре. С вас 55 000 рубле́й.
– Большо́е спаси́бо.

6 Вы всё по́няли? Stimmen diese Aussagen? Stellen Sie die falschen Aussagen richtig.

1. В ка́ссе господи́ну Хохштрассеру говоря́т, что на его́ и́мя нет биле́та.
2. Господи́н Хохштрассер покупа́ет но́вый биле́т в амфитеа́тр за 40 000 рубле́й.

7 Bestellen Sie telefonisch Karten für die Oper und holen Sie sie später ab.

8 В зри́тельном за́ле

– Извини́те, пожа́луйста, како́е э́то ме́сто?
– Два́дцать пя́тое.
– Стра́нно. У меня́ то́же два́дцать пя́тое.
– Мо́жно посмотре́ть ваш биле́т?
– Пожа́луйста.
– Всё поня́тно. У вас парте́р, тре́тий ряд, два́дцать пя́тое ме́сто, а э́то амфитеа́тр.
– О, извини́те, я оши́бся.

9 Э́то ваш биле́т. Но на э́том ме́сте уже́ сиди́т челове́к.

10   Эту программу господин Хохштрассер купил в театре.

Мариинский театр

211-й сезон

Пятница, 11 марта 1994 года
11-й спектакль со дня первого исполнения
(5 марта 1993 года)

Николай РИМСКИЙ-КОРСАКОВ

САДКО

Опера-былина в 7 картинах
(Спектакль идет с двумя антрактами)
Либретто по мотивам былин
создано композитором совместно с В. И. Бельским
Декорации восстановлены по эскизам
Константина КОРОВИНА
постановки 1920 года

Дирижер — заслуженный артист Татарстана
Сергей КАЛАГИН
Дирижер-постановщик Валерий ГЕРГИЕВ
Режиссер-постановщик Алексей СТЕПАНЮК
Художник Вячеслав ОКУНЕВ
Главный хормейстер —
заслуженный артист России Валерий ВОРИСОВ
Хормейстеры —
заслуженный артист России Леонид Тепляков,
Сергей Иньков
Балетмейстер и постановщик танцев
в картине «Подводное царство» Олег ИГНАТЬЕВ
Ответственный концертмейстер —
дипломант Международного конкурса Ирина Соболева
Художник по свету Владимир Лукасевич
Ассистенты режиссера:
Наталия Самосуд, Мария Бонч-Осмоловская,
Михаил Ромашин

Так говорят русские

- Sie sind überrascht: Вот так сюрпри́з!
- Sie haben jemanden lange nicht gesehen: Ско́лько мы не ви́делись?/
                                                Ско́лько лет, ско́лько зим!
- Sie möchten mit dem Vornamen   Называ́йте меня́ про́сто (Ве́ра).
  angesprochen werden:
- Sie wünschen zum Geburtstag Glück,   Поздравля́ю вас с днём рожде́ния и
  Gesundheit und Erfolg: жела́ю вам сча́стья, здоро́вья и
                                                успе́хов.
- Sie bringen einen Toast auf das   Я хоте́л(а) бы снача́ла подня́ть э́тот
  Geburtstagskind aus: бока́л за имени́нницу, за вас,
                                                (Ве́ра), и пожела́ть вам сча́стья и
                                                здоро́вья. / За ва́ше здоро́вье.
- Sie sagen, daß ein Gericht Ihre   (Пельме́ни) – моё фи́рменное
  Spezialität ist: блю́до.
- Sie entschuldigen sich für einen Fehler: Извини́те, я оши́бся/оши́блась.

1   Verbalaspekt: Präteritum

> Wenn Sie ausdrücken möchten, daß eine Handlung stattgefunden hat, sie aber in
> keiner Verbindung zu einer anderen Handlung steht, verwenden Sie in der Regel
> den unvollendeten Aspekt.
>
> **Я зака́зывал** биле́ты.   Ich habe Karten vorbestellt.
> И что ты **де́лал** сего́дня, уже́   Und was hast du heute gemacht, war das
> **встреча́лся** с Доброво́льским?   Treffen mit Dobrowolski schon?
> Сего́дня **осма́тривали** го́род.   Heute haben wir die Stadt besichtigt.
> А Петропа́вловскую кре́пость   Haben Sie die Peter-Paul-Festung
> **осма́тривали**?   besichtigt?

2   Ungefähre Mengenangabe

> Zur Angabe von ungefähren Mengenbegriffen werden häufig nur das Zahlwort
> und das Substantiv umgestellt:
>
> Они́ отдыха́ли четы́ре неде́ли.   →   Они́ отдыха́ли неде́ли четы́ре.
> Э́то сто́ит де́сять ты́сяч рубле́й.   →   Э́то сто́ит рубле́й де́сять ты́сяч.

3   Ordnungszahlwörter

Die russischen Ordungszahlwörter werden wie Adjektive dekliniert.

1. пéрв**ый**	11. одиннадцат**ый**	30. тридцáт**ый**
2. втор**óй**	12. двенáдцат**ый**	40. сороков**óй**
3. трéт**ий***	13. тринáдцат**ый**	50. пятидесят**ый**
4. четвёрт**ый**	14. четы́рнадцат**ый**	60. шестидеся́т**ый**
5. пя́т**ый**	15. пятнáдцат**ый**	70. семидеся́т**ый**
6. шест**óй**	16. шестнáдцат**ый**	80. восьмидеся́т**ый**
7. седьм**óй**	17. семнáдцат**ый**	90. девянóст**ый**
8. восьм**óй**	18. восемнáдцат**ый**	100. сóт**ый**
9. девя́т**ый**	19. девятнáдцат**ый**	
10. деся́т**ый**	20. двадцá**тый**	

* Beachten Sie die Besonderheit in der Deklination von трéтий:

	maskulin / neutrum	feminin
Nom.	трéт**ий** / трéт**ье**	трéт**ья**
Gen.	трéт**ьего**	трéт**ьей**
Dat.	трéт**ьему**	трéт**ьей**
Akk.	Nom./Gen.	трéт**ью**
Instr.	трéт**ьим**	трéт**ьей**
Präp.	трéт**ьем**	трéт**ьей**

In zusammengesetzten Zahlwörtern ist nur die letzte Ziffer ein Ordnungszahlwort, die vorausgehenden sind Grundzahlwörter: двáдцать четвёртый (der 24.). Nur das Ordnungszahlwort wird mit dem folgenden Substantiv übereingestimmt:

Мы живём в 421 (четы́реста двáдцать пéрвом) нóмере.

4   Verben: «есть» und «пить»

Beachten Sie die unregelmäßigen Konjugationen der beiden Verben есть (essen) und пить (trinken).

	есть	пить
я	ем	пью
ты	ешь	пьёшь
он / онá	ест	пьёт
мы	едим	пьём
вы	едите	пьёте
они́	едят	пьют

5 Modalverb: »müssen«

на́до/ну́жно + Inf.

Ему́ на́до/ну́жно купи́ть биле́т.	Er muß eine Karte kaufen. (*wörtlich:* Ihm nötig ist zu kaufen eine Karte.)
Ему́ на́до/ну́жно бы́ло купи́ть биле́т.	Er mußte eine Karte kaufen. (*wörtlich:* Ihm nötig war zu kaufen eine Karte.)
Ему́ на́до/ну́жно бу́дет купи́ть биле́т.	Er wird eine Karte kaufen müssen. (*wörtlich:* Ihm nötig wird sein zu kaufen eine Karte.)

до́лжен, должна́; должны́ + Inf.

Он до́лжен (был/бу́дет) купи́ть биле́т.	Er muß (mußte/wird müssen) eine Karte kaufen. (*wörtlich:* Er verpflichtet ist (war/wird sein) zu kaufen eine Karte.)
Она́ должна́ (была́ / бу́дет) купи́ть биле́т.	Sie muß (mußte/wird müssen) eine Karte kaufen.
Они́ должны́ (бы́ли / бу́дут) купи́ть биле́т.	Sie müssen (mußten/werden müssen) eine Karte kaufen.

6 Modalverb: »brauchen«

ну́жен, нужна́, ну́жно + Subst. Sg.; нужны́ + Subst. Pl.

Мне ну́жен биле́т.	Ich brauche eine Karte. (*wörtlich:* Mir nötig ist eine Karte.)
Мне нужна́ ви́за.	Ich brauche ein Visum.
Мне ну́жно э́то письмо́.	Ich brauche diesen Brief.
Мне нужны́ биле́ты.	Ich brauche Karten.
Мне ну́жен был биле́т.	Ich brauchte eine Karte. (*wörtlich:* Mir nötig war eine Karte.)
Мне нужна́ была́ ви́за.	Ich brauchte ein Visum.
Мне нужны́ бы́ли биле́ты.	Ich brauchte Karten.
Мне ну́жен бу́дет биле́т.	Ich werde eine Karte brauchen. (*wörtlich:* Mir nötig wird sein eine Karte.)
Мне ну́жно бу́дет э́то письмо́.	Ich werde diesen Brief brauchen.
Мне нужны́ бу́дут биле́ты.	Ich werde Karten brauchen.

▶ AB10–17

1 Э́то реце́пт ру́сских пельме́ней.
Vielleicht haben Sie Lust, es einmal auszuprobieren?

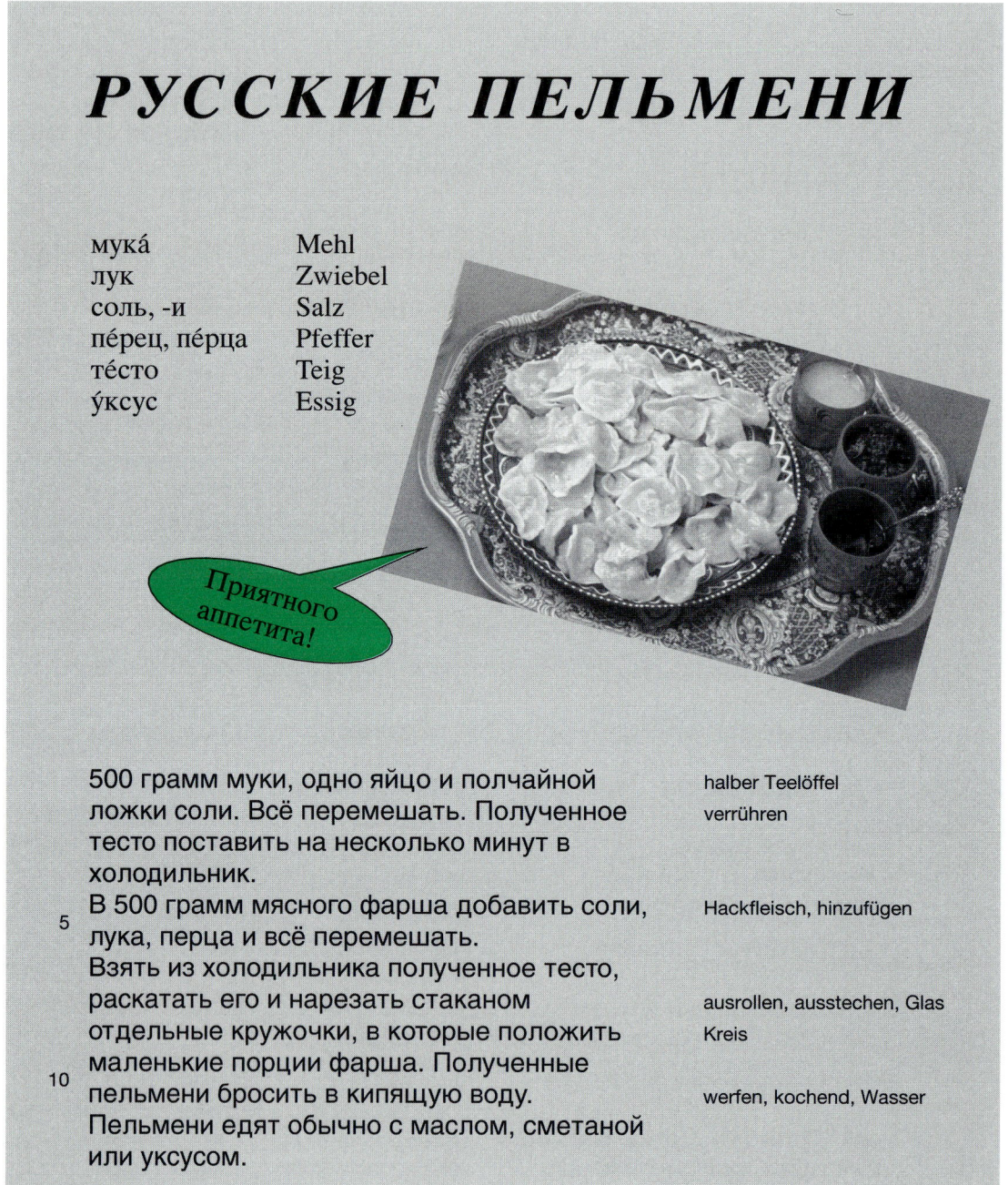

РУССКИЕ ПЕЛЬМЕНИ

мука́	Mehl
лук	Zwiebel
соль, -и	Salz
пе́рец, пе́рца	Pfeffer
те́сто	Teig
у́ксус	Essig

Приятного аппетита!

500 грамм муки, одно яйцо и полчайной ложки соли. Всё перемешать. Полученное тесто поставить на несколько минут в холодильник. — halber Teelöffel, verrühren

5 В 500 грамм мясного фарша добавить соли, лука, перца и всё перемешать. — Hackfleisch, hinzufügen

Взять из холодильника полученное тесто, раскатать его и нарезать стаканом отдельные кружочки, в которые положить маленькие порции фарша. Полученные — ausrollen, ausstechen, Glas, Kreis

10 пельмени бросить в кипящую воду. — werfen, kochend, Wasser

Пельмени едят обычно с маслом, сметаной или уксусом.

2 Эти телегра́ммы Ве́ра Ермако́ва получи́ла от свои́х друзе́й. Отку́да они́?

1. Дорогая Верочка. Поздравляем днем рождения, желаем счастья, радости, успехов. Целуем Твои Мурманчане.

2. Милая Верочка. Будь этот день веселой счастливой красивой Мысленно тобой. Обнимаем столичные жители.

3. С днем рожения поздравляем, Долгих лет тебе желаем, Рады будем видеть вас В Нижнем Новгороде у нас.

3 У ва́шего знако́мого сего́дня день рожде́ния. Позвони́те ему́ и поздра́вьте его́.

4 У ва́шей ру́сской знако́мой день рожде́ния. Напиши́те ей поздрави́тельную откры́тку (Glückwunschkarte).

5 Herr Schuster ließ telefonisch Karten bestellen. Da er kein Russisch spricht, bittet er Sie, mit ihm gemeinsam die Karten an der Konzertkasse abzuholen.

6 Вы хоти́те пойти́ в кинотеа́тр «Росси́я» и слу́шаете автоотве́тчик. Hinterlassen Sie Ihrer Bekannten eine kurze schriftliche Nachricht. Teilen Sie ihr mit, welcher Film heute im Kino «Росси́я» läuft und wann die Vorstellungen beginnen. Für den Fall, daß sie mit Ihnen ins Kino gehen möchte, möge sie Sie anrufen.

7 Spielen Sie die folgende Situation (*Teilnehmer*: Sie, das Geburtstagskind und Ihre beiden Tischnachbarn):

1. Einladung zur Geburtstagsfeier,
2. Begrüßung,
3. Glückwünsche zum Geburtstag und Überreichen des Geschenks,
4. Bekanntmachen mit den anderen Gästen,
5. Aufforderung, Platz zu nehmen,
6. Tischgespräche (Small talk: Wetter heute besonders gut, um Geburtstagskind eine Freude zu machen; Lob des guten Essens; Sie als Ausländer(in) werden über Ihre Familie, Arbeit, Wohnung befragt und geben Auskunft).

8 Sie haben sich im Theater im Platz geirrt. Entschuldigen Sie sich.

◤ **Вы это уже знаете?**

Die Entwicklung Rußlands hat ihre geistigen Wurzeln in Petersburg (Hauptstadt von 1717 bis 1918) und Moskau (Hauptstadt bis 1717 und ab 1918). Ein Großteil der weltberühmten Künstler Rußlands ist mit beiden Städten eng verbunden, und diese Städte bilden nicht selten den Hintergrund ihrer Werke.
Einige der bekanntesten Werke, die mit Petersburg eng verbunden sind: das Gedicht Puschkins «Ме́дный вса́дник» (»Der eherne Reiter«, das Denkmal Peters I in Petersburg), Gogols «Петербу́ргские по́вести» und Dostojewskis Roman «Преступле́ние и наказа́ние» (»Schuld und Sühne«).

15 Повторение – мать учения

1 Вы прие́хали в Санкт-Петербу́рг, но, к сожале́нию, вас не встре́тили. Возьми́те такси́ и поезжа́йте в гости́ницу.

2 В гости́нице вам предлага́ют номера́ на вы́бор (Wahl): о́кна одного́ но́мера выхо́дят на юг, а друго́го – на восто́к. Вы́берите для себя́ но́мер.

3 Вы хоти́те пообе́дать в кафе́. Вы́берите блю́да и заплати́те в ка́ссу (смотри́ меню́, стр. 111).

4 Вы хоти́те обменя́ть де́ньги в аэропорту́. Спроси́те, где обме́нный пункт и обменя́йте де́ньги.

5 Вы пригласи́ли ва́шего ру́сского партнёра на у́жин в рестора́н. Вы́берите с ним блю́да по меню́, закажи́те их и побесе́дуйте (plaudern) с партнёром (смотри́ меню́, стр. 111).

6 Вы звони́те по телефо́ну в фи́рму-партнёр и догова́риваетесь о встре́че.

7 Вы хоти́те поздра́вить ва́шу ру́сскую знако́мую в Новосиби́рске с днём рожде́ния. Напиши́те поздрави́тельную телегра́мму и отпра́вьте её на по́чте.

8 Вы звони́те в бюро́ обслу́живания (Servicebüro) гости́ницы и зака́зываете биле́ты в теа́тр.

9 Ва́ши ру́сские друзья́ пригласи́ли вас на новосе́лье (Wohnungseinweihung). Скажи́те тост.

10 В теа́тре оди́н из зри́телей (Zuschauer) сиди́т на ва́шем ме́сте. Скажи́те ему́, что он оши́бся.

11 Вы возвраща́етесь из Росси́и домо́й. Попроща́йтесь с ва́шими партнёрами и пройди́те тамо́женный и па́спортный контро́ль в аэропорту́.

12 Вы лети́те обра́тно из Санкт-Петербу́рга в Дре́зден и слы́шите в аэропорту́ сле́дующие объявле́ния. Како́е из них вас интересу́ет?

13 Вы нахо́дитесь в Санкт-Петербу́рге и за́втра хоти́те пое́хать в Петродворе́ц. Hören Sie die Wettervorhersage und entscheiden Sie, ob sich der Ausflug morgen lohnt.

14 Ва́ша ру́сская знако́мая дикту́ет (diktieren) вам номера́ телефо́нов о́бщих знако́мых. Запиши́те их. Пото́м переда́йте по телефо́ну э́ти номера́ ва́шему знако́мому.

15 В Москве́ вы хоти́те хорошо́ провести́ (verbringen) свобо́дное вре́мя. Вы́берите, куда́ вы хоте́ли бы пойти́, и закажи́те по телефо́ну сто́лик.

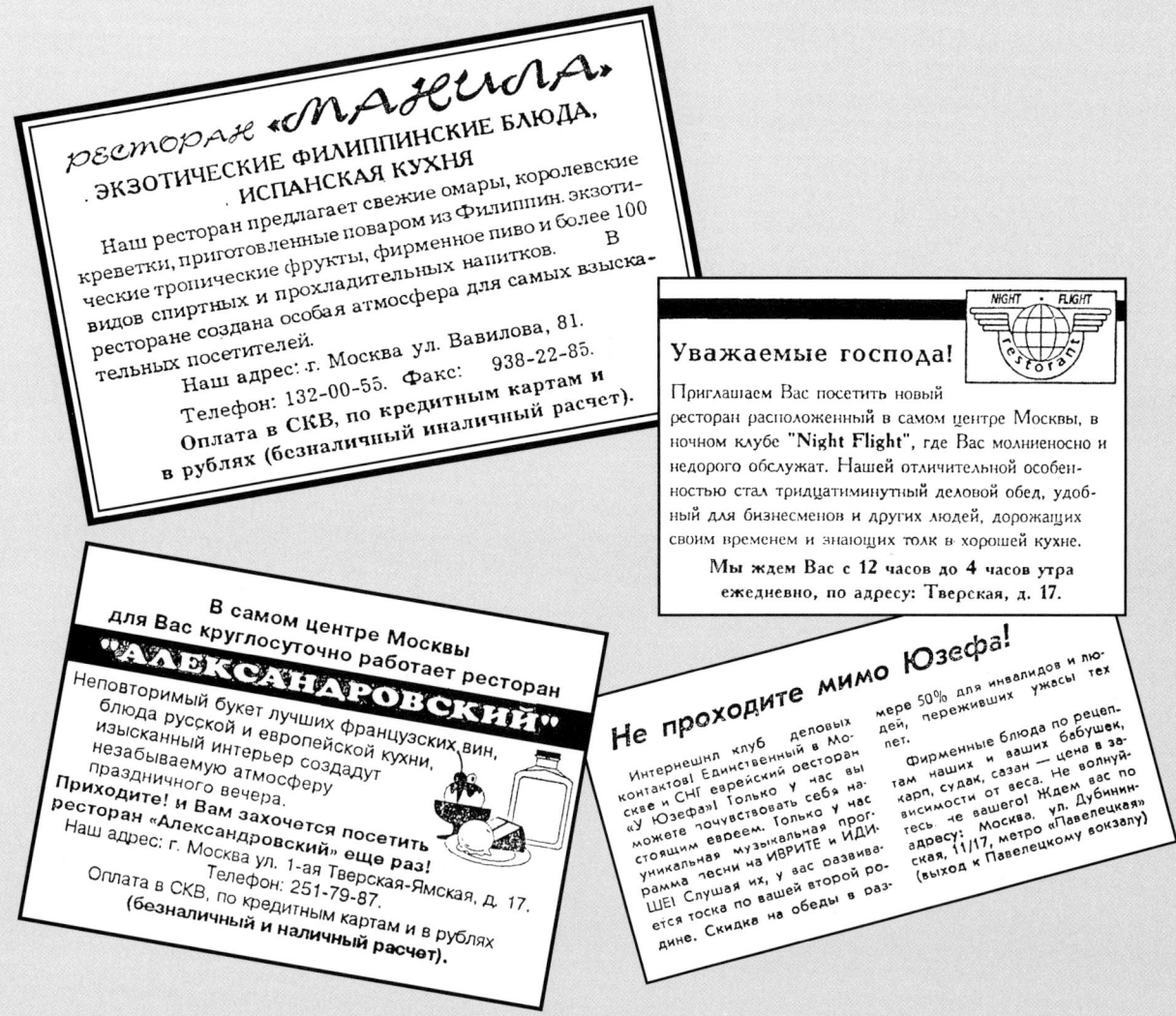

РЕСТОРАН «МАНИЛА»

ЭКЗОТИЧЕСКИЕ ФИЛИППИНСКИЕ БЛЮДА, ИСПАНСКАЯ КУХНЯ

Наш ресторан предлагает свежие омары, королевские креветки, приготовленные поваром из Филиппин. экзотические тропические фрукты, фирменное пиво и более 100 видов спиртных и прохладительных напитков. В ресторане создана особая атмосфера для самых взыскательных посетителей.

Наш адрес: г. Москва ул. Вавилова, 81.
Телефон: 132-00-55. Факс: 938-22-85.
Оплата в СКВ, по кредитным картам и в рублях (безналичный иналичный расчет).

Уважаемые господа!

NIGHT · FLIGHT restorant

Приглашаем Вас посетить новый ресторан расположенный в самом центре Москвы, в ночном клубе "Night Flight", где Вас молниеносно и недорого обслужат. Нашей отличительной особенностью стал тридцатиминутный деловой обед, удобный для бизнесменов и других людей, дорожащих своим временем и знающих толк в хорошей кухне.

Мы ждем Вас с 12 часов до 4 часов утра ежедневно, по адресу: Тверская, д. 17.

В самом центре Москвы для Вас круглосуточно работает ресторан

«АЛЕКСАНДРОВСКИЙ»

Неповторимый букет лучших французских вин, блюда русской и европейской кухни, изысканный интерьер создают незабываемую атмосферу праздничного вечера.
Приходите! и Вам захочется посетить ресторан «Александровский» еще раз!
Наш адрес: г. Москва ул. 1-ая Тверская-Ямская, д. 17.
Телефон: 251-79-87.
Оплата в СКВ, по кредитным картам и в рублях (безналичный и наличный расчет).

Не проходите мимо Юзефа!

Интернешнл клуб деловых контактоа! Единственный в Москве и СНГ еврейский ресторан «У Юзефа»! Только у нас вы можете почувствовать себя настоящим евреем. Только у нас уникальная музыкальная программа чесни на ИВРИТЕ и ИДИШЕ! Слушая их, у вас озвивается тоска по вашей второй родине. Скидка на обеды в размере 50% для инвалидов и людей, переживших ужасы тех лет.

Фирменные блюда по рецептам наших и ваших бабушек, карп, судак, сазан — цена в зависимости от веса. Не волнуйтесь. не вашего! Ждем вас по адресу: Москва, ул. Дубининская, 11/17, метро «Павелецкая» (выход к Павелецкому вокзалу)

16 Напиши́те ва́шим друзья́м в Москву́ откры́тку и́ли письмо́ и расскажи́те им о свои́х впечатле́ниях (Eindruck) по́сле пое́здки в Росси́ю.

17 Ва́ши ру́сские знако́мые про́сят вас записа́ться в «Кни́гу госте́й». Напиши́те не́сколько слов.

18 Вы улета́ете (abfliegen) из Санкт-Петербу́рга во Франкфурт. Запо́лните в аэропорту́ тамо́женную деклара́цию.

Т-6

Сохраняется на все время пребывания в РФ или за границей.
При утере не возобновляется.

Сообщение неправильных сведений в таможенной декларации, а также сотруднику таможни влечет за собой ответственность на основании законодательства РФ.

ТАМОЖЕННАЯ ДЕКЛАРАЦИЯ

Фамилия, имя, отчество _____

Гражданство _____
Из какой страны прибыл _____
В какую страну следует _____
Цель поездки (деловая, туризм, личная и т. п.) _____
Мой багаж, включая ручную кладь, предъявляемый для таможенного контроля, состоит из _____ мест.
При мне и в моем багаже имеются:
I. Оружие всякое и боеприпасы _____
II. Наркотики и приспособления для их употребления _____
III. Предметы старины и искусства (картины, рисунки, иконы, скульптуры и др.) _____
IV. Российские рубли, облигации государственных займов РФ и билеты российских лотерей _____
V. Другая валюта (кроме российских рублей), (банкноты, казначейские билеты, монеты), платежные документы (чеки, векселя, аккредитивы и другие), фондовые ценности (акции, облигации и другие) в иностранной валюте, драгоценные металлы (золото, серебро, платина, металлы платиновой группы) в любом виде и состоянии, природные драгоценные камни в сыром и обработанном виде (алмазы, бриллианты, рубины, изумруды, сапфиры, а также жемчуг), ювелирные и другие бытовые изделия из драгоценных металлов и драгоценных камней и лом таких изделий, а также имущественные документы.

Наименование	Количество		Отметки таможни
	цифрами	прописью	
Доллары США			
Фунты стерлингов			
Французские франки			
Марки ФРГ			

VI. Принадлежащие другим лицам российские рубли, другая валюта, платежные документы, ценности и любые предметы _____
   Мне известно, что наряду с предметами, поименнованными в декларации, подлежат обязательному предъявлению для контроля: произведения печати, рукописи кинофотопленки, видео- и звукозаписи, почтовые марки, изобразительные материалы и т. п., равно как и предметы не для личного пользования.
   Также заявляю, что отдельно от меня следует принадлежащий мне багаж в количестве _____ мест. Подпись владельца ручной клади
«   » _____ 199   г. и багажа _____

19 Sie haben gehört, daß im Kino «Россия» der Film «А́нна Каре́нина» läuft, den Sie sehen möchten. Spielen Sie die Situation (*Teilnehmer:* Sie, Ihre Bekannten, Telefonist(in) in der telefonischen Auskunft, Kassierer(in) am Kartenschalter, Zuschauer).

1. Sie rufen Ihre Bekannten an und fragen, ob sie mit Ihnen ins Kino gehen möchten. Grundsätzlich ja, aber es gibt Zeitprobleme. Am besten wäre heute abend. Sie wollen versuchen, Karten zu bekommen.
2. Sie rufen die Auskunft an (09) und erkundigen sich nach der Telefonnummer des Kinos «Россия».
3. Sie rufen im «Россия» an und fragen, ob es für heute abend noch drei Karten gibt.

4. Rückruf bei den Bekannten, Verabredung von Ort und Zeit des Treffens.
5. Sie holen die Karten ab.
6. Sie treffen Ihre Bekannten und gehen gemeinsam ins Kino. Am Büfett kaufen Sie noch Getränke.
7. Im Kino sitzt ein Zuschauer irrtümlich auf Ihrem Platz.

▶ AB 1–7

20 Кроссво́рд. Запо́лните кроссво́рд на ру́сском языке́ (то́лько вертика́льно). Тогда́ вы найдёте в одно́й из горизонта́льных строк (Zeile) и́мя, о́тчество и фами́лию изве́стного ру́сского полково́дца (Heerführer).

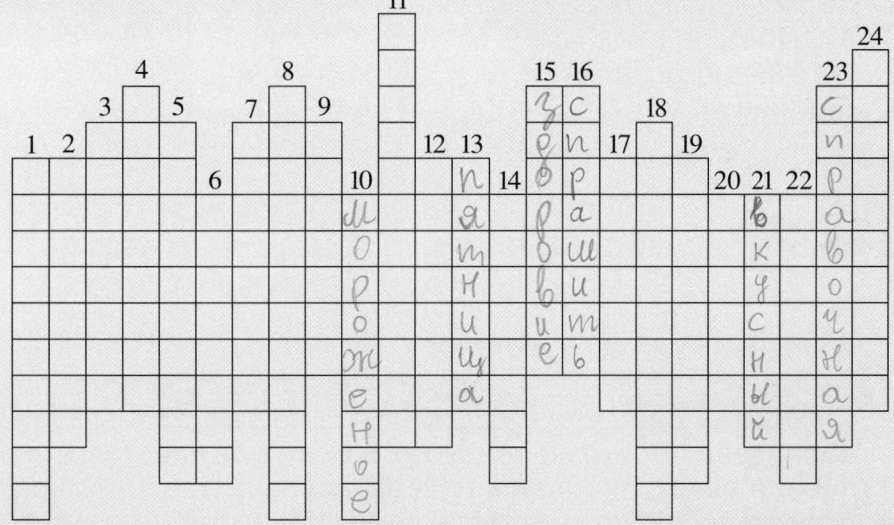

1	berühmt	9	Wurst	17	anfangs
2	ausgezeichnet	10	(Speise-)Eis	18	Kreuzung
3	gelangen, hinfahren	11	zusammenarbeiten	19	Kunst
4	das Umsteigen	12	gründen	20	von dort
5	richtig	13	Freitag	21	schmackhaft, lecker
6	sibirische Teigtaschen	14	Passant	22	Gespräch
7	zum Beispiel	15	Gesundheit	23	Auskunftei
8	Vergnügen	16	fragen	24	Verhandlungen

16 Ответный визит

A

▶ AB 1

1   Фи́рма «Луттер» получи́ла сле́дующий факс:

СП «РосИнтер»
129085 Москва, ул. Бочкова, д. 5А
тел.: 216-9306, 216-9934, факс: 216-9906

Фирма «Луттер»
А-1040 Вена
ул. Райнергассе 26
Австрия

Москва, 19 марта 19.. г.

Уважаемые дамы и господа!

Сообщаем Вам, что представитель нашей фирмы Юрий Васильевич Волыгин прибудет в Вену для переговоров в понедельник, 16 апреля, рейсом Аэрофлота в 12.30 часов. Просим сообщить, сможете ли Вы принять Ю.В. Волыгина в это время.

В.П. Соколов

В.П. Соколов
Генеральный директор
СП «РосИнтер»

2 Sie werden um die Übersetzung des Fax gebeten.

▶ AB 2–4

3 Представитель фирмы «Луттер» звонит в Москву, чтобы уточнить (präzisieren) дату встречи.

– РосИнтер.
– Добрый день, с вами говорит Эрика Виланд, фирма «Луттер», Вена. Будьте добры, соедините меня с господином Соколовым.
– Минуточку …
– Соколов.
– Здравствуйте, господин Соколов. Это Эрика Виланд говорит.
– Добрый день, госпожа Виланд. Очень рад вас слышать. Как у вас дела?
– Благодарю вас, всё в порядке. Часто вспоминаю наши встречи в Москве. А как ваши дела?
– Тоже всё в порядке.

– Господин Соколов, мы получили ваш факс, но, к сожалению, не сможем принять господина Волыгина 16-го. В этот день у нас праздник.
– А какие сроки вы предлагаете?
– С 23 по 27 апреля. А вас это устроит?
– Да, вполне. Значит, Юрий Волыгин прибудет к вам 23 апреля тем же рейсом. Госпожа Виланд, вы не сможете подтвердить эти данные факсом, тогда с австрийской визой будет легче.
– Конечно. Благодарю вас, господин Соколов. Всего вам доброго.
– До свидания, госпожа Виланд. Передавайте привет коллегам.

▶ AB 5–9

4 Schicken Sie ein Fax an Herrn Соколов und bestätigen Sie die Einladung seines Mitarbeiters zum vereinbarten Termin.

Б

1 Юрий Васильевич Волыгин прилетает в Вену. В аэропорту его встречает госпожа Виланд.

– Господин Волыгин?
– Да.
– Добро пожаловать в Вену. Меня зовут Эрика Виланд, я из фирмы «Луттер».
– Очень рад с вами познакомиться.

– Я тоже. Надеюсь, что вы хорошо долетели.
– Спасибо, очень хорошо.
– Господин Волыгин, …
– Называйте меня просто Юрий.
– Тогда я Эрика. Юрий, я предлагаю сейчас поехать в вашу гостиницу.
– Да, конечно …

▶ AB 10

B

▶ AB 11

1 В ве́нской гости́нице

– Вот мы и прие́хали, Юрий. Это ваша гости́ница. Проходи́те, пожа́луйста. Вот сюда́, нале́во. Подожди́те мину́тку, я возьму́ бланк гости́ницы … Вот и ваш бланк, запо́лните его́, пожа́луйста.

– Прости́те, я пло́хо понима́ю по-неме́цки. Вы не могли́ бы мне помо́чь?

– Да, коне́чно. Вот сюда́ вы пи́шете свою́ фами́лию и и́мя … А сюда́ дома́шний а́дрес …, а сюда́ гражда́нство … Вот, пожа́луйста, ключ. Ваш но́мер 306, на тре́тьем этаже́. Но по-ру́сски это уже́ четвёртый. Лифт там спра́ва. Вы сейча́с отдохнёте, и мы встре́тимся с ва́ми в 2 часа́ и пообе́даем в рестора́не. Обме́нный пункт сле́ва от администра́тора. Там вы смо́жете обменя́ть де́ньги. Или вы зайдёте в банк. Там курс бу́дет наве́рное лу́чше. Кста́ти, вы, мо́жет быть, заме́тили, банк нахо́дится почти́ ря́дом с гости́ницей.

– Нет, не ви́дел, но найду́. Я хоте́л бы отпра́вить откры́тки в Москву́. Где я могу́ их купи́ть? На по́чте?

– Нет, видовы́е откры́тки вы смо́жете купи́ть в кио́ске сувени́ров там спра́ва.

– А как мне позвони́ть в Москву́?

– Это вы смо́жете сде́лать пря́мо из но́мера: вы набира́ете 0,

затем 007 – это код Росси́и –, затем 095 – это код Москвы́, а затем моско́вский но́мер.

– Большо́е спаси́бо!

– Не́ за что. Ита́к, до встре́чи че́рез час.

2 Welche Aussagen entsprechen dem Gespräch? Stellen Sie die falschen Aussagen richtig.

1. Ю́рий Волы́гин прие́хал в гости́ницу оди́н.
2. Он заполня́ет бланк гости́ницы на ру́сском языке́.
3. Ю́рий Волы́гин и Эрика Виланд догова́риваются пообе́дать в рестора́не гости́ницы.
4. Что́бы позвони́ть в Москву́, Ю́рий Волы́гин до́лжен пойти́ на по́чту.
5. Эрика Виланд не зна́ет код Москвы́ и про́сит администра́тора гости́ницы узна́ть код.

▶ AB 12–14

3 Sie liefern Ihren russischen Geschäftspartner, der kein Deutsch spricht, im Hotel ab. Welche Hinweise geben Sie ihm? Schreiben Sie die wichtigsten Informationen auf.

4 Überprüfen Sie, ob er alle schriftlichen Informationen verstanden hat. Sprechen Sie die wichtigsten Punkte nochmals mit ihm durch.

Г ▶ AB 15

1 Госпожа́ Виланд и господи́н
Вольгин иду́т в рестора́н.

– Эрика, у меня́ вот како́й
вопро́с …
– Пожа́луйста, Юрий, спра́ши-
вайте.
– Как вы, наве́рное, зна́ете, че́рез
три ме́сяца в Ве́ну на шесть
ме́сяцев прие́дут два специа-
ли́ста из нашей фи́рмы. И наш
дире́ктор попроси́л меня́ узна́ть,
мо́жно ли найти́ для них
кварти́ру с телефо́ном.
– Зна́ете, Юрий, с кварти́рами
у нас нелегко́, они́ о́чень
дороги́е.
– Вы ду́маете, что гости́ница
деше́вле?
– Нет. Я уве́рена, что кварти́ра
деше́вле. Я бы сказа́ла, что в
сре́днем ма́ленькая кварти́ра
сто́ит де́сять – пятна́дцать
ты́сяч в ме́сяц.
– Ши́ллингов?
– Да, коне́чно.
– В до́лларах это бу́дет ты́сяча,
ты́сяча пятьсо́т?
– Приблизи́тельно. Вот у меня́
газе́та. Посмо́трим, каки́е
кварти́ры предлага́ют!
Вот, наприме́р, двухко́мнатная
кварти́ра на пе́рвом этаже́,
это по-ру́сски второ́й эта́ж,
с телефо́ном, 12 000 ши́ллингов.
– Это с ва́нной и туале́том?
– Да, коне́чно.
– А где нахо́дится кварти́ра?
– В четы́рнадцатом райо́не, это
за́падная часть Ве́ны.
– А до фи́рмы далеко́?
– Наве́рное о́коло ча́са езды́.

– Это норма́льно. Как вы
ду́маете, Эрика, ва́ша фи́рма не
могла́ бы нам помо́чь в этом
вопро́се?
– Коне́чно. И е́сли мы найдём
подходя́щую кварти́ру, мы вам
напра́вим факс.
– Прекра́сно, большо́е вам
спаси́бо.

2 Entspricht diese Zusammenfassung
dem Gespräch?

Господи́н Вольгин спра́шивает
госпожу́ Виланд, мо́жно ли найти́
кварти́ру в Ве́не. На отве́т гос-
пожи́ Виланд, что с кварти́рами
нелегко́, потому́ что они́ о́чень
дороги́е, господи́н Вольгин про́сит
её помо́чь найти́ дешёвую
кварти́ру для ру́сских специа-
ли́стов, кото́рые прие́дут в Ве́ну на
шесть ме́сяцев. И как реаги́рует
на это госпожа́ Виланд?

▶ AB 16

3 Besprechen Sie mit Ihrer
Geschäftspartnerin den günstigsten
Termin für einen Besuch der
russischen Spezialisten in Ihrer
Firma.

4 Schreiben Sie an die russische Firma
einen Brief und teilen Sie den
Terminvorschlag mit.

5 Ваш ру́сский партнёр про́сит вас
рассказа́ть о ситуа́ции с кварти́-
рами на ва́шей ро́дине.

Так говорят русские

■ Sie möchten mit (Frau Leóntjewa) verbunden werden:	Соедини́те меня́, пожа́луйста, с (госпожо́й Лео́нтьевой).
■ Sie sagen, daß alles in Ordnung ist:	Всё в поря́дке.
■ Sie bitten, jemandem Grüße zu bestellen:	Передава́йте приве́т (на́шим о́бщим знако́мым).
■ Sie heißen jemanden herzlich willkommen:	Добро́ пожа́ловать в (Москву́)!
■ Sie bitten jemanden um Hilfe:	Вы не могли́ бы мне помо́чь?
■ Sie erkundigen sich nach dem Flug:	Как вы долете́ли?

1 Konjunktiv: «бы» + Prät.

Zum Ausdruck der verschiedenen deutschen Konjunktivformen (*er habe gesagt, er hätte gesagt, er würde sagen, …*) gibt es im Russischen nur eine Form: die Partikel **бы** zusammen mit dem Präteritum des Verbs. Die Übersetzung des russischen Konjunktivs ins Deutsche hängt vom Kontext ab.

Не могли́ бы вы …	Könnten Sie nicht …
Они́ хоте́ли бы …	Sie möchten gerne …
Она́ прие́хала бы в 18 часо́в, но по́езд опозда́л на два часа́.	Sie wäre um 18 Uhr gekommen, aber der Zug hatte zwei Stunden Verspätung.

2 Konjunktion: «ли»

Die Konjunktion **ли** steht immer direkt nach dem Verb.

Он спроси́л меня́, могу́ ли я ему́ помо́чь.	Er fragte mich, ob ich ihm helfen kann. (*wörtlich*: Er fragte mich, kann (Fragepartikel ли) ich ihm helfen.)

3 Substantivierte Adjektive

Die substantivierten Adjektive werden wie Adjektive dekliniert.

знако́м**ый**, **-ого**	der Bekannte	гости́н**ая**, **-ой**	Gästezimmer
моро́жен**ое**, **-ого**	(Speise-)Eis	ва́нн**ая**, **-ой**	Badezimmer
на́береж**ная**, **-ой**	Uferstraße, Kai	де́тск**ая**, **-ой**	Kinderzimmer
спра́воч**ная**, **-ой**	Auskunftei	да́нн**ые**, **-ых**	Daten

▶ AB 17

1 Вы звоните в Санкт-Петербург на русскую фирму, чтобы договориться о встрече. Но вам отвечает автоответчик. Вы смогли договориться о встрече? Почему?
После сигнала автоответчика представьтесь и скажите, что вы хотели бы договориться о приёме представителей русской фирмы в вашем городе и что вы завтра или послезавтра ещё раз позвоните.

2 На следующий день вы звоните в Санкт-Петербург, чтобы договориться о приёме представителей русской фирмы в вашем городе.

3 Вы встречаете вашего партнёра в аэропорту вашего родного города.
Познакомьтесь с ним! Потом, по дороге в гостиницу вы с ним беседуете.

▶ AB 18

4 Schreiben Sie Ihrem russischen Kollegen auf, was die folgenden deutschsprachigen Abkürzungen bedeuten:

EG   WC   DM   ÖS   sfr

5 Вот проспект гостиницы, в которой ваш русский гость будет жить. Расскажите ему немного о гостинице.

HOTEL BAYERISCHER HOF

Das 1855 erbaute hochherrschaftliche Patricierhaus wurde dank liebevoller und aufwendiger Sanierung zu einem modernen Businesshotel. Es liegt im Herzen von Dresden und die bekanntesten Sehenswürdigkeiten sind problemlos zu Fuß erreichbar. Ein hoteleigener großer Parkplatz steht den Gästen zur Verfügung.

Das gemütliche und sehr geschmackvoll eingerichtete Restaurant mit seinen bayerischen und sächsischen Spezialitäten hat seine warme Küche werktags von 18.00 bis 23.00 Uhr für Sie geöffnet.

6 Вот каки́е объявле́ния насчёт (betreffend) кварти́ры вы нашли́: Напра́вьте
факс в Москву́ с предложе́нием кварти́р.

Wohnung im Grünen: Schicke 2-Zi.-DG-Galeriewohnung, ab sofort frei, 61 qm, Südblk., Nähe Petershausen/S 2/DB, 880,– + NK + TG. 089/53012340	München-Giesing: 2-Zi.-DG-Whg., 62 qm, mit Wohnkü., ca. 14 qm, Nähe Silberhornstr., 1.150,– kalt + NK + TG, ab sofort, 2 MM Kt. 089/341256
Nachmieter gesucht für 76 qm, 2 1/2 ZW, Haidhausen, Parkett, Balkon, Ablöse 1.800,– DM, ab 1.8.95. 089/74954322 ab So.	M-Laim, Nachmieter 2-ZKB/WoKü., 50 qm, EG, Balkon, 1.100,– + NK ab 1.7. 089/905478
Von Privat: Nähe Messeplatz, in gepflegtem Altbau, 3. OG, 2 ZW, Wohnkü. (Einbauteile, Spülmasch., Waschmasch.), Bad, WC, Parkett, Nachtspeicher-hzg., 1.300,– + NK + 3 MM KT. 089/6321876	1 1/2 ZW mit Balkon, ohne Maklergeb.; Kleine 2 ZW für 6 MO zu vermieten. 089/296487 + 089/346783
Nachmieter ges. für 2 ZW, Kü., Bad, mit Blk., Solarium, 61 qm, zum 15.6., im Lehel Isar, 1.445,– warm, + 70,– TG, auf Wunsch, Ablöse für EBK, Solarium, etc., 26.000,– VHB. 089/4561890	Möbl. 2-ZW, 46 qm, Untergiesing, voll möbl. auf unbestimmte Zeit (6 Mon. bis 6 Jahre) wg. Auslandsaufenthalt, nicht an Kurzzeitmieter, unterzuvermieten, 1.200,– + ca. 150,– NK + KT. 089/76532466
	Helle 2 ZW, 60 qm, ohne Prov. ruh. gr. grüner Innenhof, Westlage, Aufzug, TG, Kabelanschl., S-Bahn, Leuchtenbergring, Tram 19, extra KU, Abstellk., 6 m West-BLK, ger. Ablöse, Wasch./Spülm., KÜ-Einr., Kalt 1.200,– 089/76523465

7 Напиши́те письмо́ в росси́йскую
фи́рму, где вы сообща́ете о при-
бы́тии (Ankunft) в Москву́ вашего
представи́теля.

▶ AB 19

8 Вы хоти́те найти́ помеще́ние
(Räumlichkeit) в Москве́ для о́фиса
вашей фирмы. Найди́те рекла́му
об этом и запиши́те но́мер теле-
фо́на фирмы, кото́рая смо́жет вам
помо́чь.

АОЗТ "МАШИ ХОЛДИНГ":
117526, г. Москва, Ленинский пр-т, 146,
Центральный дом туриста, офис № 518.
Тел.: 434-95-10, 438-55-83.
Тел./факс (095) 438-69-83.

АСБ-ХОЛДИНГ
Широкий выбор квартир и офисов в Москве
Мы поможем Вам обменять Вашу квартиру в Москве
на дом или квартиру в США!
Мы гарантируем Вам строгую конфиденциальность
и юридическое сопровождение сделки.

Купить   Продать   Сдать   Снять
254-07-89   299-16-74   209-46-88   290-55-66
299-93-28   299-57-52   200-08-71   209-03-03

Наличные рубли и $.
Валютные контракты.
Короткие сроки.
Скидка
постоянным клиентам.
Любые договоры.
Полная
конфиденциальность.
Тел. 127–77–08.

КОМПЛЕКСНАЯ
РЕКОНСТРУКЦИЯ
СТАРЫХ ДОМОВ
ПО ЕВРОСТАНДАРТУ
(ОФИСЫ, БАНКИ,
ГОСТИНИЦЫ,
ЖИЛЬЁ)

СТРОИТЕЛЬСТВО
КОТТЕДЖНЫХ
ГОРОДКОВ
ВЫСОКОКАЧЕСТВЕННАЯ
ОТДЕЛКА
ПОМЕЩЕНИЙ

Строительное
предприятие "О.С.Т."
Тел./факс
(095)
955-74-32
238-42-53

Вы это уже знаете?

Праздники в России

В настоящее время в российских календарях
красным цветом отмечены следующие
государственные праздники:

5 1 января – Новый год,
7 января – Рождество Христово,
8 марта – Женский день,
1 мая – Праздник Весны и Труда,
9 мая – День Победы,
10 12 июня – День принятия Декларации о
государственном суверенитете Российской
Федерации.
Эти дни в России являются нерабочими.

Сейчас стали также отмечаться праздники
15 Пасхи и Троицы, хотя они и не являются пока
государственными. В России для религиозных
праздников действует не Грегорианский
календарь, как в Европе, а Юлианский
календарь, поэтому даты Рождества, Пасхи и
20 Троицы в Европе и в России не совпадают.
Кроме государственных и религиозных праздников в России много личных и семейных
праздников: день рождения, свадьба
(«серебряная» – 25 лет, «золотая» – 50 лет),
25 новоселье, окончание школы и университета,
защита диссертации и другие.

Самым семейным праздником по традиции является Новый год. Близкие собираются вместе,
чтобы пожелать друг другу счастья, здоровья,
30 успехов в наступающем году. А дети, конечно,
больше всего радуются новогодней ёлке,
долгожданным подаркам Деда Мороза и
Снегурочки. В школах и Дворцах молодёжи
проходят праздники новогодней ёлки и балы.
35 «Главный» праздник проходит в Кремле. Попасть на ёлку или бал в Кремль – мечта каждого
молодого человека или девушки.

Gegenwart
Farbe, ausgewiesen

Weihnachten

Frühling, Arbeit
Sieg
Annahme der Erklä-
rung der Souveränität

Ostern, Pfingsten, obwohl

gilt

zusammenfallen

Hochzeit

Verteidigung der Dissertation

Neujahrsfichte
Väterchen Frost
Schneeflocke

17 Первые впечатления

A

▶ AB 1/2

1 Госпожа Виланд встречает господина Волыгина в гостинице. Они вместе едут в машине на фирму.

– Доброе утро, Эрика!
– Здравствуйте, Юрий. Вы хорошо отдохнули?
– Да, отлично. Гостиница очень хорошая.
– Вы уже позавтракали?
– Да, только что. В ресторане шведский стол, так что мне даже не надо было говорить по-немецки.
– Значит, всё в порядке и мы можем ехать.
– Да.
– Кстати, Юрий, вчера я забыла вас спросить. Вы в Вене первый раз?
– Да, первый.
– Значит, с Веной вы ещё не знакомы. Поэтому у вас будет большая культурная программа. Но кое-что я покажу вам по дороге в фирму. Вот сейчас мы едем по Рингу. Это первое кольцо вокруг центра Вены.
– Как у нас Садовое кольцо?
– Совершенно верно.
– Аэрофлот?!
– Да, это представительство Аэрофлота. А сейчас справа – улица Кернтнерштрассе и Венская государственная опера …

– Я много читал о ней и с большим удовольствием посетил бы её.
– На субботу у нас уже есть билеты на оперу Моцарта «Волшебная флейта».
– Прекрасно, большое спасибо … Если я не ошибаюсь, то сейчас справа знаменитый Венский Хофбург …
– С не менее знаменитой школой Испанской верховой езды … Юрий, я думаю, что вы спокойно сможете уже проводить экскурсии по Вене.
– А слева здание парламента.
– Совершенно верно. Здесь мы повернём налево и поедем назад. Мы с вами сделали небольшую экскурсию по Рингу.
– Большое спасибо. Эрика, вы прекрасно говорите по-русски. Где вы изучали русский язык, если не секрет?
– Конечно, нет. Сначала на интенсивных курсах, а потом в Экономическом университете здесь в Вене. Ну вот, Юрий, мы уже приехали. Вот наша фирма.

▶ AB 3–7

2 Вы заезжаете за вашим русским гостем в гостиницу, а затем показываете ему город.

Б

► AB 8/9

1 Этот отры́вок из «Незави́симой газе́ты» Юрий Волы́гин показа́л госпоже Виланд. Она с больши́м интере́сом прочита́ла текст. Познако́мьтесь с текстом и вы́пишите достопримеча́тельности А́встрии, о кото́рых в нём говори́тся.

Любители европейской культуры получат огромное наслаждение от недельной поездки в Австрию. Туристы осмотрят важнейшие архитектурные памятники, в том числе императорский
5 дворец Хофбург – огромный ансамбль, который строился в течение пяти столетий. Посетят участники поездки и не менее известный дворцовый комплекс – Верхний и Нижний Бельведер, а также дворец, построенный в XVII веке в
10 качестве загородной резиденции для знаменитого австрийского полководца Евгения Савойкского.

В свободное время можно самостоятельно погулять по Грабену – ныне самой фешенебе-льной
15 торговой улице Вены. Но за покупками, пожалуй, стоит направиться на улицу Мария Хильферштрассе: товары здесь добротные, но значительно дешевле, чем на Грабене. На площади Святого Стефана можно сесть в фиакр и неспешно про-
20 ехать по узким улочкам средневековой части Вены. По кольцевой улице Ринг, что проложена на месте бывшей крепостной стены, окружавшей старую Вену, рекомендуем проехать на трамвае – это дешевая увлекательная экскурсия по старым и
25 современным кварталам австрийской столицы.

Кроме Вены, в маршрут входит посещение города Зальцбурга – старинной резиденции архиепископов, где можно осмотреть дом-музей Моцарта, а также знаменитый Грац – один из старейших и
30 красивых городков Европы.

удовольствие

inklusive

im Laufe, Jahrhundert
nicht weniger

als, außerhalb der
Stadt, Heerführer

сегодня
Geschäfts-

Ware, bedeutend
Stephans-
platz, nicht eilig
eng, mittelalterlich
verläuft
die umgeben hat

unterhaltsam

Erzbischof

Во всех городах туристы размещаются в двух-, трехзвездных гостиницах, в номерах на два человека со всеми удобствами. Что касается питания, все зависит от аппетита: можно заказать	untergebracht sein
	-Sterne
	mit allem Komfort
	Essen, abhängen
35 поездку с трехразовым питанием в ресторанах, с полупансионом (завтрак и обед или ужин по выбору) или только с завтраком. Такая поездка (гостиница с завтраком, основные экскурсии и полет самолетом Москва – Вена – Москва) обойдется	
	Halbpension, nach
	Wahl
	kostet
40 примерно в 520 американских долларов (Цены ВАО «Интурист» на обслуживание за границей не будут меняться в течение всего 1996 года. Стоимость же поездки может изменяться за счет изменения тарифа на авиабилеты.) (…) Подробно с	ungefähr
	Betreuung
	sich ändern
	sich ändern auf Grund
	einer Tarifänderung, aus-
45 каталогом поездок москвичи могут ознакомиться как в главной конторе ВАО «Интурист» (ул. Мархлевского, дом 13/1), где расположена фирма «Загранинтур», или в ее филиале (Кантемировская ул., д. 17). Жители других городов мо-	führlich
50 гут обратиться в отделение ВАО «Интурист» или в местные фирмы-партнеры «Интуриста». В случае затруднений с получением информации на местах можно по-звонить в Москву по телефонам: (095) 923-92-40, 923-88-27, 924-65-30 или	Abteilung
55 получить рекомендации, где удобнее и ближе к месту проживания можно приобрести путевку.	näher
	Reisearrangement

2   Здесь всё пра́вильно?

1. «Интури́ст» предлага́ет двухнеде́льные пое́здки в А́встрию.

2. «Интури́ст» предлага́ет осмотре́ть важне́йшие достопримеча́тельности Вены, Зальцбурга и Граца.

3. В Вене «Интури́ст» предлага́ет осмотре́ть дворцы́ «Хофбург», «Бельведер» и «Шенбрун».

4. «Интури́ст» сове́тует, где мо́жно сде́лать поку́пки.

5. «Интури́ст» не сообща́ет (mitteilen), в каки́х гости́ницах тури́сты будут жить.

6. Така́я пое́здка сто́ит 520 американских до́лларов.

7. «Интури́ст» сообща́ет, куда́ мо́жно обрати́ться за информа́цией.

▶ AB 10

3   Каку́ю информа́цию вы получи́ли
    из те́кста?

    1. Какой дворе́ц стро́ился пять
       столе́тий?
    2. Как называ́ется за́городная
       резиде́нция Евге́ния Саво́й-
       ского.
    3. На како́й у́лице лу́чше делать
       поку́пки?
    4. Почему́ лу́чше е́хать по Ри́нгу
       на трамва́е?
    5. Где нахо́дится дом-музе́й
       Мо́царта?

4   Какие достопримеча́тельности
    вашего го́рода вы пока́жете
    русскому го́стю, который прие́хал
    к вам только на оди́н день.

5   Stellen Sie für Ihren russischen
    Gast ein kleines Merkblatt mit
    den wichtigsten Sehenswürdigkeiten
    Ihrer Heimatstadt zusammen.
    Notieren Sie dazu einige relevante
    Daten. Schreiben Sie ihm auch auf,
    wo er am besten einkaufen kann.

B

1   Госпожа Виланд прочита́ла текст
    из газеты.

    – Юрий, большо́е спаси́бо за этот
      текст. Я его́ с больши́м
      интере́сом прочита́ла. Я думаю,
      что по́сле возвраще́ния в
      Москву вы должны́ написа́ть
      письмо́ в эту газету. Вы должны́
      им сказать, что в этом тексте
      есть одна́ нето́чность.
    – Пра́вда? Кака́я?
    – То, что каса́ется Бельведера и
      Евге́ния Саво́йского. Вот
      посмотри́те, что здесь напи́сано:
      «Посетя́т уча́стники пое́здки и
      не ме́нее изве́стный дворцо́вый
      ко́мплекс – Ве́рхний и Ни́жний
      Бельведер, а та́кже дворе́ц,
      постро́енный в XVII ве́ке в
      ка́честве за́городной резиде́нции
      для знамени́того австри́йского
      полково́дца Евге́ния

      Саво́йского.» Это зна́чит, что
      есть Бельведер, а кро́ме того,
      есть дворе́ц Евге́ния
      Саво́йского. Де́ло в том, что
      Бельведер и есть дворе́ц
      Евге́ния Саво́йского. А этот
      за́городный дворе́ц, наве́рное,
      Шенбрун.
    – Я то́же удиви́лся, что здесь
      ничего́ нет о Шенбруне. Тепе́рь
      мне всё я́сно.

    ▶ AB 11

2   Каку́ю нето́чность госпожа
    Виланд нашла́ в тексте?

3   Напиши́те для вашего русского
    го́стя информа́цию о достопри-
    меча́тельностях вашего го́рода.

Г

1 На обе́де

Übernehmen Sie die Rolle des Dolmetschers. Dazu brauchen Sie die folgenden Wörter:

сотру́дник	Mitarbeiter
сотру́дничество	Zusammenarbeit
впечатле́ние	Eindruck
бу́дущий	zukünftig
шаг	Schritt

Lutter: Herr Volygin, ich freue mich sehr, mit Ihnen bekannt zu werden.

Вы: …

Волыгин: Я то́же о́чень рад с вами познако́миться, господин Лу́ттер. Разреши́те мне переда́ть вам серде́чный приве́т от дире́ктора нашего предприя́тия, господина Соколо́ва.

Вы: …

Lutter: Ich hoffe, Herr Volygin, Sie sind gut untergebracht?

Вы: …

Волыгин: Да, спаси́бо, господин Лу́ттер, я устро́ился в о́чень хоро́шей гости́нице.

Вы: …

Lutter: Meine Damen und Herren, bitte nehmen Sie Platz. Herr Volygin, ich möchte Sie gerne mit meinen Mitarbeitern bekanntmachen: Frau Kahn, Herr Hofmann. Frau Wieland kennen Sie schon.

Вы: …

Волыгин: Очень рад с вами познако́миться.

Вы: …

Lutter: Ich bin überzeugt, daß Frau Wieland Ihnen schon die Firma gezeigt hat und Sie einen ersten Eindruck von Ihrem zukünftigen Geschäftspartner bekommen haben.

Вы: …

Волыгин: Да, госпожа Виланд мне уже́ показа́ла ваше предприя́тие. Впечатле́ние прекра́сное!

Вы: …

Lutter: Das freut mich.

Вы: …

Lutter: Sehr geehrter Herr Volygin. Ich freue mich, daß wir den ersten Schritt zu einer Zusammenarbeit gemacht haben. Ich möchte nun mein Glas erheben und uns Erfolg wünschen. Auf Ihr Wohl, Herr Volygin!

Вы: …

ЗАНИМАТЕЛЬНЫЙ ЭТИМОЛОГИЧЕСКИЙ СЛОВАРЬ

АРХИВАРИУС — шеф-повар.
БУХАНКА — граната.
ГЛАДИАТОР — утюг.
ГОЛАВЛЬ — вратарь.
ЗАСЛОНКА — уборщица в слоновнике.
КАПЕЛЬМЕЙСТЕР — весна.
ЛАЙНЕР — собака.
ЛАЗЕР — альпинист.

НОВОСЕЛ — молодой ослик
ОРАТОР — мегафон.
ОТКРЫТКА — декольте.
РУБАШКА — палач.
СИНЕКУРА — лежалая птица
ЧАСТОКОЛ — отстающий ученик.

Генрих ЛЯТЬЕВ.

Так говорят русские

■ Sie würden sich über einen Opernbesuch sehr freuen:	Я с больши́м удово́льствием посети́л(а) бы о́перу.
■ Für Samstag haben Sie schon Opernkarten:	На суббо́ту у нас уже́ есть биле́ты в о́перу.
■ Sie haben Karten für die Oper »Die Zauberflöte«:	У меня́ есть биле́ты на о́перу «Волше́бная фле́йта».
■ Sie sind in einem guten Hotel untergebracht:	Я устро́ился/устро́илась в хоро́шей гости́нице.
■ Sie erheben Ihr Glas auf das Wohl von (Frau Ladygina):	Я хоте́л(а) бы подня́ть бока́л за ва́ше здоро́вье, (госпожа́ Лады́гина).

1 Wortbildung

1. Suffixe zur Bildung von Substantiven

Suffix	*Substantiv*	*abgeleitet von*	*dt. Entsprechung*
-ение/-ание	приглаше́ние знáние	приглаша́ть/пригласи́ть знать	-ung Subst. Inf. (das Wissen)
-ость	но́вость	но́вый	-heit, -keit
-тель	учи́тель	учи́ть (lehren, lernen)	(Person, die etwas tut)
-к-а	поку́пка	покупа́ть	feminin
-очка/-ечка	мину́точка А́ннечка	мину́та А́нна	feminin, Diminutiv
-о-к	городо́к	го́род	maskulin, Diminutiv

2. Suffixe zur Bildung von Adjektiven

-н + ый	дипло́мный	дипло́м	
-ск + ий	ру́сский	Русь	
	де́тская	де́ти	
-ов-/-ев- + ый	дворцо́вый	дворе́ц	
	кольцево́й	кольцо́	
-е́йший	старе́йший	Adj. + -е́йший	Superlativ

3. Wortzusammensetzungen

столе́тие	сто + лет (год)	Jahrhundert
двухнеде́льный	двух (два, две) + неде́ля	zweiwöchig
трехра́зовый	трёх (три) + раз	dreimalig

2 Adjektiv: Kurzform

Neben den bekannten Adjektivformen gibt es im Russischen noch eine Kurzform, die in prädikativer Funktion verwendet wird. Sie wird mit dem Subjekt übereingestimmt.

Он знако́м с Са́шей.	Er ist mit Sascha bekannt.
Она́ знако́ма с Са́шей.	Sie ist mit Sascha bekannt.
Они́ знако́мы с Са́шей.	Sie sind mit Sascha bekannt.

Aber: Э́то мой знако́мый.   Das ist mein Bekannter.

	Singular		Plural	
maskulin	*neutrum*	*feminin*		
Ø-Endung	**-о**	**-а**	**-ы**	
до́лжен	должно́	должна́	должны́	müssen
ну́жен	ну́жно	нужна́	нужны́	brauchen
добр*	добро́*	добра́*	до́бры*	gut sein
дово́лен	дово́льно	дово́льна	дово́льны	zufrieden sein
знако́м	знако́мо	знако́ма	знако́мы	bekannt sein
рад	—	ра́да	ра́ды	froh sein
располо́жен	располо́жено	располо́жена	располо́жены	gelegen sein
уве́рен	уве́рено	уве́рена	уве́рены	überzeugt sein

* In den Wendungen: Будь добр! Будь добра́! Бу́дьте добры́! Добро́ пожа́ловать!

3 Konjugation: Verben auf -авать

Sie kennen bereits die Konjugation der Verben mit dem Suffix -овать (siehe «сове́товать», 9. Lektion, Seite 92). Eine entsprechende Veränderung im Stamm haben die Verben auf -авать:

дава́ть		Genauso konjugiert werden:
я	даю́	продава́ть (verkaufen),
ты	даёшь	узнава́ть (erfahren; erkennen)
он	даёт	u. a.
мы	даём	
вы	даёте	
они́	даю́т	

1 Вы встре́тили ваших русских госте́й в аэропорту́. Побесе́дуйте (unterhalten) с ни́ми по доро́ге из аэропо́рта в го́род.

2 Покажи́те вашим гостя́м из Росси́и ваш го́род: проведи́те для них небольшу́ю экску́рсию.

3 Напиши́те вашим гостя́м из Росси́и, как им пройти́ / прое́хать от гости́ницы до вашей фи́рмы.

4 В аэропорту́ вашего го́рода вы слы́шите разгово́р двух челове́к, кото́рые то́лько что прилете́ли (ankommen) из Росси́и. Вы смо́жете им помо́чь?

5 Verwenden Sie diesen Auszug aus einem Prospekt über Berlin und erstellen Sie ein entsprechendes Programm über Ihre Heimatstadt auf russisch.

In der spannendsten Kulturszene Europas

Es braut sich wieder was zusammen. In der Stadt, die keine Sperrstunden kennt, die bunt, schrill, avantgardistisch, multikulturell und dennoch auf liebenswerte Weise preußisch ist. Berlin zeigt sich Ihnen heute spannender, lebendiger und anziehender denn je. Mit neuem Gesicht, das geprägt ist von Künstlern, Geschäftemachern, Kreativen und Chaoten, die den gigantischen Kunstdschungel bevölkern.

KULTUR RUND UM DIE UHR

Drei Opernhäuser, 40 Theater und fast 400 freie Theatergruppen machen für Sie die berühmten Berliner Nächte zum Tag. Freuen Sie sich auf prickelnde Revues im Friedrichstadtpalast, auf einen unvergeßlichen Abend in der Staatsoper. Besuchen Sie eine der schönsten Berliner Sprechbühnen, Deutsches Theater und Kammerspiele. Genießen Sie das „schönste Varieté europas", das Wintergarten Varieté. Erleben Sie eine klassische Aufführung der Schaubühne am Lehniner Platz. Und halten Sie sich unbedingt einen Abend für den Besuch im Theater des Westens frei. Und wenn Ihnen das noch nicht genügt, warten noch über 100 Kinos und 65 Museen auf Ihren Besuch.

ALLES WAS IN IST …

… treffen Sie im E-Werk in der Leipziger Straße. Oder im derzeit angesagtesten Jazz-Soul-Laden, dem Delicious Doughnuts. Im Exil trifft sich die Intellektuellen-Szene Berlins. Und in Kreuzberg treffen Sie alles und jeden. Wenn es Spaß macht, schlagen Sie sich eine lange quirlige Nacht um die Ohren und frühstücken danach auf dem Kurfürstendamm. Hier finden Sie elegante Boutiquen mit Namen wie Jil Sander, Versace und Chanel. Weniger edel, dafür um so origineller geht es auf dem Flohmarkt am S-Bahnhof Friedrichstraße zu.

Вы это уже знаете?

Обычно семья в России имеет двух- (20–25 кв. м. жилой площади), трёх- (35–45 кв. м.) или реже четырёхкомнатную (45–50 кв. м.) квартиру, включающую гостиную, спальню, детскую, кухню (6–12 кв. м., ванную, туалет, которые иногда совмещены, прихожую и балкон-лоджию (часто крытую). Комнаты обычно небольшие, часто спальня является одновременно и кабинетом. Кухня используется обычно как столовая, где семья собирается вместе за ужином или за чаем. Если раньше все квартиры принадлежали государству, то в настоящее время в России каждый гражданин имеет право приватизировать государственную или кооперативную квартиту, т. е. бесплатно получить её в частную собственность. Приватизированную квартиру он может продать, передать по наследству, сдать в пользование другому лицу и т. д. Переезд на новую квартиру – всегда большой праздник в жизни каждой семьи, и своей радостью она старается поделиться с родными и друзьями. Поэтому старинной традицией в России является празднование новоселья. Родственники, друзья, коллеги собираются вместе за праздничным столом, чтобы разделить радость новосёлов, пожелать им счастья, успехов.

На новоселье принято дарить подарки. Обычно стараются подарить то, что может пригодиться в хозяйстве. Родные и коллеги нередко делают коллективные подарки – сразу от нескольких человек или коллектива. При этом стараются узнать вкусы новосёлов. Некоторые семьи до сих пор живут в так называемых «коммуналках», в которых одновременно живут в отдельных комнатах две, три семьи, имея общие кухню, ванную и туалет.

	Глоссарий
	haben
	inklusive
	gehören
	Staat, Gegenwart
	Bürger, Recht
	kostenlos
	Privateigentum
	verkaufen
	vererben, vermieten
	Übersiedelung
	Verwandte
	Wohnungseinweihung
	schenken, Geschenk
	sich bemühen
	Hauswirtschaft
	Geschmack
	bis jetzt

18 Есть и проблемы …

A
▶ AB 1/2

1 Госпожа Виланд помогает господину Волыгину.

– Эрика, я хотел бы осмотреть город самостоятельно. Как мне проехать в центр?
– Сначала вам нужно купить талоны на городской транспорт. Вы можете это сделать в кассе предварительной продажи или в автомате.
– А как пользоваться этими талонами?
– Вам нужно их прокомпостировать прямо в вагоне трамвая или в автобусе или перед входом в метро. Юрий, я думаю, лучше вам купить недельный проездной билет на все виды транспорта.
– Большое спасибо, Эрика. Ещё один вопрос: как звонить по телефону-автомату в городе?
– Почти так же, как у вас. Для этого вам нужны монеты в один, пять или десять шиллингов. Сначала вы снимаете трубку, потом бросаете монету и набираете номер. Если слышите короткие гудки, то это значит, что номер занят. Если длинные – ждите ответа.
– А где я могу узнать номер телефона?
– В каждой телефонной будке есть телефонная книга.
– Всё ясно. Большое спасибо, Эрика.
– Пожалуйста, Юрий, не стоит.

2 Это верно?

1. Господин Волыгин хочет осмотреть город самостоятельно.
2. Эрика Виланд даёт ему талоны на городской транспорт.
3. Господин Волыгин знает, как звонить по телефону-автомату в городе.

▶ AB 3

3 Найдите в диалоге ответы на вопросы.

1. Как можно проехать на городском транспорте?
2. Как звонить по телефону-автомату в городе?

▶ AB 4

ТАКСОФОН

4 Erklären Sie Ihrem Gast aus Rußland die Benutzung eines öffentlichen Telefons in Deutschland.

Telefonkarte wechseln.

Telefonkarte wechseln.

Guthabenanzeige blinkt und Signal ertönt, 20 Sekunden bevor die Telefonkarte verbraucht ist. Zur Gesprächsfortsetzung grüne Taste drücken und Telefonkarte wechseln.

1 Hörer abnehmen.

2 Karte einschieben.

3 Wählen.

4 Hörer auflegen und Karte entnehmen.

5 Помоги́те вашему гостю из России, который прие́хал к вам на два ме́сяца, запо́лнить регистрацио́нную ка́рточку (Meldezettel).

Bitte Ausfüllanleitung beachten!
Bei mehr als 4 anzumeldenden Personen bitte weiteren Meldeschein verwenden!

Die nachstehenden Daten werden aufgrund von Art. 13, 16 und 18 des Bayer. Meldegesetzes erhoben.

Tagesstempel der Meldebehörde

A N M E L D U N G bei der Meldebehörde

Schraffierte Felder bitte nicht ausfüllen!

Gemeindeschlüssel	Einzugsdatum	Gemeindeschlüssel

Neue Wohnung (Straße/Platz, Hausnummer, Stockwerk)	**Bisherige Haupt**wohnung (Straße/Platz, Hausnummer, Stockwerk)
(PLZ, Ort, Gemeinde, ggf. Zustellpostamt)	(PLZ, Ort, Gemeinde, ggf. Zustellpostamt, Lkr.; falls Ausland: auch Staat angeben)

Die neue Wohnung ist ☐ Hauptwohnung ☐ Nebenwohnung   Bestehen für u.a. Personen weitere Wohnungen? ☐ nein ☐ ja

Wird die bisherige Hauptwohnung nicht aufgegeben oder bestehen weitere Wohnungen, füllen Sie bitte das „Beiblatt zur Anmeldung bei mehreren Wohnungen" aus.

Lfd. Nr. 1	Familienname (Ehename)	Frühere Namen (z.B. Geburtsname)	Vorname(n) (Rufnamen unterstreichen)

Lfd. Nr. 1	Akadem. Grade	Familienstand	Geschlecht M ☐ W ☐	Geburtsdatum	Geburtsort (Gde., Lkr.; falls Ausland: auch Staat angeben)

Lfd. Nr. 1	Staatsangehörigkeit(en)	Religion	Datum und Ort der Eheschließung	Wo ist auf Antrag ein Familienbuch angelegt?

	Erwerbstätig	Benötigen Sie eine Lohnsteuerkarte?	Steuerklasse	Rechtsstellung der angem. Kinder zum Vater / zur Mutter	Angaben über nicht mitzuziehenden Ehegatten
Lfd. Nr. 1	☐ nein ☐ ja	☐ nein ☐ ja			Familienname Geburtsdatum

	Personalausweis (PA) – Reisepaß (RP) – Kinderausweis (KA)		Ausstellungsdatum	Gültig bis	Für Flüchtlinge/Vertriebene: Wohnsitz am 1. Sept. 1939 (Wohnort, Landkreis, Provinz)
Lfd. Nr. 1	Art (PA–RP–KA)	Ausstellungsbehörde			

Gesetzlicher Vertreter (Vor- und Familiennamen, akadem. Grade, Geburtsdatum, Anschrift)

Wegen der Möglichkeit, Datenübermittlungen in bestimmten Fällen zu widersprechen, siehe Ausfüllanleitung.

Ort, Datum	Unterschrift eines Meldepflichtigen

Б

▶ AB 5

1 Ве́чером Юрий Волыгин почу́вствовал себя́ пло́хо.

– Юрий, вы очень нева́жно вы́глядите. Что случи́лиось?
– Вы зна́ете, Эрика, у меня́ на́сморк, боли́т голова́, го́рло то́же боли́т, да́же о́чень.
– А вы измеря́ли температу́ру?
– Да ...
– И ско́лько?
– 39.
– О, это высо́кая, да, очень высо́кая температу́ра. Вы, наве́рное, простуди́лись.
– Бою́сь, что вы пра́вы.
– Дава́йте вы́зовем врача́.
– Да, но у вас для этого, ка́жется, нужна́ медици́нская страхо́вка?
– Соверше́нно ве́рно, но мы офо́рмили для вас такую страхо́вку.

2 Вы по́няли, что случи́лось с Юрием Волы́гиным?
Stellen Sie die falschen Aussagen richtig.

1. У Юрия Волы́гина боли́т голова́.
2. Юрий Волы́гин ещё не измеря́л температуру.
3. У Юрия Волы́гина боли́т рука́.
4. У Юрия Волы́гина высо́кая температу́ра, 38.
5. У Юрия Волы́гина нет медици́нской страхо́вки.

▶ AB 6–10

3 Помоги́те Юрию Волы́гину объясни́ться с врачо́м.

Врач: Guten Abend. Nun, was fehlt Ihnen?
Вы: ...
Волыгин: Здравствуйте, доктор. У меня́ на́сморк, о́чень боли́т голова́ и го́рло.
Вы: ...
Врач: Haben Sie Temperatur gemessen?
Вы: ...
Волыгин: Да, 39.
Вы: ...
Врач: Machen Sie bitte den Mund auf. Danke. Machen Sie sich frei. Ich muß Sie abhorchen. Tief atmen! Jetzt bitte nicht atmen! Danke. Rauchen Sie?
Вы: ...
Волыгин: Да. Ну, как мои дела́, до́ктор?
Вы: ...
Врач: Sie haben eine Erkältung. Hier ist ein Rezept. In zwei, drei Tagen sind Sie wieder gesund. Und viel trinken und schlafen. Aber bitte keine Zigaretten und keinen Alkohol.
Вы: ...
Волыгин: Большо́е спаси́бо, до́ктор.
Вы: ...
Врач: Gern geschehen. Auf Wiedersehen und gute Besserung!
Вы: ...
Волыгин: Всего доброго! Ещё раз: большое спаси́бо, доктор!

▶ AB 11

B

1   Во вре́мя вашего пребыва́ния в
России вы почу́вствовали себя́
нева́жно: у вас заболе́ла голова́.
Какие из сле́дующих табле́ток
могли́ бы вам помо́чь?

противовоспали́тельное
де́йствие (entzündungshemmende
Wirkung); боль, -и (Schmerz);
пищевари́тельный (Verdauungs-);
болеутоля́ющее де́йствие
(schmerzstillend)

Церукал
Является регулятором двига-
тельной функции пищеваритель-
ного тракта. Рекомендуется
принимать при болях в желудке
по 1 таблетке 3 раза в день
после еды.

Стрептоцид
Оказывает противовоспали-
тельное действие. Принимать
при болях в горле по 1 таблетке
каждые 3 часа.

Анальгин
Оказывает болеутоляющее
действие. Рекомендуется
принимать при головных болях
по 1 таблетке 3 раза в день.

2   Das ist der Beipacktext für Aspro-Brausetabletten. Da Ihr russischer Gast starke
Kopfschmerzen hat, schreiben Sie ihm auf, wie er die Tabletten zu nehmen hat.

ASPRO
BRAUSETABLETTEN

Dosierung
Soweit nicht anders verordnet,

	Erwachsene	Kinder ab 3 Jahre
Einzeldosis	1–2 Brausetabletten	½–1½ Brausetabletten
Tagesdosis	bis 8 Brausetabletten	bis 1–4 Brausetabletten

Art der Anwendung
Die Brausetabletten in einem Glas Wasser vollständig auflösen und trinken. Die besondere Qualität
von Aspro Brausetabletten wird durch eine Spezialfolie geschützt.
Hinweis: Aspro Brausetabletten soll nach Ablauf des angegebenen Verfalldatums nicht mehr
angewandt werden.
Nicht über 25 °C lagern.

Arzneimittel für Kinder unzugänglich aufbewahren!

Г

▶ AB 12

1 Этот разговор г-н Волыгин и г-жа Виланд услы́шали, когда́ е́хали в Венском метро.

2 Здесь всё пра́вильно?

1. В трамва́е говоря́т два ру́сских.
2. Оди́н из них уже́ очень хорошо́ говори́т по-неме́цки, друго́й – очень пло́хо.

3. Они́ ду́мают, что неме́цкий язы́к са́мый тру́дный, а ве́нский диале́кт – это вообще́ кошма́р!

▶ AB 13

3 Согла́сны (einverstanden sein) ли вы с тем, что неме́цкий язы́к – один из са́мых тру́дных в ми́ре?

Так говоря́т ру́сские

▪ Sie fragen, was Sie mit den Fahrkarten tun sollen:	Как по́льзоваться э́тими тало́нами?
▪ Sie werden nach Ihren Beschwerden gefragt:	На что вы жа́луетесь?
▪ Man bemerkt, daß Sie krank aussehen:	Вы о́чень нева́жно вы́глядите.
▪ Man drückt Genesungswünsche aus:	Поправля́йтесь!
▪ Sie haben Schnupfen:	У меня́ на́сморк.
▪ Sie haben Kopf- und Halsschmerzen:	У меня́ боли́т голова́ и го́рло.
▪ Sie haben sich erkältet:	Я простуди́лся/простуди́лась.
▪ Sie haben Fieber gemessen:	Я измеря́л/измеря́ла температу́ру.

1   Unpersönliches »man«

In unpersönlichen Fragesätzen des Typs »Wie macht man das?« wird nur der Infinitiv verwendet:

Как купи́ть тало́н на городско́й тра́нспорт?	Wie kauft man einen Fahrschein? (*Wie (ist) zu kaufen ein Fahrschein?*)
Как по́льзоваться проездны́ми тало́нами?	Wie verwendet man Netzkarten? (*wörtlich:* Wie (sind) zu verwenden Netzkarten?)
Как по́льзоваться телефо́ном-автома́том?	Wie benützt man ein Telefon? (*wörtlich:* Wie (ist) zu verwenden ein Telefon?)

Vergleichen Sie diese Konstruktion mit den unpersönlichen man-Sätzen des Typs «Здесь говоря́т по-ру́сски.» (siehe Seite 48).

2   Rektion der Verben

Eine Reihe von russischen Verben zieht einen anderen Fall (Kasus) nach sich als im Deutschen.

Genitiv

жела́ть/по~	(кому) **чего́**	Я жела́ю тебе́ сча́стья, здоро́вья и успе́хов.

Dativ

звони́ть/по~	**кому́**	Она́ звони́ла мне вчера́ ве́чером.

Akkusativ

ждать/подо~	**что (чего́)**	Я жду трамва́й (*seltener:* трамва́я).
	кого́	Я жду Та́ню.
		Я жду Серге́я.

Instrumental

занима́ться	**чем**	Она́ занима́ется му́зыкой.
	с кем	Она́ занима́ется со студе́нтами.
интересова́ться	**чем**	Мы интересу́емся му́зыкой.
	кем	Мы интересу́емся э́тим актёром.
станови́ться/стать	**кем**	– Кем ты хо́чешь стать?
		– Я хочу́ стать инжене́ром.
по́льзоваться	**чем**	Они́ по́льзуются проездны́ми тало́нами.

▶ AB 14

3   Mehrfachverneinung

Bei allen Verneinungen mit **ни-** muß auch das Verb zusätzlich mit **не** verneint werden. Das Objekt steht nach dieser Verneinung nicht, wie zu erwarten, im Akkusativ, sondern im Genitiv.

Что ты чита́ешь?   Я **ничего́ не** чита́ю.

In der einfachen Verneinung bleibt das Objekt unverändert:

Я не чита́ю.   Я не чита́ю э́ту кни́гу.

4   Reflexivpronomen

Da sich ein Reflexivpronomen immer auf das Subjekt des Satzes bezieht, gibt es im Nom. keine Form. Das Reflexivpronomen ist für alle Personen gleich.

Nom.	—
Gen.	себя́
Dat.	себе́
Akk.	себя́
Instr.	собо́й
Präp.	о себе́

Он взял с собо́й план.	Er hat den Plan mitgenommen.
	(*wörtlich:* Er hat den Plan mit sich genommen.)
Она́ спра́шивает себя́.	Sie fragt sich.
Aber:	
Я спра́шиваю себя́.	Ich frage mich.
Мы спра́шиваем себя́.	Wir fragen uns.

1 Ва́ши ру́сские го́сти хотя́т самостоя́тельно осмотре́ть ваш го́род, в кото́ром они́ впервы́е (zum ersten Mal). Помоги́те им сориенти́роваться в но́вых для них усло́виях (Bedingung): тра́нспорт, телефо́н и т. д.

2 Помоги́те ва́шим ру́сским гостя́м поня́ть, каки́е мероприя́тия (Veranstaltungen) предлага́ются.

3 Помоги́те ва́шим ру́сским гостя́м вы́брать интере́сное мероприя́тие.

4 Это отры́вок (Ausschnitt) из информацио́нной програ́ммы «Изве́стия» Моско́вского ра́дио. Что вы узна́ли из него́
– о пла́нах трёх америка́нских учителе́й,
– о де́тских кинотеа́трах в Москве́?

Sa 1.7. (20 Uhr)
8. Abonnementkonzert D
der Münchner Philharmoniker
Philharmonie im Gasteig
Werke von Richard Strauss
Leitung: Horst Stein;
Solisten: Martha Argerich und Edgar Krapp
(Vorverkauf ab 10.6.)

Sa 1.7. und So 2.7.
„Rock over Germany 1995"
Open Air Festival
Olympiastadion
1.7.: Rod Stewart, Joe Cocker, Eros Ramazzotti, The Black Crowes, Six Was Nine, America, und Doc Lawrence

Sa 1.7. (20 Uhr)
Bell'Arte Musikalischer Sommer
Freiluftkonzerte im Brunnenhof der Residenz
(2. Abend)
„The Road of the Gipsy"
Zigeunermusik aus Rußland und Ungarn –
Die Gruppen Kalyi Jag (Schwarzes Feuer)
und Loyko aus André Hellers „Magneten"
Brunnenhof der Residenz
(bei Regen im Herkulessaal)

Sa 1.7. (19.30 Uhr)
Sommerkonzerte
Schloß Dachau (1. Abend)
Clemente Trio
Renaissancesaal Schloß Dachau
Werke von Beethoven, Grieg und Schubert

Вы это уже знаете?

В городах России существует широкая сеть общественного транспорта: автобусы, трамваи, троллейбусы, которые работают с 5 часов утра до 2 часов ночи.

Netz

öffentlich

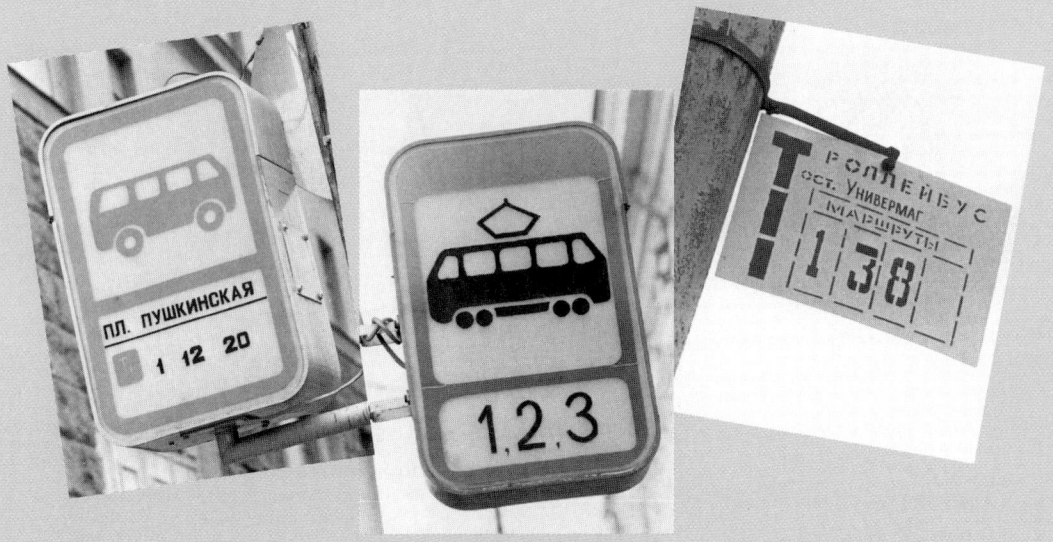

5 В Москве, Санкт-Петербурге и других крупных городах страны с населением более миллиона жителей особенно популярно метро – самый комфортабельный вид транспорта.
Оно работает с 6 часов утра до 1 часа ночи.

Bevölkerung

10 Цена билета в городском транспорте не зависит от дальности поездки. Билеты на автобус, трамвай и троллейбус можно купить в специальных киосках или в подземных переходах, иногда – у водителя.

Fahrtlänge

шофёр

15 Жетоны на метро продаются в кассах метро. Эти жетоны опускают в авто-маты в вестибюле метро и проходят через специальные турникеты. Если вы часто пользуетесь транспортом, можно

verkaufen

einwerfen

benützen

20 приобрести месячные проездные билеты на какой-то один вид транспорта, например, автобус, или «единый» на все виды транспорта.

купить

Monatskarten

19 В гостях у друзей

A

1 Когда Юрий Волыгин был ещё в Москве, он получи́л от свои́х друзе́й из Мюнхена письмо́.

Мюнхен, 25 февраля

Дорогой Юрий!

Наконец-то у нас время, чтобы написать тебе. Мы очень счастливы: два месяца назад мы купили дом с небольшим садом. Теперь у нас достаточно места. В доме пять комнат. Особенно счастливы дети. У них теперь своя комната. Но мы, конечно, тоже очень довольны. Расположение дома прекрасное, и он не очень дорогой. Недалеко от дома - лес и озеро, так что можно хорошо проводить свободное время, если оно есть.

Ждём тебя к нам в гости. Обязательно приезжай! Кстати, теперь у нас есть специальная комната для гостей.

С сердечным приветом, твои Клаудия и Отто

2 Übersetzen Sie den Brief.

▶ AB 1–3

3 Напиши́те свои́м друзья́м в Росси́и письмо́, что у вас есть новая кварти́ра, и вы приглаша́ете их в го́сти.

Б

▶ AB 4

1 Юрий Волыгин хóчет навестѝть свои́х друзéй в Мюнхене. Для этого он прóсит госпожу Виланд помóчь ему.

– Эрика, у меня к вам большáя прóсьба. В субботу и воскре-сéнье я хотел бы навести́ть моих друзéй в Мюнхене. Для этого мне нужно узнать, когда идут поезда на Мюнхен. Кроме того, мне нужно купить билет.

– О, это не проблема. Я сейчас же позвоню́ и узна́ю, когда идут поезда. Вы когда хоти́те поехать? Утром?

– Нет, я хотел бы поехать в пя́тницу пóсле пяти́. А как будет с билетом?

– Его я тоже сейчас закажу́. Вам, значит, ну́жен билет туда́ и обра́тно?

– Да.

– Первый класс?

– Нет, можно второй.

– Хорошо. Я бы́стренько запишу́: один билет туда́ и обра́тно, второй класс, после шести́ часóв …

– Можно уже после пяти́!

– Ах, да. Плацка́рту закажу́ на пя́тницу … это какое число? … пя́тница – это два́дцать, два́дцать, …, да, два́дцать шестóе.

– А где я получу́ билет?

– На вокзале, там, где вы обы́чно покупаете билеты.

– И когда?

– В пя́тницу, до вашего отъéзда.

– Большое вам спасибо, Эрика.

– Не стóит. Пожалуйста. Кстати,

Юрий, у вас ужé есть ви́за в Германию?

– Да, есть.

– Тогда всё в поря́дке.

2 Это вéрно? Stellen Sie die falschen Aussagen richtig.

1. Юрий Волы́гин хóчет посети́ть свои́х друзéй в пя́тницу и суббóту.
2. Егó друзья́ живу́т в Мюнхене.
3. Он хóчет поéхать в Мюнхен в пя́тницу у́тром.
4. Он уже зна́ет, когда́ иду́т поезда на Мюнхен.
5. Ему́ ну́жен билет туда́ и обра́тно.
6. Он хóчет éхать в пéрвом кла́ссе.
7. Плацка́рта ему́ не нужна́.
8. Госпожа́ Штéйнер зака́зывает билéт по телефóну.
9. У негó ещё нет ви́зы в Герма́нию.
10. Он полу́чит билéты по пóчте.

▶ AB 5–6

3 Вы нахóдитесь в Москве и хоти́те поехать в Санкт-Петербург. Купите билет в железнодорóжной кассе.

4 Sie hinterlassen Ihren russischen Freunden eine kurze Mitteilung, daß Sie für sie zwei Bahnkarten 1. Klasse München–Dresden (mit Platzkarten) für Donnerstag bestellt haben. Der Zug fährt um 13.30 Uhr, die Karten sind am Schalter hinterlegt.

B

▶ AB 7

1 У друзе́й в Мю́нхене

– Добро́ пожа́ловать, Юрий! Пожалуйста, проходи́! Раздева́йся!
– Спаси́бо. Это цветы́ для вас, Кла́удиа, это тебе́, а компакт-диск – для дете́й.
– О, большо́е спаси́бо – настоя́щее Кры́мское шампа́нское. Я его́ ещё никогда́ не пила́.
– Ну, тогда́ уже́ пора́ попро́бовать! Отмар, вы с жено́й прекра́сно вы́глядите. Ви́дно, что вы отли́чно отдохну́ли. Кста́ти, где вы отдыха́ли?
– В Ита́лии в гора́х.
– Ну и как?
– Нам всем там о́чень понра́вилось. Прекра́сная панора́ма, отли́чная пого́да, хоро́ший снег. А италья́нская ку́хня и италья́нское вино́ – про́сто восто́рг!
– А гости́ница?
– Мы снима́ли ма́ленькую кварти́ру. Когда́ мы е́здим с детьми́, это о́чень удо́бно.
– А как с языко́м? Вы говори́те по-италья́нски?
– Мы так ча́сто е́здили в Ита́лию, что уже́ без проблем обща́емся по-италья́нски. Да́же наш Андреас – ему́ 16 лет – уже́ дово́льно мно́го понима́ет.
– Вы ката́лись на лы́жах?
– Да, но не то́лько. Мы и осма́тривали достопримеча́тельности, а их там мно́го. А когда́ у тебя́ начнётся о́тпуск?
– К сожале́нию, то́лько че́рез четы́ре ме́сяца.

– Юрий, всегда́, когда́ я смотрю́ на тебя́, я ду́маю, что ты настоя́щий спортсме́н. Каки́м ви́дом спо́рта ты занима́ешься, е́сли не секре́т?
– Пла́ванием. Два ра́за в неде́лю хожу́ на трениро́вки. А ты?
– Ну, я не тако́й уж спортсме́н. Зимо́й ката́юсь на лы́жах, а ле́том – да́же не зна́ю, каки́м спо́ртом я занима́юсь. Ра́ньше игра́л в те́ннис и вообще́ люби́л все и́гры в мяч.
– Ра́ньше я то́же бо́льше занима́лся спо́ртом: лёгкой атле́тикой, альпини́змом, зимо́й ходи́л на лы́жах, ката́лся на конька́х … Но: Ино́е вре́мя – ино́е бре́мя.

2 Вы, коне́чно, по́няли разгово́р. Соотве́тствуют (entsprechen) ли все выска́зывания разгово́ру? Stellen Sie die falschen Aussagen richtig.

1. В Мю́нхене идёт дождь.
2. Отмар и Кла́удиа Биндер отдыха́ли на о́зере в Швейца́рии.
3. Пого́да была́ о́чень плоха́я.
4. Они́ пое́хали туда́, что́бы осмотре́ть все достопримеча́тельности.
5. Вся семья́ хорошо́ зна́ет италья́нский язы́к.
6. Господи́н Биндер отли́чный спортсме́н.
7. Юрий Во́лыгин о́чень лю́бит игра́ть в те́ннис.

▶ AB 8–9

3 Расскажите партнёрам по группе о том, как вы любите отдыхать.

▶ AB 10–11

4 Расскажите вашим коллегам, каким ви́дом спорта вы любите заниматься летом, а каким зимой.

5 Вы верну́лись из о́тпуска, который вы провели́ в России, вместе с семьёй. Ваш русский коллега, с которым вы работаете вместе на фирме, интересу́ется (sich interessieren), как вы провели́ о́тпуск.

Г

1 Dieses Lied ist auf der CD, die Юрий mitgebracht hat.

Пе́сенка о голубо́м ша́рике

(Була́т Окуджа́ва)

Де́вочка пла́чет: ша́рик улете́л,   sie weint, Luftballon
Её утеша́ют — а ша́рик лети́т.   man tröstet sie

Де́вушка пла́чет: жениха́ всё нет.   Bräutigam
Её утеша́ют — а шарик летит.

Же́нщина плачет: муж ушёл к другой.
Её утешают — а шарик летит.

Плачет стару́ха: мало пожила́.   alte Frau
А шарик вернулся — а он голубой.   blau

Так говорят русские

■ Sie wenden sich an jemanden mit einer Frage:	Прости́те, пожа́луйста, … Скажи́те, пожа́луйста, … Вы не ска́жете, … Вы не могли́ бы …? У меня́ к вам вопро́с/про́сьба.
■ Sie möchten sich schnell etwas notieren:	Я бы́стренько запишу́ э́то.
■ Sie möchten eine Hin- und Rückfahrkarte ■ nach …:	Пожа́луйста, оди́н биле́т в (Москву́) и обра́тно.

1   Zeitangaben

1. че́рез две неде́ли | in/nach zwei Wochen
(nach Ablauf einer Zeitspanne)

Они́ прие́дут **че́рез** две неде́ли. | Sie werden **in** zwei Wochen kommen.
Они́ прие́хали **че́рез** две неде́ли. | Sie kamen **nach** zwei Wochen.

че́рез неде́лю	че́рез три неде́ли	че́рез пять неде́ль
че́рез ме́сяц	че́рез два ме́сяца	че́рез пять ме́сяцев

2. две неде́ли наза́д | vor zwei Wochen
(vor einer Zeitspanne)

Они́ прие́хали две неде́ли **наза́д**. | Sie kamen **vor** zwei Wochen

неде́лю наза́д	три неде́ли наза́д	пять неде́ль наза́д
ме́сяц наза́д	три ме́сяца наза́д	пять ме́сяцев наза́д

3. до отъе́зда | vor der Abfahrt
(vor einem Zeitpunkt)

с пе́рвого до тре́тьего апре́ля | vom ersten bis zum dritten April
(bis zu einem Zeitpunkt)

Auch: до на́шего до́ма | bis zu unserem Haus
(bis zu einem Ort)

2   Pronomen: «весь, вся, всё; все»

maskulin / neutrum	*feminin*	*Plural*
весь / всё	вся	все
всего́	всей	всех
всему́	всей	всем
Nom. / Akk.	всю	Nom. / Akk.
всем	всей	все́ми

3   «мы с жено́й»

Wenn die Gemeinsamkeit des Handelns besonders hervorgehoben werden soll,
wird die Struktur мы с жено́й – meine Frau und ich (*wörtlich:* wir mit der Frau),
вы с жено́й – deine Frau und du/Ihre Frau und Sie (*wörtlich:* ihr mit der Frau)
verwendet: Вчера ве́чером мы с жено́й бы́ли в теа́тре.

мы с тобо́й   du und ich (*wörtlich:* wir mit dir)
мы с ним   er und ich (*wörtlich:* wir mit ihm)

1 Ваш ру́сский гость хо́чет пое́хать в Дрезден. Вот расписа́ние поездо́в (Fahrplan). Helfen Sie Ihrem Gast bei der Auswahl des richtigen Zuges und besprechen Sie mit ihm seine Wünsche, um alles telefonisch bestellen zu können.

München Hbf → Dresden Hbf **DB**

ab	Zug			Umsteigen	an	ab	Zug			an
4.53	IC	804	✕	Nürnberg Hbf	6.29	6.39	IR	2661	⍟	11.53
6.57	IR	2063	⌁							14.01
8.49	IC	706	✕	Leipzig Hbf	14.18	14.25	IR	2635	⍟	15.53
8.57	IR	2161	⌁	Hof Hbf	12.34	12.38	IR	2665	⍟	16.03
10.57	IR	2065	⍟							18.01
12.57	IR	2602	⍟	Reichb.(V) o Bf	17.40	17.45	IR	2669	⍟	19.53
14.28	D	1667								21.57
14.57	IR	2067	⍟							22.03
23.08	D	1961	⛏							7.02

2 Ва́ших друзе́й интересу́ют маршру́ты в Гре́цию. Просмотри́те сле́дующую газе́тную отры́вку и найди́те объявле́ния о том, где мо́жно провести́ о́тпуск. Запиши́те для них а́дрес и но́мер телефо́на тех аге́нств, где они́ смогли́ бы купи́ть путёвку (Reisearrangement).

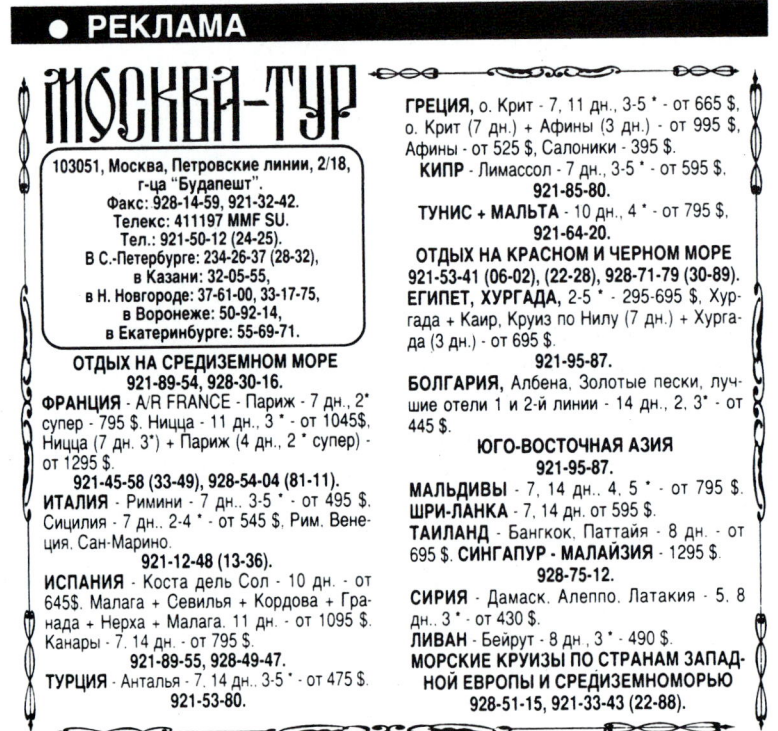

3 Ваша русская знакомая, с которой вы работаете вместе на предприятии в Москве, вернулась из отпуска. Она провела́ его у вас на родине (Heimat). Побеседуйте с ней об этом.

4 Вы получи́ли письмо от ваших знакомых из России. Они про́сят вас рассказать о вашей квартире. Отве́тьте им на письмо.

Вы это уже знаете?

У русских не принято приглашать в гости письменно и заранее. Обычно они приглашают по телефону за два – три дня. Как правило, это обычно бывает ужин – часов в шесть, семь.

üblich

5 С пустыми руками у русских не принято приходить в гости. Обычно хозяйке дома приносят цветы, а хозяину – бутылку чего-нибудь спиртного.

leer
Hausfrau
Blumen
Alkoholisches

Пришедшие гости сразу же садятся за стол,
10 на котором стоят все напитки. Угощение, как правило, включает три смены: закуска (салаты, грибы, соленья, селёдка, рыба, колбаса, ветчина), горячее (мясо или рыба с каким-нибудь гарниром, птица) и чай, к которому
15 подают сладкие пироги и торты, которые хозяйка печёт сама. Из напитков на столе будет и водка, и вино, и коньяк, минеральная вода или лимонад.
У русских обязательны тосты (за гостей, за
20 хозяев, за детей, за благополучие в семье). Тот, кто произносит тост, обычно встаёт. Такой ужин продолжается в очень весёлой атмосфере три – четыре часа.

Bewirtung
Gang, Vorspeise
Pilz, Eingesalzenes, Hering

süß, Piroggen
backen

Wohlergehen

20 Повторение – мать учения

1 В московской газете вы нашли́ эту рекламу. Вас заинтересова́ло предложе́ние об организа́ции рекла́мной компа́нии. Вы звони́те в Москву, чтобы договори́ться о встрече, но вашего партнёра пло́хо слы́шно, и вы вы́нуждены всё время переспра́шивать.

МНОГОПРОФИЛЬНАЯ ХОЛДИНГОВАЯ КОМПАНИЯ

ПРИГЛАШАЕТ ВАС ПРИНЯТЬ УЧАСТИЕ В КОНКУРСЕ НА ЗАМЕЩЕНИЕ ВАКАНТНЫХ ДОЛЖНОСТЕЙ

АДМИНИСТРАТИВНОЕ УПРАВЛЕНИЕ

зам. генерального директора по персоналу
мужчина 30–45 лет, образование высшее + подготовка по управлению человеческими ресурсами, опыт работы на руководящих должностях в крупных СП или российских филиалах инофирм около 2 лет

директор пресс-службы
мужчина или женщина 30–40 лет, высшее экономическое либо гуманитарное образование, опыт работы в отделах связей с общественностью, желателен опыт публичных выступлений, наличие публикаций по экономической тематике в центральных средствах массовой информации

ФИНАНСОВОЕ УПРАВЛЕНИЕ

заведующий планово-экономическим
специализация – экономика и отделом планирование врешнеторговой деятельности, розничной торговли товарами широкого потребления, оптовой валютной и рублевой торговли, операции с недвижимостью. Требования – мужчина 30–45 лет, стаж руководства планово-экономическими службами не менее 3 лет

главный бухгалтер
мужчина 35–45 лет, опыт работы в крупных коммерческих организациях или банках не менее 10 лет, стаж работы главным бухгалтером не менее 5 лет. Стаж работы в СП или российских филиалах инофирм желателен, опыт ведения компьютерного бухучета

ТОРГОВОЕ УПРАВЛЕНИЕ

ведущие специалисты импортного
мужчины 25–40 лет, образование отдела и отдела экспортно-бартерных высшее техническое, операций экономическое или юридическое, стаж работы в крупных СП или российских филиалах инофирм не менее 3 лет, разговорный английский

эксперт-консультант отдела экспортно-бартерных операций
мужчины 40-60 лет со стажем работы на руководящих должностях среднего и высшего руководящего звена предприятий или министерств, специализирующихся на производстве продукции экспортной группы

УПРАВЛЕНИЕ ЦЕННЫХ БУМАГ

директор депозитария
мужчина 30–40 лет, образование высшее техническое, финансовое или экономическое, опыт работы по внедрению компьютерных банковских систем, практический опыт по разработке и проведению крупных эмиссионных проектов

главный специалист по страхованию
мужчина или женщина 28–35 лет, образование высшее техническое, экономическое или финансовое, стаж экспертной работы в страховом бизнесе около 2 лет, стажировка за рубежом желательна

Заработная плата составляет от 70 до 200 тыс. руб. и выше с ежемесячной индексацией

Для участия в конкурсе Вам необходимо направить по адресу: 115407, г. Москва, а/я 109, пакет документов, включающий в себя:
1. Фотографию, сделанную в 1995-96 годах.
2. Копии документов, подтверждающих Ваше образование и/или квалификацию.
3. Подробную автобиографию с указанием основных этапов Вашего образования и последующей служебной карьеры о указанием характера выполняемой работы и достигнутых успехов.

2 В ваш город приéхала группа российских специалистов из фирмы-партнёра. Проведи́те для них автобусную экскурсию по городу.

3 Во время вашего пребывáния в России вы останови́лись в гостинице. Расспроси́те вашего российского партнёра, как пóльзоваться телефоном, где купить открытки, талоны на городской трáнспорт, как пóльзоваться метро, автóбусом и т.д. В этом вам помóжет слéдующая инфомáция:

телефон: автомат или пере-говорный пункт (междугород-ний разговор), жетóны на почте или заказ разговора на переговорном пункте;

открытки и марки: в газетных киосках или на почте;

талоны на городской транс-порт: в специальных киосках, в киосках «Спорт-лото» или прямо у водителя, а также в метро (жетоны);

единый месячный проездной билет на все виды транспорта;

пользование транспортом: автобус, троллейбус, трамвай: компостирование талонов в вагоне; метро: опустить (ein-werfen) жетон

---

4 После подписáния договóра в Москве вы прису́тствуете на обéде в ресторане с руководи́телем российской фирмы. Побесéдуйте с ним и произнесите тост.

5 Во время вашего пребывáния в России вы почу́вствовали себя плохо. Ваши русские партнёры вы́звали врачá. Расскажи́те ему, на что вы жáлуетесь.

6 Во время вашей командирóвки в Россию вы хоти́те навести́ть своих друзéй в Одессе. Узнайте распи-сáние самолётов и закажите билет в авиакáссе.

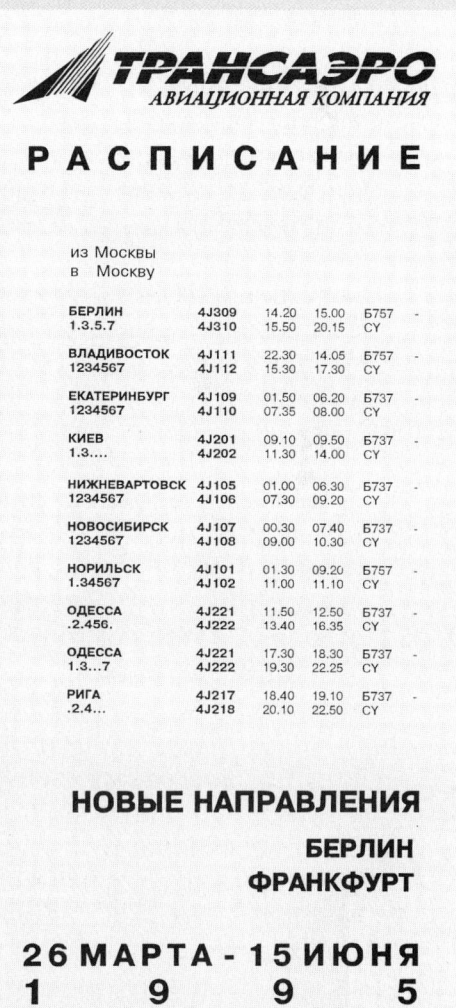

ТРАНСАЭРО
АВИАЦИОННАЯ КОМПАНИЯ

РАСПИСАНИЕ

из Москвы
в Москву

БЕРЛИН 1.3.5.7	4J309 4J310	14.20 15.50	15.00 20.15	Б757 СУ	-
ВЛАДИВОСТОК 1234567	4J111 4J112	22.30 15.30	14.05 17.30	Б757 СУ	-
ЕКАТЕРИНБУРГ 1234567	4J109 4J110	01.50 07.35	06.20 08.00	Б737 СУ	-
КИЕВ 1.3....	4J201 4J202	09.10 11.30	09.50 14.00	Б737 СУ	-
НИЖНЕВАРТОВСК 1234567	4J105 4J106	01.00 07.30	06.30 09.20	Б737 СУ	-
НОВОСИБИРСК 1234567	4J107 4J108	00.30 09.00	07.40 10.30	Б737 СУ	-
НОРИЛЬСК 1.34567	4J101 4J102	01.30 11.00	09.20 11.10	Б757 СУ	-
ОДЕССА .2.456.	4J221 4J222	11.50 13.40	12.50 16.35	Б737 СУ	-
ОДЕССА 1.3...7	4J221 4J222	17.30 19.30	18.30 22.25	Б737 СУ	-
РИГА .2.4...	4J217 4J218	18.40 20.10	19.10 22.50	Б737 СУ	-

НОВЫЕ НАПРАВЛЕНИЯ

БЕРЛИН
ФРАНКФУРТ

26 МАРТА - 15 ИЮНЯ
1   9   9   5

---

7 Ваши друзья́ из Омска провели́ о́тпуск там, где вы тоже много раз отдыхали. Побесе́дуйте с ними об этом.

8 Во время посеще́ния Кремля́ вы слушаете объяснения с магнитофона. Что вы узнали нового об этих достопримеча́тельностях?

9 В ваше отсу́тствие на ваш автоотве́тчик поступи́л телефона́т. Прослу́шайте его и скажите, кто вам звони́л и что он вам предложи́л?

10 Вы хоти́те приня́ть уча́стие в междунаро́дной вы́ставке в вы́ставочном центре в Москве. Пошли́те туда факс и сообщи́те о своём прибы́тии на вы́ставку.

11 Вы хоти́те найти́ квартиру для своего́ о́фиса в Екатеринбу́рге. Напиши́те объявле́ние об этом в ме́стную газету по образцу́:

> Семья (... человека) снимет ...– комнатную квартиру с телефоном вблизи станции метро на ... лет. Звонить после .... часов: 334 82 24, Аркадий Петрович.

12 Пошли́те телеграмму свои́м друзья́м в Калинингра́д о том, что вы не смогли́ прие́хать к ним из-за боле́зни (wegen einer Krankheit).

13 Вы нахо́дитесь на о́тдыхе в Испа́нии. Пошли́те откры́тку свои́м друзья́м в Москву.

▶ AB 1–10

14 Для усоверше́нствования своих зна́ний русского языка́ вы реши́ли поработать оди́н год в России. Найди́те в сле́дующих рекла́мах работу, которая вас устро́ила бы.

БИРЖА

РАБОЧИЕ СПЕЦИАЛЬНОСТИ

1. **Повара, водители-экспедиторы на груз. а/м** (до 35 л.). АООТ "Черкизовский мясоперерабатывающий завод", т. 162-32-78.

2. **Высококвалифицированные асфальтобетонщики, машинисты: мотокатка, экскаватора, тракторного погрузчика,** от 900 тыс. руб. Строительная организация (р-н Тушино), т. 497-90-45.

3. **Электрик, слесарь, сантехник.** Пансионат № 9 для ветеранов труда, т. 494-85-16.

4. **Слесари по рем. а/м, газоэлектросварщики, жестянщики, мотористы.** АО "Рейс", т.: 187-32-19, 187-82-29.

СПЕЦИАЛИСТЫ И СЛУЖАЩИЕ

1. **Торговые представители** (жен., прож. в Москве, график раб. своб.). Аргентинская косметическая компания "Виа-Вальросса", т. 207-34-11 (с 10.00 до 18.00).

2. **Начальник котельной** (муж., до 35 л., с опытом раб.), **агенты коммерческого отдела, бухгалтер.** АООТ "Черкизовский мясоперерабатывающий завод", т. 162-32-78.

3. **Печатники высокой и плоской печати,** от 200 тыс. руб., **переплетчики** от 450 тыс. руб., **вахтер** (сутки ч/трое), 130 тыс. руб. Типография издательства МГУ, т.: 939-28-71, 939-32-91.

4. **На конкурсной основе: конструкторы, портные, продавцы.** Дом моды женской одежды, т. 921-01-01.

5. **Главный бухгалтер** (опыт раб. в торговле, знан. ПК). МП "Элен", т. 116-32-97 (12.00-14.00).

6. **Страховые представители** (обуч. беспл.). Страховая акционерная компания, т. 195-60-56.

7. **Дилеры популярных в России программ** (опыт раб. с IBM PC). "Руна ЛТД", т.: 264-38-66, 235-96-88.

8. **Страховые представители** (обуч. беспл., трудоустройство). Ресо "Гарантия", т.: 250-36-00, 250-38-43.

Департамент труда и занятости правительства Москвы

Переговоры

П1 Начало бизнеса

▶ AB 1

1 Господин Крюгер звонит Вале́рии Серге́евне Митрофа́новой.

– Алло.
– Госпожа Митрофа́нова?
– Да.
– Здравствуйте, госпожа Митрофанова. Это говорит новый представи́тель фирмы «Баукран АГ». Меня зовут Свен Крюгер.
– Здравствуйте, господин Крюгер. Очень рада с вами познакомиться.
– И я очень рад. Вале́рия Серге́евна, я хотел бы с вами лично познакомиться. Мы не могли бы встретиться?
– Конечно. Когда вы предлагаете?
– Вас устроит пятница, скажем, в 11 часов?
– Да, вполне. Вы к нам приедете?
– Если вас не затруднит, я хотел бы пригласить вас к нам в наш новый офис. И после разговора я хотел бы пригласить вас в новый итальянский ресторан. Он почти рядом с нашим офисом.
– В таком слу́чае я с удово́льствием приеду к вам.
– Вале́рия Серге́евна, наш сотрудник, господин Вебер, заедет за вами в 10.30.

– Прекрасно! До свидания, господин Крюгер.
– Всего доброго, Валерия Сергеевна.

2 Вы все по́няли?

1. Кто такой Свен Крюгер?
2. Почему он звони́т госпоже Митрофа́новой?
3. Когда и где они встре́тятся?

▶ AB 2/3

3 Вы хотите лично познакомиться с вашим новым партнером и звоните ему по телефону.

4 Вам звонит из Москвы представитель фирмы-партнера, чтобы договориться о встрече в Москве.

▶ AB 4

5 Господин Крюгер принимает госпожу Митрофа́нову.

– Добрый день, Вале́рия Серге́евна! Очень рад вас видеть. Пожалуйста, раздевайтесь, проходите!
– Я тоже очень рада с вами лично познакомиться.
– С господином Вебером вы уже знакомы. А это госпожа Чистяко́ва.
– Здравствуйте.
– Здравствуйте.

– Валéрия Сергéевна, садитесь, пожалуйста. Кофе или чай?
– Спасибо. Кофе, если можно.
– Вы кýрите, Валéрия Сергéевна?
– Нет, брóсила.
– Поздравляю вас. Пожалуйста, сахар, молоко. Я знаю, что русские обычно пьют кофе с сахаром.
– Вы абсолютно правы. Но я, в таком случае, исключение: пожалуйста, без сахара и без молока. Господин Крюгер, вот что я хотела еще у вас спросить. Сколько сотрудников сейчас работает на фирме «Баукран А.Г.»?
– Тысяча человек.
– И вы прежде всего работаете на немецком рынке?
– Не только. Почти 50 процентов нашей продукции мы экспортируем в страны западной Европы. Наши основные партнеры – Австрия и Италия.
– А с восточной Европой у вас есть контакты?
– С 1992 года мы сотрудничаем с Чехией, Словакией и Польшей. А с прошлого года у нас есть представительство здесь в Москве.

6   Здесь все верно?

1. Господин Крюгер уже давно лично знаком с госпожой Митрофановой.
2. Госпожа Митрофанова не курит.
3. Она пьет кофе без сахара и без молока.
4. На фирме «Баукран А.Г.» работает восемьсот человек.

5. Фирма «Баукран А.Г.» экспортирует почти 50 процентов своей продукции.
6. Основные партнеры фирмы «Баукран А.Г.» – Австрия и Швейцария.

▶ АВ 5–9

7   Валéрия Сергéевна готóвит докладнýю запúску (Aktenvermerk) о фирме «Баукран АГ» для своегó начáльника (Chef). Что онá запúсывает?

Баукран АГ

представитель в Москве _____
_____

сотрудники _____
_____

экспорт _____
_____

основные партнеры_____
_____

восточная Европа _____
_____

Россия _____
_____

---

8   Вы встречаете нового представителя российской фирмы у себя. Познакóмьтесь с ним, расскажите немного о вашей фирме. Он тоже рассказывает о своей фирме и вручает (überreichen) вам свою визитную карточку.

9   Вы звоните на фирму-партнер в Москву, но вам отвечает автоответчик. Прореагируйте на просьбу автоответчика.

В. ЛУГОВКИН
КАК БЫСТРО РАСТУТ ДЕТИ

[1]мойдодыр – (Anspielung auf eine Erzählung von К. Чуко́вский, *hier:* Babykram, Kinderkram, *wörtlich:* Wasche bis zu den Löchern!)   [2]ска́зка – Märchen

1   Abweichung im Gen. Pl.

Ein abweichender Genitiv Plural nach Zahlwörtern liegt bei den Substantiven челове́к und раз vor.

оди́н человек, два челове́ка   →   пять челове́к
оди́н раз, два ра́за   →   пять раз

2   Präposition: »seit«

Zur Wiedergabe der deutschen Präposition »seit« gibt es im Russischen zwei Möglichkeiten:

1. »seit« einer Zeitspanne:	Akk. ohne Präposition
Он рабо́тает на э́той фи́рме уже́ три го́да.	Er arbeitet in dieser Firma schon seit drei Jahren. (= Er arbeitet in dieser Firma schon drei Jahre.)
2. »seit« einem Zeitpunkt:	с + Gen.
Он рабо́тает на э́той фи́рме с про́шлого го́да.	Er arbeitet in dieser Firma seit dem Vorjahr.

П2 Запрос и предложение

1   Вот какой факс получила фирма «Баукран АГ»

АО СТРОЙТЕХНИКА
136 024 Москва, Ленинский пр., д. 47
тел.: 256-38-76, факс: 256-38-78

«Баукран АГ»
г-ну Крюгеру
Москва
факс: 423 36 74

Многоуважаемый господин Крюгер!

С благодарностью подтверждаем получение Ваших каталогов. Ваши
приборы нас очень интересуют. Мы особенно заинтересованы в приборе
типа АД-650. Но нам нужна дополнительная информация.

В ожидании Вашего скорого ответа

с уважением

В.С. Митрофанова
Директор производства

Москва, 28. 5. с.г.

2   Вас просят перевести́ факс.

▶ AB 1/2

3   Господин Крюгер звонит в фирму
 «Стройтехника».

– Слушаю.
– Добрый день! Моя фамилия
  Крюгер. Я из фирмы «Баукран
  АГ».
– Здравствуйте, господин
  Крюгер. Это Митрофанова.
  Очень рада вас слышать.
  Господин Крюгер, вы получили
  наше письмо?
– Да. И я хотел бы поблагодарить
  вас за ваш интерес к нашим
  приборам. Кроме того, я хотел
  бы передать вам дополни́тельную
  информацию о наших приборах.
  Могу ли я к вам зайти?
– Конечно. Вас устроит среда,
  скажем, 10 часов?
– Да, вполне. Значит, я приеду к
  вам в среду в 10 часов.
– Прекрасно. Всего доброго,
  господин Крюгер!
– До встречи, всего хорошего,
  Вале́рия Серге́евна!

4   Entspricht die folgende Zusammenfassung dem Telefongespräch?

Господин Крюгер звонит госпоже
Митрофановой, чтобы
поблагодарить ее за интерес к
приборам. Кроме того, он хочет с
ней встретиться, чтобы передать
дополнительную информацию о
приборах. Они договариваются
встретиться в среду в де́сять часо́в
у госпожи Митрофановой.

▶ AB 3

5   Вы получили факс от фирмы-
   партнера с запросом информации
   о ваших приборах. Позвоните на
   фирму-партнер и договоритесь о
   встрече.

▶ AB 4

6   Господин Крюгер и госпожа
 Митрофанова ведут переговоры в
   фирме «Стройтехника».

– Господин Крюгер, мы с большим интересом изучили ваши
  каталоги. Они, кстати, очень
  красиво иллюстрированы.
– Очень рад это слышать.
– Мы очень заинтересованы в
  ваших приборах, особенно в
  приборах типа АД-650. Не
  могли бы вы сделать нам
  предложение на два прибора?
– С удовольствием.
– По данным каталога мы не
  можем решить все вопросы.
  Поэтому прошу вас передать
  нам и подробное техническое
  описание этого прибора.
– Конечно. Я думаю, что смогу
  передать вам предложение на
  следующей неделе.
– Кстати, ваши приборы уже
  работают в России?
– Три прибора типа АК-300, а
  приборов АД-650 пока нет.
– Жаль, нам было бы очень
  интересно увидеть, как
  работает именно этот прибор.
– В таком случае я вам вот что
  предлагаю. Приборы типа
  АД-650 работают, конечно, у
  нас в Германии, два прибора – в
  Чехии. Можно было бы при-

гласить вашего специалиста в Германию. Тогда он мог бы познакомиться со всеми типами этого прибора и выбрать самый подходящий. Как вы смотрите на это предложение?
— Я полностью с вами согласна.
— Кстати, с нашими условиями поставки и платежа вы знакомы?
— Не очень, у нас пока только ваши каталоги. Уточните, пожалуйста, условия в своем предложении. Простите, когда вы передадите ваше предложение? На следующей неделе, вы сказали?
— Да, я постараюсь. И большое спасибо за ваш запрос.

7   Здесь все верно?

1. Каталоги не очень нравятся фирме «Стройтехника».
2. Фирма «Стройтехника» особенно заинтересована в приборах типа АД-650.
3. Фирма «Стройтехника» просит сделать предложение на десять приборов.
4. Господин Крюгер приглашает специалиста фирмы «Стройтехника» в Германию.
5. Фирма «Стройтехника» знакома с условиями поставки и платежа.
6. Господин Крюгер хочет передать предложение на следующей неделе.

▶ AB 5–7

8   Ihr Kollege, Herr Schmidt, spricht nicht Russisch. Übersetzen Sie bei den Verhandlungen.

Макáрова: Итак, господин Шмидт, мы с большим интересом изучили ваши каталоги. Они очень красиво иллюстрированы.
Вы: …
Schmidt: Es freut mich, das zu hören.
Вы: …
Макáрова: Мы очень заинтересованы в приборах типа Г-15. Может быть, вы сделаете нам предложение на 15 штук, на пробную партию.
Вы: …
Schmidt: Das werde ich gerne machen. Ich würde sagen, nächste Woche bekommen Sie das Angebot. Sind Sie mit unseren Liefer- und Zahlungsbedingungen einverstanden?
Вы: …
Макáрова: В общем, да. Уточните их, пожалуйста, в своем предложении. Мы бы хотели получить приборы уже в следующем квартале.
Вы: …
Schmidt: Ich werde mein Bestes tun. Unser Angebot bekommen Sie in der nächsten Woche. Und vielen Dank für Ihre Anfrage.
Вы: …

9   Вы получили от фирмы-партнера предложение на 100 тракторов типа «Альпин». Но в предложении не говорится об условиях платежа. Позвоните вашему партнеру.

10 Вы получили от фирмы-партнера новые каталоги. Позвоните господину Мака́рову, представителю фирмы-партнера, и поблагодарите его за каталоги. Сообщите ему, что каталоги вам очень понравились и что вы особенно заинтересованы в приборах Г-100. Попросите у него дополнительную информацию об этих приборах.

11 Вы познакомились с новыми каталогами фирмы-партнера., Позвоните представителю фирмы, госпоже Лоба́новой, с просьбой сделать вам предложение. Folgende Stichpunkte haben Sie sich für das Gespräch notiert:

> neue Kataloge erhalten und gelesen;
> Anerkennung über die schöne
> Illustration der Kataloge;
> Interesse an den Geräten,
> insbesondere dem Gerät des Typs
> «Taiga»;
> Bitte um ein Angebot über
> 20 Geräte des Typs «Taiga»;
> Mitteilung, daß Sie die Geräte
> schon im Juli brauchen;
> Liefer- und Zahlungsbedingungen
> im Angebot präzisieren.

12 Прослушайте свой автоответчик. Потом позвоните госпоже Лару́шиной. Поблагодарите ее за интерес и сообщите ей, что подробное предложение вы передадите на следующей недели.

13 Ваши русские знакомые интересуются повышением квалификации (Fortbildung). Что вы им предлагаете?

1   Partizipium Präteritum Passiv: Kurzform

Die Kurzform des Part. Prät. Pass. ist immer ein Prädikat. Sie erkennen es an der Endung. Die häufigste Endung lautet:

maskulin	*feminin*	*neutrum*	*Plural*
-ан	**-ана**	**-ано**	**-аны**

он иллюстри́рован	er	
она́ иллюстри́рован**а**	sie	ist illustriert
оно иллюстри́рован**о**	es	
они́ иллюстри́рован**ы**	sie	sind illustriert

Ва́ши катало́ги краси́во иллюстри́рованы.
Мы о́чень заинтересо́ваны в ва́шей проду́кции.

2   Die Fragepartikel: «ли»

Die Partikel **ли** kennen Sie bereits in der Bedeutung »ob«:

Он спроси́л, придёт ли Серге́й Петро́вич ве́чером (siehe Lektion 16, Seite 146).

Die Partikel **ли** dient daneben als Signal in einem Fragesatz ohne Fragewort:

Могу́ ли я к вам зайти́? (= Я могу́ к вам зайти́?)

Beachten Sie die Wortstellung. Wird der Fragesatz ohne Fragewort mit der Fragepartikel **ли** wiedergegeben, so steht das Verb am Satzanfang unmittelbar vor ли.

Im anderen Fall entspricht die Wortstellung des Fragesatzes der Wortstellung des Aussagesatzes. Der Unterschied liegt lediglich in der Intonation (siehe Старт 2, Seite 21).

3   Verneinte Verbalphrase: «нет»

Neben seiner Hauptfunktion als Verneinungspartikel kann **нет** auch die Verbalphrase (Verb und Objekt, Umstandsangaben) verneinen und ersetzen:

Три прибо́ра ти́па А-30 уже́
рабо́тают в Росси́и, а прибо́ры   = …, а прибо́ры А-65 пока́ не рабо́тают
А-65 пока́ нет.   в Росси́и.

П3 Представление фирмы

1 Познакомьтесь со следующим рекламным объявлением немецкой фирмы в российских газетах.

Baukran AG
Stieglitzstraße 1–7
D-21543 Hamburg
Tel.: (0 40) 5 71 83 72-0
Fax: (0 40) 5 71 83 72-39

Нас знают все.

Мы знаем всех.

Мы **существуем** уже 50 лет.

Мы **производим строительное оборудование.**

Наш **ноу-хау** вы найдете на всех **строительствах** Европы.

Мы строим всё.

Наши **филиалы** в Австрии, Бельгии, Венгрии, Германии, Италии, Чехии и Швейцарии.

В этом году мы открываем филиал в Москве.

▶ АВ 1–3

2 Во время переговоров российской и немецкой фирм корреспондент российского ТВ берёт интервью у господина Шрёдера.

– Господин Шрёдер, сегодня вы подписали договор о сотрудничестве с фирмой «Сибстрой». Вы не могли бы рассказать о вашей фирме?

– С удовольствием. Наша фирма существует уже 50 лет. Ее основал мой отец. Теперь мы производим строительное оборудование и занимаемся строительством гостиниц, офисов, центров отдыха. Пять лет назад мы смогли открыть ряд филиалов в различных странах Европы. В этом году мы открываем филиал нашей фирмы в Москве.

– Сколько сотрудников работает на вашей фирме?

– Всего на фирме тысяча сотрудников.

– Каков годовой оборот вашей фирмы?

– 660 миллионов немецких марок.

– Довольно прилично. Значит, у вас крупное предприятие?

– Пожалуй, нет. Для масштабов Германии – это среднее предприятие.

– Да, в России пока несколько другие понятия. Скажите, господин Шрёдер, а как будет организовано ваше сотрудничество с фирмой «Сибстрой»?

– Российская сторона предоставит строительный материал, а мы будем заниматься строительством.

– Будут ли заняты на строительстве российские рабочие и служащие?

– Да, конечно, по договору на строительстве в России будут заняты 60% российских рабочих и служащих.

– Господин Шрёдер, я благодарю вас за интервью и от имени всех телезрителей желаю вашему совместному предприятию больших успехов. Как говорят у нас: «Ни пуха, ни пера!»

– Благодарю вас, или, как говорят русские: «К чёрту!». Мы очень надеемся на успех.

3 Правильно ли вы поняли интервью?

1. Фирма «Баукран» подписала договор о сотрудничестве с фирмой «Сибстрой».
2. Фирма «Баукран» существует уже давно.
3. Фирма занимается строительством супермаркетов.
4. Пять лет назад они открыли филиалы в России.
5. На фирме работает 500 сотрудников.
6. Годовой оборот фирмы 500 миллионов долларов.
7. На строительстве будут работать 50% рабочих и служащих из России.

▶ AB 4 – 10

4 Вы берёте интервью у менеджера крупного предприятия. Какие вопросы вы задаёте (stellen) ему?

5 Это интервью дал «Радио России» менеджер фирмы «Сибстрой» Сергей Владимирович Литвинов. Прослушайте интервью и сравните фирму «Баукран» и «Сибстрой» по схеме:

	«Баукран»	«Сибстрой»
существует	50 лет	3 года
занимается		
количество сотрудников		
расширение производства		
годовой оборот		
организация сотрудничества с фирмой-партнером		

6 Erstellen Sie ein kurzes Dossier über Ihre Firma.

название

адрес

продукция

сотрудники

годовой оборот

филиалы

сотрудничество

7 Представьте вашу фирму (данные см. № 4) на выставке. Denken Sie dabei an die Anrede «Многоуважаемые дамы и господа!» und den Schluß «Благодарю за внимание.»

8 Возьмите интервью у менеджера фирмы «Сибстрой» Сергея Владимировича Литвинова.

9 Вы даете интервью во время телепередачи Московского ТВ «Час бизнесмена».

10 Попробуйте представить свою фирму на стенде международной выставки, которая организована в Санкт-Петербурге.

1   Fragepronomen: «како́в, какова́, каково́; каковы́»

Das Fragepronomen »wie« in der Bedeutung »wie ist etwas beschaffen« wird nie mit как (wie?) wiedergegeben, sondern in der Regel mit der Kurzform како́в, какова́, каково́; каковы́: **Како́в** годово́й оборо́т?

Achtung: Die Frage »Wie war das Wetter?« lautet: Кака́я была́ пого́да?

Das Fragepronomen »wie« wird mit как wiedergegeben, wenn es in Verbindung mit einem Vollverb oder einem Adverb steht: Как он рабо́тает? Как хорошо́!

2   Zeitangaben

1. reiner Instrumental

Tageszeit: у́тром, днём, ве́чером, но́чью
Jahreszeit: весно́й, ле́том, о́сенью, зимо́й

2. в + Akk. (am Tag)

в э́тот день	в сре́ду	в суббо́ту
в понеде́льник	в четве́рг	в воскресе́нье
во вто́рник	в пя́тницу	

3. на + Präp. (in der Woche)

на э́той неде́ле	на про́шлой неде́ле	на сле́дующей неде́ле

4. в + Präp. (im Monat/Quartal/Jahr)

в э́том (про́шлом, сле́дующем) ме́сяце,
в э́том (про́шлом, сле́дующем) кварта́ле,
в э́том (про́шлом, сле́дующем) году́.

3   »Jahr«: Gen.Pl. nach Zahlwörtern

оди́н год	ein Jahr	пять лет	fünf Jahre
два го́да	zwei Jahre	. . .	. . .
три го́да	drei Jahre	два́дцать лет	zwanzig Jahre
четы́ре го́да	vier Jahre	Im Gen. Pl. nach Zahlwörtern lautet »Jahr« лет.	

П4   На выставке

1   В газете «Московские новости» опубликована программа выставок в Москве. Ваша фирма работает в области компьютерной техники. В какой из этих выставок ваша фирма хотела бы участвовать?

ЧЕРЕЗ ВЫСТАВКИ И ЯРМАРКИ - К ТОРГОВЛЕ И СОТРУДНИЧЕСТВУ

ВЫСТАВОЧНЫЙ КОМПЛЕКС ЭКСПОЦЕНТРА НА КРАСНОЙ ПРЕСНЕ

ПРОГРАММА

КОНСУМЭКСПО 6-я ярмарка товаров народного потребления	18–24 января
ЕВРО. НЕДЕЛЯ ПИТАНИЯ	8–12 февраля
УПАКИТАЛИЯ	8–12 февраля
ЕВРО. КУЛЬТУРА ЖИЛИЩА И ДЕКОРАТИВНЫЙ ТЕКСТИЛЬ	1–4 марта
СПОРТ, ТУРИЗМ И ОТДЫХ	21–26 марта
ОПТИКА 6-я «Оптика на службе человека»	8–13 апреля
ЕВРО. Сувениры, школа, бюро	19–23 апреля
ДВИГАТЕЛИ	12–17 мая
ЧЕЛОВЕК И ПИТАНИЕ	30 мая–3 июня
ЛАБОРАТОРНАЯ ДИАГНОСТИКА	7–10 июня
ЕВРО. РАЗВИТИЕ ГОРОДСКОГО ХОЗЯЙСТВА	13–17 июня
БЫТ И МОДА - ярмарка товаров народного потребления	25–30 июля
МОТОР ШОУ. АВТОИНДУСТРИЯ	24–28 августа
ЭЛЕКТРОТЕХНОЛОГИЯ 4-я «Оборудование для производства электротехнических изделий»	12–17 сентября
РАББЕР 2-я «Оборудование для шинной и резино-технической промышленности»	26 сентября–1 октября
СИСТЕМОТРОНИКА, ПРИВОДЫ	24–29 октября
СОВРЕМЕННАЯ МОДА	31 октября–3 ноября
МИР ДЕТСТВА 4-я международная выставка	3–10 ноября
БАНК И ОФИС 4-я «Оборудование для оснащения банков и контор»	14–19 ноября
ЕВРО. ГРАЖДАНСКАЯ БЕЗОПАСНОСТЬ	29 ноября–2 декабря
ЗДРАВООХРАНЕНИЕ 6-я международная выставка	4–9 декабря
ЕВРО. Рождественская ярмарка	6–12 декабря

* ЕВРО – специализированные выставки с участием стран ЕС.

Россия, Москва, 107113, Сокольнический вал, 1-а, АО «Экспоцентр»
Телефоны: 268-77-50 (международные выставки), 264-89-66 (иностранные выставки).Телефакс: (095) 288-95-37

35   ✳ EXPOCENTR

▶ AB 1

2 Der Dolmetscher hat folgenden Brief an das «Экспоцентр» verfaßt und bittet Sie um eine inhaltliche Korrektur. Ist alles in Ordnung?

Россия
Москва, 107113
Сокольнический вал, 1-а
АО «Экспоцентр»

Берн, 26 мая 19.. г.

Многоуважаемые дамы и господа!

В газете «Московские новости» мы прочитали ваше объявление о выставках и ярмарках на 1994 год.
Наша фирма работает в области компьютерной техники. Мы имеем деловые контакты почти со всеми западноевропейскими и с некоторыми восточноевропейскими странами. С российскими фирмами у нас пока еще нет деловых контактов. Ваши выставки и ярмарки дают нам возможность познакомить и российские предприятия с нашей продукцией.
Для этого нам нужна информация об условиях участия в ваших выставках и ярмарках. Нас особенно интересуют следующие выставки:
«Телекинорадиотехника», «Автоматизация», «Комтек», «СЕМ»,«Электротехнология», «Информатика», «Фармацевтика и здоровье» и «Системотроника».

Просим Вас прислать нам информацию об условиях участия в выставках.

С уважением

3 Sie sind in der Nahrungsmittelbranche (в о́бласти пита́ния) tätig und wollen auf dem russischen Markt Fuß fassen. Fragen Sie das «Экспоцентр» schriftlich nach den Teilnahmebedingungen für die Sie interessierenden Messen.

4 Пошлите факс в Москву, чтобы сообщить о вашем участии в одной из выставок или ярмарок (см. стр. 190).

▶ AB 2

5 На выставке в Кёльне.

– Господин Волыгин, какая приятная встреча! Вы тоже участвуете в выставке?
– Добрый день, господин Луттер. Да, наша фирма представляет здесь свой новый прибор. А как ваши дела?
– Спасибо, хорошо, у нас очень много дел: есть много фирм, которые хотят сотрудничать с нами.
– Рад это слышать.
– А как у вас дела, господин Волыгин?
– В общем неплохо. У нас тоже начинаются контакты.
– Вы уже давно в Кёльне, господин Волыгин?
– Нет, я приехал только позавчера. Господин Луттер, я хотел бы вернуться к нашему разговору на выставке в Москве. Мы все еще заинтересованы в вашей продукции.
– Прекрасно. Если вы сделаете заказ прямо на выставке, мы могли бы предоставить вам скидку в 8%.
– 8% с суммы, о которой мы говорили в Москве? Замечательно, это значительно меняет дело. Я поговорю с руководством фирмы и дам вам ответ завтра.
– Договорились. Кстати, господин Волыгин, вы свободны сегодня вечером?
– Сегодня вечером? Да.
– Отлично, тогда я хотел бы пригласить вас сегодня на ужин в семь часов. Госпожа Виланд тоже будет.

– Я с удовольствием приду. Большое спасибо за приглашение.
– Итак, сегодня в 7 часов я заеду за вами в гостиницу. Кстати, в какой гостинице вы живете?
– В гостинице «Центрум», вот карточка.
– Спасибо. До вечера, господин Волыгин.
– Всего доброго, господин Луттер. До встречи!

6 Здесь все верно? Stellen Sie die falschen Aussagen richtig.

1. Господин Волыгин и господин Луттер встретились на выставке в Москве.
2. Господин Волыгин уже давно в Кёльне.
3. Господин Луттер предлагает скидку в 5%.
4. Господин Волыгин согласен с этим предложением.
5. Господин Волыгин приглашает господина Луттера на обед.
6. Господин Волыгин и господин Луттер встретятся в 7 часов на фирме.

▶ AB 3–6

7 Какую информацию Юрий Волыгин передает своему начальнику по телефону в Москву?

8 Auf einer Ausstellung bietet man Ihnen einen Preisnachlaß von 5% an. Das ist Ihnen zu wenig. Sie verweisen auf Angebote anderer Firmen, die einen höheren Ausstellungsrabatt gewähren.

ЗАО "ЭКСПОЦЕНТР" И МИНИСТЕРСТВО ЗДРАВООХРАНЕНИЯ РФ

приглашают Вас на 6–ю   международную выставку

Москва, Выставочный комплекс
на Красной Пресне,
павильоны №№1, 2, 4   4-9 декабря 1995 г.

"ЗДРАВООХРАНЕНИЕ-95"

Более 500 российских и зарубежных фирм из 30 стран представят на выставке:

- медицинскую технику;
- оборудование для производства и контроля лекарственных средств;
- оборудование для аптек и банков донорской крови;
- лабораторное оборудование и приборы;
- электронно-вычислительную технику;
- программное обеспечение;
- оборудование и оснащение больниц и санаториев;
- готовые лекарственные средства;
- оборудование для контроля и защиты окружающей среды от загрязнения.

**Выставка работает ежедневно с 10 до 18 часов.
4 декабря - с 13 до 18 часов.**

Проезд: ст. метро "Улица 1905 года", далее автобус 12 или 12 "Экспресс" до остановки "Выставочный комплекс".

1   Präposition: «из» + Gen.

Кака́я **из** э́тих вы́ставок …?	Welche von diesen Ausstellungen …?
Не́которые **из** нас …	Einige von uns …
Кто **из** вас?	Wer von Ihnen?

2   Verb: «име́ть »

Neben der bekannten Struktur zum Ausdruck von »etwas haben/besitzen« (у меня́ есть) gibt es noch das Verb име́ть, das in übertragenen, abstrakten Sinnzusammenhängen verwendet wird:

Мы име́ем конта́кты с росси́йскими фи́рмами.
(= У нас есть конта́кты с росси́йскими фи́рмами.)

П5 Конец – делу венец!

1 Выберите из предложенных реклам фирму, с которой вы хотели бы сотрудничать.

2 Свяжи́тесь по телефону с заинтересовавшей вас фирмой, представьтесь (назовите по буквам вашу фамилию) и договоритесь о вашем приезде в Москву для ведения переговоров.

Для называния фамилии или имени по буквам в России используются следующие имена:

Анна	**И**горь	**С**ветла́на
Бори́с	**К**онстанти́н	**Т**атья́на
Влади́мир	**Л**юдми́ла	**У**лья́на
Гео́ргий	**М**ари́я	**Ф**ёдор
Дми́трий	**Н**икола́й	**Ш**у́ра
Евге́ний	**О**льга	**Э**дуард
Жа́нна	**П**ётр	**Ю**рий
Зо́я	**Р**ома́н	**Я**ков

3 Отправьте факс в фирму и сообщите о сроках вашего приезда в Россию.

4 Вы прилетели в Москву (аэропорт Шереметьево-2). Пройдите паспортный контроль, заполните таможенную декларацию (см. стр. 140) и пройдите таможенный контроль.

5 Познакомьтесь с встречающими вас в аэропорту́ представителями фирмы-партнера, побеседуйте с ними по дороге из аэропо́рта в гостиницу.

6 Побеседуйте с администратором гостиницы. Для вас зака́зан номер, но он вам не понравился, поинтересуйтесь, когда в гостинице завтрак, ужин, попросите разбуди́ть вас в семь часо́в.

7 Закажите по телефону такси на во́семь часо́в утра́.

8 Утром вы завтракаете в буфете гостиницы.

9 Вы хотите обменя́ть деньги в банке. Побеседуйте с кассиром.

10 В фирме-партнере вы знакомитесь с участниками переговоров и представляете свою фирму.

11 В фирме-партнере вы знакомитесь с участниками переговоров и проводите переговоры. Круг обсуждаемых вопросов (der Kreis der zu besprechenden Fragen) : коли́чество това́ра (Warenmenge), усло́вия поставки, цена́ (Preis).

12 Ваш партнер предлагает вам культурную программу. Обсудите с ним, куда бы вы хотели поехать (пойти) и почему.

13 Эти рекламные объявления вы услышали по радио. Что вас заинтересовало?

14 Вы хотите навестить ваших знакомых в Санкт-Петербурге. Напишите им открытку и сообщите о вашем приезде.

15 Вы хотите поехать на поезде из Москвы в Санкт-Петербург. Закажите по телефону такси от гостиницы до Ленинградского вокзала. Вы едете на такси из гостиницы до Ленинградского вокзала. Побеседуйте с шофером.

На Ленинградском вокзале вы слышите объявления. Какое из них касается вас? На пятой платформе вы садитесь в поезд Москва – Санкт-Петербург. Побеседуйте с проводником и с соседями по купе.

16 На платформе в Санкт-Петербурге вас встречают ваши друзья. Побеседуйте с ними по дороге от вокзала домой.

17 В Санкт-Петербурге вы случайно попадаете на свадьбу сына ваших знакомых. Во время свадьбы вы оказались за столом с человеком, который несколько лет работал в вашей стране. Побеседуйте с ним об этом. Скажите тост в честь новобра́чных (zu Ehren der Neuvermählten).

18 После прогулки на лыжах за город вы почувствовали себя нехорошо. У вас заболела голова, появился насморк. Ваши друзья вызвали врача. Побеседуйте с ним.

19 Из Петербурга вы улетаете самолетом к себе на родину. Попрощайтесь с друзьями в аэропорту, пройдите таможенный и паспортный контроль.

20 А эту песню-пожелание пели на свадьбе в честь молодых их друзья. Вы поняли, чего они им пожелали?

Мы желаем счастья вам!

Музыка: С. Намина
Слова: И. Шаферана

В ми́ре, где кружится снег шально́й,
Где моря́ грозя́т круто́й волно́й,
Где подолгу добрую ждём порой мы весть,
Чтобы было легче в трудный час,
Очень нужно каждому из нас,
Очень нужно каждому знать, что счастье есть.

Припев:
Мы желаем счастья вам!
Счастья в этом мире большом!
Как солнце по утрам,
Пусть оно заходит в дом.
Мы желаем счастья вам!
И оно должно быть таким –
Когда ты счастлив сам,
Счастьем поделись с другим!

В ми́ре, где ветрам поко́я нет,
Где быва́ет о́блачный рассве́т,
Где в дороге дальней нам часто снится дом,
Нужно и в грозу, и в снегопад,
Чтобы чей-то очень добрый взгляд,
Чей-то очень добрый взгляд согревал теплом.

Anhang

Lektionswortschatz

Die Vokabeln sind in der Reihenfolge angegeben, in der sie in der Lektion eingeführt werden. Die Angaben am Rand (A1, Б2) verweisen auf den jeweiligen Lektionsabschnitt und die Übungsnummer. Ziffern ohne Buchstaben beziehen sich auf die Übungen am Ende der Lektionen. Die neuen Wörter des Arbeitsbuchs (AB1) sind nach dem Lehrbuchabschnitt, nach dem die Übungen einzusetzen sind, aufgenommen. Am Ende jeder Lektion finden Sie alle Eigennamen und Internationalismen in der Reihenfolge ihres ersten Auftretens.

Старт 1

	Здра́вствуй!	Grußformel (*wörtlich*: Sei gesund!)
	Здра́вствуйте!	Grußformel (*wörtlich:* Seien Sie gesund!)
Б2	э́то	das, dies
	вот	hier, da
	там	dort
Б3	го́род	Stadt
Б5	у́лица	Straße
	гости́ница	Hotel
В1	ваш	euer, Ihr
	пожа́луйста	bitte
	спаси́бо	danke
	до свида́ния	auf Wiedersehen
В3	он	er
	ва́ша	eure, Ihre
	где?	wo?
	она́	sie (*3. Pers. Sg.*)
	вы	ihr, Sie (*Anrede*)
	я	ich
	нет	nein
	бага́ж	Gepäck
Г1	господи́н	Herr (*Anrede*)
	о́чень рад (*mask.*)	sehr erfreut
Г2	госпожа́	Frau (*Anrede*)
	да	ja
	о́чень ра́да (*fem.*)	sehr erfreut

Eigennamen/Internationalismen

Б1	Москва́	Moskau
	аэропо́рт	Flughafen
	ка́сса	Kasse
	банк	Bank (*Geldinstitut*)
	бар	Bar
	Стоп!	Halt!
Б3	Интури́ст	(*Name eines Reisebüros*)
	рестора́н	Restaurant
	туале́т	Toilette, WC
	медпу́нкт	Erste-Hilfe-Stelle
	кио́ск	Kiosk
	журна́л	Zeitschrift
	газе́та	Zeitung
	такси́ (*indekl.*)	Taxi
	авто́бус	Autobus
Б5	теа́тр	Theater
	мили́ция	Polizei
	метро́ (*indekl.*)	U-Bahn
	проспе́кт	breite Straße
	музе́й	Museum
	парк	Park
	магази́н	Geschäft
	шко́ла	Schule
	кинотеа́тр	Kino
	стадио́н	Stadion
	институ́т	Institut
	спорт	Sport
	трамва́й	Straßenbahn
В1	па́спорт	Paß
В3	ви́за	Visum
	деклара́ция	Erklärung, Deklaration
	тури́ст	Tourist
	бизнесме́н	Geschäftsmann
Г1	фи́рма	Firma

Старт 2

	Добро́ пожа́ло-вать!	Herzlich willkommen!
A1	вход	Eingang
	вы́ход	Ausgang
	объявле́ние	Ankündigung
A4	о́зеро	See
	кольцо́	Ring
Б1	уже́	schon
	зна́ете	wissen Sie
	наприме́р	zum Beispiel
	сле́ва	links
	о́чень	sehr
	ста́рый	alt
	и	und
	краси́вый	schön
	большо́й	groß
	спра́ва	rechts
	собо́р	Kathedrale
	э́тот	dieser
	то́же	auch
	а	aber, und
Б2	больша́я у́лица	große Straße
Б3	ма́ленький	klein
	ста́нция метро́	U-Bahn-Station
В1	мой, моя́	mein, meine
	фами́лия	Familienname
	прости́те!	verzeihen Sie!
	как?	wie?
	мину́точку	eine Minute, einen Augenblick
	так	so
	на седьмо́м этаже́	im 7. Stock
	на како́м этаже́?	in welchem Stockwerk?
	напро́тив	gegenüber
Г1	здесь	hier
	зда́ние	Gebäude
	ви́дите	sehen Sie
	прекра́сно	herrlich
	в це́нтре	im Zentrum
	вон там	dort
	ря́дом (+ Instr.)	nebenan, daneben
	большо́е спаси́бо	herzlichen Dank

Eigennamen/Internationalismen

A1	бюро́ (indekl.)	Büro
	администра́тор	Administrator
	регистрату́ра	Anmeldung
	лифт	Lift
	телефо́н	Telefon
	буфе́т	Büfett
A2	эта́ж	Stockwerk, Etage
	телеви́зор	Fernseher
	ра́дио (indekl.)	Radio
	ла́мпа	Lampe
A4	Сиби́рь (fem.)	Sibirien
	Золото́е кольцо́	Goldener Ring
Б1	фо́то (indekl.)	Foto
	на ~	auf dem Foto
	Кремль (mask.)	Kreml
	центр	Zentrum
Б2	Кра́сная пло́щадь	Roter Platz
В1	а́дрес	Adresse
	но́мер	Hotelzimmer; Nummer

Урок 1

АВ1	мы	wir
	ты	du
	оно́	es
	они́	sie (3. Pers. Pl.)
	рабо́тать	arbeiten
	в (+ Präp.)	in
	больни́ца	Krankenhaus
АВ2	жить	leben
	живу́, живёшь, ..., живу́т	
A1	муж	Ehemann
	врач	Arzt
	рабо́та	Arbeit
	на ~е	
	интере́сный	interessant
	ду́мать	denken
A2	её (Poss. Pron.)	ihr (3. Pers. Sg.)

Б1	семья́	Familie
	сестра́	Schwester
	сын	Sohn
	ещё	noch
	учени́к	Schüler
	их (*Poss. Pron.*)	ihr (*3. Pers. Pl.*)
	до́чь (*fem.*)	Tochter
	взро́слый	erwachsen
	небольшо́й	nicht groß

| АВ5 | был, была́, бы́ло;
бы́ли | (er, sie, es) war;
waren |

В1	жена́	Ehefrau
	спра́шивать	fragen
	обы́чно	gewöhnlich
	де́лать	machen, tun
	ве́чером	am Abend
	до́ма	zu Hause
	иногда́	machmal
	наш, на́ша	unser, unsere
	когда́	wann; wenn
	все	alle
	вме́сте	zusammen, gemeinsam
	у́жинать	zu Abend essen
	пото́м	danach, dann
	отдыха́ть	sich erholen
	ча́сто	oft
	слу́шать	(zu-)hören
	чита́ть	lesen
	ко́мната	Zimmer
	вчера́	gestern
	Бы́ло о́чень интере́сно.	Es war sehr interessant.

| АВ7 | заво́д
на ~е | Fabrik |

Г1	дорого́й	teuer; lieb
	тако́й	solch
	знать	wissen
	учи́тельница	Lehrerin
	на́ши	unsere (*Pl.*)
	де́ти (*Nom. Pl.*)	Kinder
	учени́ца	Schülerin
	ле́том	im Sommer
	мо́ре	Meer
	мно́го (+ *Gen.*)	viel

| 3 | о/об (+ *Präp.*) | über, von |

Eigennamen/Internationalismen

| А1 | Ве́на | Wien |

| Б1 | инжене́р | Ingenieur |
| | констру́кторский | Konstruktions- |

В1	му́зыка	Musik
	класси́ческий	klassisch
	медици́нский	medizinisch
	цирк	Zirkus

АВ7	студе́нт	Student
	филологи́ческий	philologisch
	факульте́т	Fakultät
	на ~е	
	студе́нтка	Studentin
	экономи́ческий	wirtschaftlich

Г1	поп	Pop (*Musikrichtung*)
	рок	Rock (*Musikrichtung*)
	джаз	Jazz

| 11 | ме́неджер | Manager |
| | о́пера | Oper |

уч
учени́к
учени́ца
учи́тельница

Урок 2

	пе́рвый	erster
	встре́ча	Treffen, Begegnung
АВ1	говори́ть	sprechen, sagen
	говорю́, говори́шь, ..., говоря́т	
	неме́цкий	deutsch
	англи́йский	englisch
	францу́зский	französisch
	хоро́ший	gut
	плохо́й	schlecht

A1	Алло?	Hallo?
	кто?	wer?
	Добрый вечер!	Guten Abend!
	Как вы поживаете?	Wie geht es Ihnen?
	Спасибо за комплимент.	Danke für das Kompliment.
	один	ein; eins
	раз	Mal
	за (+ Akk.)	für
	правда	Wahrheit
	рабочий	Arbeits-; Arbeiter
	русский	russisch
AB4	рассказывать	erzählen
	регулярный	regelmäßig
	австрийский	österreichisch
	швейцарский	Schweizer
	московский	Moskauer
	новость (fem.)	Neuigkeit
Б1	скажите	sagen Sie
	конечно	natürlich
	значит	also, das heißt
	язык	Sprache
	на ~é	
	и	und; auch
	время (neutr.)	Zeit
	запад	Westen
	на Западе	im Westen
Б2	только	nur
	родной	Heimat-
	~ язык	Muttersprache
AB5	поэтому	daher
AB6	больше	mehr
	любить	lieben
	люблю, любишь, ..., любят	
	Я люблю математику.	Ich liebe Mathematik.
	Я люблю рассказывать.	Ich erzähle gerne.
	изучать	lernen
B1	наверно	wahrscheinlich
	помнить	sich erinnern
	четвёртый	vierter

	особенный	besonderer
	помогать	helfen
	всегда	immer
B3	писатель (mask.)	Schriftsteller
6	за границей	im Ausland

Eigennamen/Internationalismen

A1	комплимент	Kompliment
AB3	Австрия	Österreich
	в Австрии	
	Германия	Deutschland
	в Германии	
	Россия	Rußland
	в России	
	Швейцария	Schweiz
	в Швейцарии	
AB4	аргумент	Argument
	факт	Tatsache, Fakt
	Аргументы и факты	(Name einer russischen Zeitung)
	коллега	Kollege, Kollegin
	редакция	Redaktion
B1	курс	Kurs; Studienjahr
	литература	Literatur
	конкурс	Wettbewerb; Aufnahme- prüfung
	математика	Mathematik
	информатика	Informatik
	визит	Besuch
	Спасибо за ваш визит.	Danke für Ihren Besuch.
AB8	готовить	kochen
	готовлю, готовишь, ..., готовят	
	Такова жизнь!	So ist das Leben!
AB9	детективный	Kriminal-
	~ роман	Krimi(nalroman)
AB11	технический	technisch
6	дипломный	Diplom-

Урок 3

A1	у (+ *Gen.*)	bei
	есть	es ist, es sind (vorhanden)
	биле́т	(Eintritts-)Karte
	~ в кино́	
	~ в теа́тр	
	~ на конце́рт	
	отли́чный	ausgezeichnet

A2	откры́тка	Postkarte, Ansichtskarte

AB3	идти́	gehen
	иду́,	
	идёшь, ...,	
	иду́т	
	сейча́с	jetzt, sofort
	домо́й	nach Hause

Б1	До́брый день!	Guten Tag!
	день (*mask.*)	Tag
	свобо́дный	frei
	осма́тривать	besichtigen
	пого́да	Wetter
	действи́тельно	wirklich
	прекра́сный	herrlich
	тогда́	dann
	Всего́ до́брого!	Alles Gute!
		(*Abschiedsgruß*)

Б2	куда́?	wohin?
	кого́ (*Akk. von* кто)	wen
	встреча́ть	treffen
	почему́?	warum?

В1	гла́вный	Haupt-
	нача́ло	Anfang, Beginn
	совреме́нный	modern, zeitgenössisch
	да́льше (*Компр.*)	weiter
	па́мятник	Denkmal
	мэ́рия	Rathaus

Г1	разгово́р	Gespräch
	~ по телефо́ну	Telefongespräch
	знако́мый	bekannt; Bekannter
	к сожале́нию	leider
	по́здно	spät
	да́ча	Landhaus
	на ~е	im Landhaus; auf dem Land

	жаль	schade
	Ничего́ не	Da kann man nichts
	поде́лаешь.	machen.
3	за́втра	morgen
4	вы́ставка	Ausstellung
	на ~е	
	карти́на	Bild
5	смотре́ть	(an-)schauen
	смотрю́, ...,	
	смо́тришь,	
	смо́трят	

Eigennamen/Internationalismen

A1	консервато́рия	Konservatorium
	парте́р	Parterre, Parkett (*Theater*)
A3	сигаре́та	Zigarette
A5	ма́рка	(Brief-)Marke
B1	сувени́р	Andenken, Souvenir
Г1	програ́мма	Programm
AB10	телепрогра́мма	Fernsehprogramm
4	командиро́вка	Dienstreise
	в ~е	

Урок 4

	музыка́льный	musikalisch
	ве́чер	Abend

A1	зака́зывать	vorbestellen, reservieren
	суббо́та	Samstag
	на ~у	für Samstag
	на (+ *Akk., zeitlich*)	für
	звони́ть	anrufen
	(+ *Dat.* = кому́)	
	(куда́)	
	звоню́,	
	звони́шь, ...,	
	звоня́т	
	звони́! / звони́те!	ruf an! / rufen Sie an!

AB1	Ско́лько сейча́с вре́мени?	Wie spät ist es?	
	ноль	null	
	оди́н, одна́, одно́	eins	
	два, две, два	zwei	
	три	drei	
	четы́ре	vier	
	пять	fünf	
	шесть	sechs	
	семь	sieben	
	во́семь	acht	
	де́вять	neun	
	де́сять	zehn	
	оди́ннадцать	elf	
	двена́дцать	zwölf	
	час, часа́; часо́в	Stunde	
AB2	начина́ться	beginnen	
	Конце́рт начина́ется в семь часо́в.	Das Konzert beginnt um sieben Uhr.	
A3	воскресе́нье	Sonntag	
Б1	дава́ть даю́, даёшь, ..., даю́т	geben	
	письмо́ два письма́	Brief	
	сра́зу	sogleich, sofort	
	открыва́ть	öffnen	
	быть бу́ду, бу́дешь, ..., бу́дут	sein ich werde sein	
	по́сле (+ Gen.) ~ обе́да	nach nach dem Mittagessen, am Nachmittag	
Б2	у́тром	am Morgen	
AB3	писа́ть пишу́, пи́шешь, ..., пи́шут	schreiben	
Б3	приве́т из (+ Gen.) неде́ля	Gruß aus Woche	

	Он рад тебя́ уви́деть.	Er freut sich, Dich zu sehen.
	Она́ ра́да тебя́ уви́деть.	Sie freut sich, Dich zu sehen.
	Они́ ра́ды тебя́ уви́деть.	Sie freuen sich, Dich zu sehen.
AB4	кому́ (Dat. von кто?)	wem
AB5	ре́дкий	selten
B1	У вас ли́шнего биле́та нет?	Haben Sie nicht eine Karte übrig?
B2	тре́тий, тре́тья, тре́тье	dritter
	ряд в ~у́	Reihe
	напра́во	nach rechts
AB6	нра́виться нра́вится, нра́вятся	gefallen
	Мне нра́вится э́та му́зыка.	Mir gefällt diese Musik.
	Мне нра́вятся карти́ны.	Mir gefallen diese Bilder.
AB7	ходи́ть хожу́, хо́дишь, ..., хо́дят	gehen
AB8	звать зову́, зовёшь, ..., зову́т	rufen
	Меня́ зову́т Са́ша.	Ich heiße Sascha.
	Как вас зову́т?	Wie heißen Sie?
B4	во вре́мя (+ Gen.)	während
	Познако́мьтесь!	Machen Sie sich bekannt!
	изве́стный	berühmt
	ничего́	nichts
	звоно́к, звонка́	(Tür-)Glocke, Klingel
AB10	сеа́нс	Vorstellung
	конча́ться конча́ется, конча́ются	enden
	Конце́рт конча́ется в де́сять часо́в.	Das Konzert endet um zehn Uhr.

	Приходи́те!	Kommen Sie herein!
	друго́й	anderer
АВ13	к (+ *Dat.*)	zu
4	смотре́ть телеви́зор	fernsehen

Eigennamen/Internationalismen

А1	кварти́ра	Wohnung
А3	спекта́кль, -я (*mask.*)	Vorstellung, Theateraufführung
В4	сюрпри́з	Überraschung
	антра́кт	Pause
	дирижёр	Dirigent
АВ10	фильм	Film
	конце́рт	Konzert

Урок 6

	приглаша́ть	einladen
	~ в го́сти	zu Besuch einladen
А1	Как (к вам) попа́сть?	Wie gelangt man (zu Ihnen)?
	на метро́	mit der U-Bahn
	до (+ *Gen.*)	bis
	пешко́м	zu Fuß
АВ2	е́хать е́ду, е́дешь, ..., е́дут	fahren
АВ3	недалеко́	nicht weit
	от (+ *Gen.*)	von
	сто	hundert
А2	ра́но	früh
	ждать (+ *Gen.*) жду, ждёшь, ..., ждут	warten

	До́брое у́тро!	Guten Morgen!
	приглаше́ние (<пригла́шать)	Einladung
АВ6	туда́	dorthin
	с (+ *Instr.*)	mit
	на́до	es ist nötig
	переса́дка	Umsteigen
	ско́лько вре́мени	wie lange, wieviel Zeit
Б2	колле́га по рабо́те	Arbeitskollege, -kollegin
	отсю́да	von hier
Б4	по́езд на (+ *Akk.*)	Zug nach (*Richtungsangabe*)
АВ7	трина́дцать	dreizehn
	четы́рнадцать	vierzehn
	пятна́дцать	fünfzehn
	шестна́дцать	sechzehn
	семна́дцать	siebzehn
	восемна́дцать	achtzehn
	девятна́дцать	neunzehn
	два́дцать	zwanzig
	три́дцать	dreißig
	со́рок	vierzig
	пятьдеся́т	fünfzig
	шестьдеся́т	sechzig
	се́мьдесят	siebzig
	во́семьдесят	achtzig
	девяно́сто	neunzig
Б5	Вам пора́ идти́.	Es ist Zeit für Sie zu gehen.
	пора́ (+ *Inf.*)	es ist Zeit
	ско́ро	bald
В1	знако́м, -а; -ы с (+ *Instr.*)	bekannt sein mit
АВ8	брат	Bruder
	оте́ц	Vater
	дочь, до́чери	Tochter
	мать, ма́тери	Mutter
АВ10	де́тская (<де́ти)	Kinderzimmer
	спа́льня	Schlafzimmer
	гости́ная (<гость)	Gästezimmer, Wohnzimmer
	све́тлый	hell

В3	знако́мить	bekanntmachen
	пока́зывать	zeigen
	Проходи́те!	Kommen Sie weiter!
	Раздева́йтесь!	Legen Sie ab!
	для (+ *Gen.*)	für
	пока́	einstweilen; tschüs!, servus!
	Посмотри́те!	Schauen Sie!
	с удово́льствием	mit Vergnügen
	сад	Garten
	в ~у́	
	мно́го книг	viele Bücher
	(*Gen. Pl.*)	
	одновреме́нный	gleichzeitig
	(<одно́, вре́мя)	
	всё	alles
	игра́ть	spielen
	~ на пиани́но	Klavier spielen
	девя́тый	neunter
	Извини́те!	Verzeihen Sie!
Г1	без (+ *Gen.*)	ohne

Eigennamen/Internationalismen

А1	мину́та	Minute
Б1	схе́ма	Schema
	ми́нимум	Minimum
В3	кабине́т	Arbeitszimmer
	балко́н	Balkon
	пиани́но	Klavier, Piano
	симфо́ния	Symphonie

знак
знако́мить
знако́мый
знако́мая
знако́м с (+*Instr.*)

Урок 7

А1	поезжа́йте!	fahren Sie!
	(*Imp. von* е́хать)	
	е́хать на метро́	mit der U-Bahn fahren
	отту́да	von dort

	прямо́й (<пря́мо)	gerade, direkt
	сде́лайте переса́дку	steigen Sie um
А2	то́чный	genau
	дежу́рный	Diensthabender
	(<de jour)	
	дежу́рная	Diensthabende
	как мне прое́хать	wie gelange ich
	(= как мне	
	попа́сть)	
	снача́ла	anfangs
	(<нача́ло,	
	начина́ться)	
	пра́вильный	richtig
	ско́лько?	wieviel?
А3	Вы всё по́няли?	Haben Sie alles verstanden?
А5	пе́ред (+ *Instr.*)	vor
	прохо́жий, -его	Passant
	как пройти́	wie gelange ich
	где́-то	irgendwo
А6	иди́те! (<идти́)	gehen Sie!
	ви́деть	sehen
	ви́жу,	
	ви́дишь, ...,	
	ви́дят	
	перекрёсток, -стка	Kreuzung
	поверну́ть	einbiegen
	поверни́те!	biegen Sie ein!
	не́ за что	keine Ursache (*wörtlich:* nicht für das)
АВ3	переу́лок, переу́лка	Gasse
В1	стоя́ть	stehen
	стою́,	
	стои́шь, ...,	
	стоя́т	
	входи́ть	hineingehen
	вхожу́,	
	вхо́дишь, ...,	
	вхо́дят	
В3	пе́рвый	erster
	второ́й	zweiter
	тре́тий, тре́тья, тре́тье	dritter
	четвёртый	vierter

	пя́тый	fünfter	
	шесто́й	sechster	
	седьмо́й	siebter	
	восьмо́й	achter	
	девя́тый	neunter	
	деся́тый	zehnter	
АВ4	славя́нский	slawisch	
Г1	со́лнечно	sonnig	
	лёгкий	leicht	
	о́блачность, -и (fem.)	Bewölkung	
	о́блачно	bewölkt	
	о́блачно с	bewölkt mit	
	проясне́ниями	Aufheiterungen	
	дождь, -я́ (mask.)	Regen	
	гроза́	Gewitter	
АВ5	е́здить	fahren	
	е́зжу,		
	е́здишь, ...,		
	е́здят		
	~ на метро́	U-Bahn fahren	

Eigennamen/Internationalismen

А2	ли́ния	Linie
А4	метрополите́н	U-Bahn
В1	портье́ (indekl.)	Portier
В4	секретариа́т	Sekretariat
Г1	температу́ра	Temperatur
	гра́дус	Grad
	тролле́йбус	O-Bus
	маши́на	Auto
7	райо́н	Bezirk

Урок 8

	дела́ (Nom. Pl.)	Geschäfte
АВ1	хоте́ть	wollen
	хочу́,	
	хо́чешь,	

	хо́чет,	
	хоти́м,	
	хоти́те,	
	хотя́т	
	чай	Tee
АВ2	день, дня; дней (mask.)	Tag
А1	Войди́те!	Herein!
	Рад/а с ва́ми познако́миться.	Erfreut, Sie kennenzulernen!
	сади́ться	sich setzen
	сажу́сь,	
	сади́шься, ...,	
	садя́тся	
	сади́сь! / сади́тесь!	setz Dich! / setzen Sie sich!
	почти́	fast
	удо́бный	bequem; passend
	давно́	seit langem
	настоя́щий	echt
	зима́	Winter
	холо́дный	kalt
	бесе́да	Gespräch, Unterhaltung
	пое́здка (<е́здить)	Fahrt
	ита́к	also
АВ4	расписа́ние	(Stunden-)Plan
	понеде́льник	Montag
	в ~	
	вто́рник	Dienstag
	во ~	
	среда́	Mittwoch
	в ~у	
	четве́рг	Donnerstag
	в ~	
	пя́тница	Freitag
	в ~у	
	по́езд	Zug, Eisenbahn
Б1	приглаша́ть / пригласи́ть	einladen
	записна́я кни́жка	Notizbuch
	Помоги́те!	Hilfe!
	Нет ли у вас телефо́на?	Haben Sie vielleicht die Telefonnummer?
	Что́-нибудь ей переда́ть?	Soll ich ihr etwas ausrichten?
	случа́йный	zufällig
	Запиши́те!	Notieren Sie!
	(< записна́я кни́жка)	

AB5	двести	zweihundert
	триста	dreihundert
	четыреста	vierhundert
	пятьсот	fünfhundert
	шестьсот	sechshundert
	семьсот	siebenhundert
	восемьсот	achthundert
	девятьсот	neunhundert
	тысяча	tausend
AB6	возвращаться / вернуться вернусь, вернёшься, ..., вернутся	zurückkehren
Б4	звонить / по-	anrufen
Б5	делать / с-	machen, tun
	идти / пойти	gehen
	встречаться / встретиться встречусь, встретишься, ..., встретятся	sich treffen
В1	заказывать / заказать закажу, закажешь, ..., закажут	bestellen
	справочная, -ой	Auskunftei
В2	На какое время?	Für welche Zeit?
	на восемь часов	für acht Uhr
	заказ	Bestellung, Reservierung
	принят (Part.)	aufgenommen
В3	ехать / по-	fahren
AB9	далеко от (+ Gen.)	weit von
	за (+ Instr.)	hinter
AB12	коммерческий магазин	(kommerzielles) Geschäft
	частный	privat

Eigennamen/Internationalismen

AB1	кофе (mask., indekl.)	Kaffee
	лимон	Zitrone
A1	визитка (<визит)	Visitenkarte
	каталог	Katalog
AB5	кафедра	Lehrstuhl, Katheder
AB8	галерея	Galerie
	футбол	Fußball

Урок 9

AB1	успевать / успеть успею, успеешь, ..., успеют	zurechtkommen
	отправляться / отправиться отправлюсь, отправишься, ..., отправятся	sich auf den Weg machen
A1	Сколько с меня?	Wieviel bin ich schuldig?
	Счастливого пути!	Glückliche Reise!
A3	вокзал	Bahnhof
Б1	надпись, -и (fem.)	Aufschrift
Б2	пункт назначения	Zielpunkt
	отправление	Abfahrt
	слышать слышу, слышишь, ..., слышат	hören
AB2	интересовать интересует, интересуют	interessieren
	Это меня интересует.	Das interessiert mich.
AB3	опаздывать	zu spät kommen, sich verspäten
AB4	посадка	Einsteigen, Einstieg
В1	справочное бюро	Informationsbüro
	повторять	wiederholen
	скорый поезд	Schnellzug
	прибытие	Ankunft

Г1	сади́ться сажу́сь, сади́шься, …, садя́тся	sich setzen; einsteigen
	проводни́к, -а́ ни́жний, -яя, -ее; -ие	Schaffner, Zugbegleiter unterer
Г2	ве́рный оди́ннадцатый ве́рхний, -яя, -ее; -ие	richtig elfter oberer
АВ5	сове́товать сове́тую, сове́туешь, …, сове́туют	raten
Г4	внизу́ Дава́йте познако́мимся! о́бщий представле́ние кре́пость, -и (fem.) са́мый краси́вый дворе́ц, дворца́ кро́ме того́ заплани́рован (Part. Pass.)	unten Machen wir uns bekannt. allgemein Vorstellung Festung schönster Palast außerdem geplant sein
	осма́тривать / осмотре́ть осмотрю́, осмо́тришь, …, осмо́трят	besichtigen
	поздравля́ть са́мый лу́чший	beglückwünschen bester
Д1	находи́ться нахожу́сь, нахо́дишься, …, нахо́дятся	sich befinden
	стро́ить / по- назва́ние получа́ть / получи́ть получу́, полу́чишь, …, полу́чат	bauen Bezeichnung erhalten, bekommen
АВ11	дом дома́ (Nom. Pl.)	Haus

Eigennamen/Internationalismen

Б2	табло́ платфо́рма	Tafel, Tableau Bahnsteig, Plattform
Г1	купе́ (indekl.) авто́бусный экску́рсия ~ по го́роду Пи́тер	Abteil Autobus- Ausflug, Exkursion Stadtrundfahrt (Kurzform von С.-Петербу́рг)
	Жизе́ль Не́вский проспе́кт	(Ballett von A. Ch. Adam) Newski-Prospekt
Д1	Третьяко́вская галере́я	Tretjakow-Galerie

пра́в
пра́вда
пра́вильный
напра́во
отправля́ться
отпра́виться
отправле́ние
спра́ва
спра́вочная
спра́вочное бюро́

Урок 11

А1	представи́тель, -я (mask.) выходи́ть / выхожу́, выхо́дишь, …, выхо́дят вы́йти вы́йду, вы́йдешь, …, вы́йдут вы́шел, вы́шла	Vertreter hinausgehen, aussteigen
	стоя́нка свобо́ден, -дна, -дно; -дны Сда́чи не надо.	Standplatz frei sein Das Wechselgeld ist für Sie.

	сда́ча	Wechselgeld
A2	сто́ить	kosten
AB2	обме́нный пункт	Wechselstube
AB3	мочь / смочь	können
	могу́, мо́жешь, мо́жет, мо́жем, мо́жете, мо́гут мог, могла́	
	за́втракать / по-	frühstücken
	обе́дать / по-	zu Mittag essen
	по́ужинать / по-	zu Abend essen
Б1	заброни́рован (*Part. Pass.*)	vorbestellt, reserviert
	Одну́ мину́ту!	Eine Minute!, Einen Augenblick!
	соверше́нный	vollkommen
	заполня́ть / запо́лнить	ausfüllen (*Formular*)
	анке́та	Fragebogen
	ключ, -а́	Schlüssel
	ночь, -и (*fem.*)	Nacht
	в два часа́ но́чи	um zwei Uhr nachts
Б2	Ну и что?	Nun, was gibt's?
	де́ло	Sache, Angelegenheit
	Не в э́том де́ло.	Darum geht es nicht.
	шу́мный	laut (*Geräusch*)
	Я пра́вильно вас по́нял/а́?	Habe ich Sie richtig verstanden?
	понима́ть / поня́ть	verstehen
	пойму́, поймёшь, ..., пойму́т по́нял, поняла́; по́няли	
	е́сли	wenn
	мо́жно	man kann, (es ist) möglich
AB4	приезжа́ть / прие́хать	ankommen (gefahren)
	прие́ду, прие́дешь, ..., прие́дут	

Б4	о́тчество	Vatersname
	и́мя (*neutr.*)	Name, Vorname
	гражда́нство	Staatsbürgerschaft
	да́та рожде́ния	Geburtsdatum
	рожде́ние	Geburt
	вы́дача	Ausstellung, Ausgabe
	срок прожива́ния	Aufenthaltsdauer
	да́та заполне́ния	Ausstellungsdatum
	по́дпись, -и (*fem.*)	Unterschrift
AB7	кефи́р	Kefir
	смета́на	Rahm
	творо́г	Topfen, Quark
	бутербро́д	belegtes Brot
	сыр	Käse
	колбаса́	Wurst
	ветчина́	Schinken
	соси́ски	Würstchen
	яйцо́	Ei
	варёные я́йца	gekochte Eier
	яи́чница	Rührei
	бе́лый	weiß
	хлеб	Brot
	чёрный	schwarz
	молоко́	Milch
	моло́чный	Milch-
	минера́льная вода́	Mineralwasser
AB8	сок	(Frucht-)Saft
	я́блочный	Apfel-
B1	за́втрак на ~	Frühstück
	кусо́к, куска́	Stück
B3	прейскура́нт	Preisliste
	холо́дный	kalt
	блю́до	Speise
	напи́ток, напи́тка	Getränk
	горя́чий	warm, heiß (*Speisen*)
B6	хоте́ть	wollen, gerne mögen
	хоте́л бы, хоте́ла бы; хоте́ли бы	
Г1	писа́ть / на-	schreiben
	свой	sein (eigen)
	друг	Freund
	друзья́ (*Nom. Pl.*) друзе́й	

друзья́м
друзе́й
друзья́ми
друзья́х
кото́рый   der, welcher
(*Rel. Pron.*)

AB11   дово́лен, -льна,   zufrieden sein
      -льно; -льны
      ка́жется   es scheint

Eigennamen/Internationalismen

AB2   телегра́ф   Post- und Telegrafenamt

Г1   норма́льный   normal

> **пис / пиш**
> **пис**а́ть
> **пис**ьмо́
> **пис**а́тель
> за**пис**на́я кни́жка
> за**пиш**и́те!
> на́д**пись**
> по́д**пись**
> рас**пис**а́ние

Урок 12

AB1   говори́ть / по-   sprechen
      проси́ть / по-   bitten
       прошу́,
       про́сишь, ...,
       про́сят
      заезжа́ть /   fahrend vorbeikommen
       зае́хать
        зае́ду,
        зае́дешь, ...,
        зае́дут
      ~ за кем   jemanden abholen

A1   се́вер   Norden
      сотру́дничать   zusammenarbeiten,
                    mitarbeiten
      вполне́   vollkommen, völlig

AB8   сади́ться /   sich setzen
      сесть
       ся́ду,
       ся́дешь, ...,
       ся́дут
       сел, се́ла
      сюда́   hierher
      за́нят, занята́,   besetzt sein
       за́нято; за́няты
      Стол за́нят.   Der Tisch ist besetzt.
      предпочита́ть   vorziehen
      мя́со   Fleisch
      моро́женое, -ого   (Speise-)Eis
      буты́лка   Flasche
      роди́лся,   geboren sein
       родила́сь,
       родило́сь;
       роди́лись

Б1   пожа́луй   wohl
      на пе́рвое   als ersten (Gang)
      ры́ба   Fisch
      брать /   nehmen
       беру́,
       берёшь, ...,
       беру́т
        взять
        возьму́,
        возьмёшь, ...,
        возьму́т
        взял, взяла́;
        взя́ли
      моро́женое-   gemischtes Eis
       ассорти́
      открове́нно   ehrlich gesagt, ...
       говоря́, ...
      о́сень, -и (*fem.*)   Herbst
       о́сенью   im Herbst
      снег   Schnee
      лы́жи   Ski
      коньки́   Schlittschuhe
      На вкус, на цвет   Geschmäcker sind
       това́рища нет.   verschieden.
      де́вушка   Mädchen; Fräulein
                    (*Anrede*)
      счёт   Rechnung

Б2	сиде́ть	sitzen
	сижу́,	
	сиди́шь, ...,	
	сидя́т	
	плати́ть / за-	zahlen
	за (+ Akk.)	
	плачу́,	
	пла́тишь, ...,	
	пла́тят	

В1	дневни́к, -а́	Tagebuch
	запи́сывать /	notieren
	записа́ть	
	запишу́,	
	запи́шешь, ...,	
	запи́шут	
	пребыва́ние	Aufenthalt
	отдыха́ть /	sich erholen
	отдохну́ть	
	отдохну́,	
	отдохнёшь, ...,	
	отдохну́т	
	догова́риваться /	sich verabreden
	договори́ться	
	о (+ Präp.)	
	ли́чный	persönlich
	у́жин	Abendessen
	у́личный	Straßen-
	движе́ние	Verkehr
	проводи́ть /	durchführen
	провести́	
	проведу́,	
	проведёшь, ...,	
	проведу́т	
	провёл, провела́;	
	провели́	

Eigennamen/Internationalismen

А2	факс	Fax
АВ2	десе́рт	Nachspeise
	на ~	
Б1	сала́т	Salat
	котле́ты	Hühnchen auf Kiewer Art
	по-ки́евски	
	по́рция	Portion
	вино́	Wein
	петербу́ргский	Petersburger

| В1 | симпати́чный | sympathisch |

> сад / сид
> сади́ться / сесть
> сиде́ть
> поса́дка

Урок 13

А1	обме́нивать /	wechseln
	обменя́ть	
	де́ньги, де́нег	Geld
	устра́ивать /	veranstalten; unter-
	устро́ить	bringen; recht sein
	ежедне́вный	tagtäglich, jeden Tag

А3	висе́ть	hängen
	виси́т,	
	вися́т	
	обме́н	Umtausch
	страна́	Land

Б1	отправля́ть /	absenden, abschicken
	отпра́вить	
	отпра́влю,	
	отпра́вишь, ...,	
	отпра́вят	
	бланк	Formular
	че́рез (+ Akk.)	in, nach (zeitlich)
	~ два дня	in zwei Tagen

| Б5 | четы́рнадцатого | am vierzehnten |

В1	по (+ Dat.)	durch, auf, in
	экску́рсия по	Stadtrundfahrt
	го́роду	
	гото́виться	sich vorbereiten auf
	к (+ Dat.)	
	кра́ткий	kurz
	основа́ть (voll.)	gründen
	осную́,	
	осну́ешь, ...,	
	осну́ют	
	век	Jahrhundert

	станови́тьсям / становлю́сь, стано́вишься, ..., стано́вятся	werden
	стать (+ *Instr.*) ста́ну, ста́нешь, ..., ста́нут	
	Он стал инжене́ром.	Er wurde Ingenieur.
	называ́ть	nennen
	Называ́йте меня Юрий!	Nennen Sie mich Juri!
	се́верный	nördlich
	располо́жен, -а, -о; -ы	gelegen sein
	о́стров	Insel
	река́	Fluß
	мост	Brücke
	бога́тый	reich
	зи́мний	Winter-
	образе́ц, образца́	Vorbild, Beispiel
	иску́сство	Kunst
	находи́ть / нахожу́, нахо́дишь, ..., нахо́дят	finden
	найти́ найду́, найдёшь, ..., найду́т	
	па́мятник (кому) ~ Пу́шкину	Denkmal Puschkin-Denkmal
	двор, -а́ Гости́ный ~	Hof (*Name eines Kaufhauses und einer U-Bahn- Station*)
АВ6	ию́нь, -я (*mask.*) ию́ль, -я (*mask.*)	Juni Juli
Г1	буди́ть / раз- бужу́, бу́дишь, ..., бу́дят	(auf-)wecken
АВ8	устра́иваться / устро́иться	untergebracht sein
	начина́ть / нача́ть начну́,	beginnen

	начнёшь, ..., начну́т на́чал, начала́; на́чали	
	перегово́ры (*Nom. Pl.*)	Verhandlungen
	обща́ться / по- достопримеча́- тельность, -и (*fem.*)	verkehren Sehenswürdigkeit
Д1	стара́ться / по- на́бережная, -ой	sich bemühen Kai
	экскурсово́д	Reiseleiter
	молоде́ц!	super!, toll!
	жела́ть / по- (кому́ чего́)	wünschen
	Жела́ю тебе больши́х успе́хов.	Ich wünsche Dir viel Erfolg.
	просто́й (<про́сто)	einfach
	восто́рг	Begeisterung
	передава́ть / передаю́, передаёшь, ..., передаю́т	überreichen, übermitteln
	переда́ть переда́м, переда́шь, переда́ст, передади́м, передади́те, передаду́т	

Eigennamen/Internationalismen

А1	квита́нция	Quittung
А3	валю́та	Währung, Valuta
Б1	телегра́мма	Telegramm
Б5	ваго́н	Waggon
В1	де́льта	Delta
	Вене́ция	Venedig
	кана́л	Kanal
	архите́ктор	Architekt
	эпо́ха	Epoche
	архитекту́ра	Architektur

говор	
говори́ть	
до**гова́р**иваться / до**говор**и́ться	
пере**гово́р**ы	
раз**гово́р**	
говоря́ (открове́нно ~)	

Урок 14

	забо́та	Sorge
A1	Бу́дьте добры́ ...!	Seien Sie so gut ...!
	отку́да?	woher?
	ви́деться	sich sehen
	Ско́лько мы не ви́делись?	Wie lange haben wir uns schon nicht mehr gesehen?
	Ско́лько лет, ско́лько зим!	Wie lange ist es her! (*wörtlich:* Wieviele Sommer, wieviele Winter!)
	сего́дняшний	heutig
	никако́й	keiner
AB2	поздравля́ть / поздра́вить (кого́ с чем) поздра́влю, поздра́вишь, ..., поздра́вят	beglückwünschen
	Поздравля́ю вас с днём рожде́ния.	Ich gratuliere Ihnen zum Geburtstag.
	жела́ть / по- (кому́ чего́)	wünschen
	Жела́ю тебе́ всего́ хоро́шего.	Ich wünsche Dir alles Gute.
	сча́стье	Glück
	здоро́вье	Gesundheit
	пра́здник	Feiertag
	оконча́ние	Abschluß, Ende
AB3	про́бовать / по- про́бую, про́буешь, ..., про́буют	(aus-)probieren

	вку́сный	köstlich, lecker
	фи́рменный	Firmen-
	~ое блю́до	»Spezialität des Hauses«
Б1	душа́	Seele
	поднима́ть / подня́ть подниму́, подни́мешь, ..., подни́мут	hochheben
	бока́л	Glas, Kelch
	имени́нница	Geburtstagskind
	здоро́вье	Gesundheit
	За ва́ше ~!	Auf Ihre Gesundheit! (*Toast*)
	бума́га	Papier
	ру́чка́	Kugelschreiber
AB6	ну́жен, нужна́, ну́жно; нужны́	brauchen, nötig sein
	зна́ние	Kenntnis, Wissen
	что́бы (+ *Inf.*)	um ... zu
	поступа́ть / поступи́ть поступлю́, посту́пишь, ..., посту́пят	eintreten
	мно́го де́нег (*Gen. Pl.*)	viel Geld
AB7	реша́ть / реши́ть	beschließen
	предприя́тие	Unternehmen
	на ~ии	
	вступи́тельный	Eintritts-
	посеща́ть / посети́ть посещу́, посети́шь, ..., посетя́т	besuchen
	при (+ *Präp.*)	bei
	~ шко́ле	
Б3	сто́л	Tisch
	за столо́м	bei Tisch
	Как у вас дела́?	Wie geht es Ihnen?
	учи́ться учу́сь, у́чишься, ..., у́чатся	studieren

последний	letzter	
Как бы́стро лети́т вре́мя ...!	Wie schnell die Zeit vergeht ...!	
рабо́тать (+ *Instr.*)	arbeiten (als)	
Кем ты бу́дешь рабо́тать?	Was wirst Du von Beruf? (*wörtlich*: Als wer wirst Du arbeiten?)	
учи́тель, -я (*mask.*)	Lehrer	
иностра́нный	ausländisch, Fremd-	
одноку́рсник	Studienkollege aus demselben Studienjahr	
тру́дный	schwierig	
вопро́с	Frage	
впереди́	vorne	
зато́	dafür	
огро́мный	riesig	
слу́чай	Fall	
во вся́ком слу́чае	auf jeden Fall	
однокла́ссник	Klassenkamerad	
одни́	(die) einen	
зараба́тывать / зарабо́тать	verdienen (*Geld*)	
Как э́то поня́ть?	Wie soll man das verstehen?	
роди́тели, -ей (*Nom. Pl.*)	Eltern	
Ско́лько раз в неде́лю?	Wieviel mal pro Woche?	
по два часа́	zu je zwei Stunden	
здоро́вый	gesund	
здо́рово	toll, prima, super

B1	знамени́тый	berühmt
	узнава́ть узнаю́, узнаёшь, ..., узнаю́т	erfahren; erkennen
	узна́ть узна́ю, узна́ешь, ..., узна́ют	
	автоотве́тчик	automatischer Anrufbeantworter
	приобрета́ть / приобрету́, приобретёшь, ..., приобрету́т приобрести́ приобрёл, приобрела́	erwerben
B3	чей, чья, чьё	wessen („wem gehörig")
	Чей э́то биле́т?	Wessen Karte ist das?

B6	зри́тельный	Zuschauer-
	извиня́ть / изини́ть	entschuldigen
	стра́нный	seltsam
	поня́тный	verständlich
	Всё поня́тно.	Alles ist verständlich. Alles klar.
	ошиба́ться / ошиби́ться оши́бся, оши́блась	sich irren
B7	челове́к	Mensch
AB11	что́-нибудь	irgendetwas
AB12	тало́н	Fahrkarte
1	есть ем, ешь, ест, еди́м, еди́те, едя́т	essen
2	ра́дость (*fem.*)	Freude
	целова́ть целу́ю, целу́ешь, ..., целу́ют	küssen
	ми́лый	lieb
	мы́сленный	gedanklich, in Gedanken
	обнима́ть	umarmen
	столи́чный	Hauptstadt-
	жи́тель, -я (*mask.*)	Einwohner
	жела́ть до́лгих лет	ein langes Leben wünschen

Eigennamen/Internationalismen

A1	Вот так сюрпри́з!	Das ist aber eine Überraschung!
	план	Plan
AB3	пельме́ни, -ей	Pelmeni (*gefüllte Teigtaschen*)
Б1	реце́пт	Rezept
AB6	специали́ст	Fachmann, Spezialist
AB7	экза́мен	Prüfung, Examen

Б3	юриди́ческий	juristisch
	специа́льный	speziell
АВ9	абитурие́нт	Studienbewerber
В1	репертуа́р	Repertoire
В6	зал	Saal
	амфитеа́тр	*(ansteigender Teil vom Parkett im Theater)*
2	мурманча́не *(Nom. Pl.)*	(die) Murmansker

> здрав / здоров
> здра́вствуй
> здра́вствуйте
> здоро́вый
> здо́рово
> здоро́вье
> поздра́влять
> поздра́вить

Урок 16

АВ1	апре́ль, -я́	April
	принима́ть / приму́, при́мешь, ..., при́мут приня́ть при́нял, приняла́; при́няли	empfangen
	прибыва́ть / прибы́ть прибу́ду, прибу́дешь, ..., прибу́дут	ankommen
А1	С(овме́стное) П(редприятие)	Joint venture
	март	März
	уважа́емый	verehrter
	господа́	(Damen und) Herren

	сообща́ть / сообщи́ть	mitteilen
	ли	ob
АВ2	янва́рь, -я́	Januar
	февра́ль, -я́	Februar
	май, ма́я	Mai
	а́вгуст	August
	сентя́брь, -я́	September
	октя́брь, -я́	Oktober
	ноя́брь, -я́	November
	дека́брь, -я́	Dezember
А3	соединя́ть / соедини́ть	verbinden
	благодари́ть / по- (кого́ за что)	danken
	поря́док, поря́дка	Ordnung
	в поря́дке	in Ordnung
	вспомина́ть / вспо́мнить	sich erinnern
	срок	Frist
	предлага́ть / предложи́ть	vorschlagen
	тем же ре́йсом	mit dem gleichen Flug
	подтвержда́ть / подтверди́ть подтвержу́, подтверди́шь, ..., подтвердя́т	bestätigen
	да́нные, -ых	Daten, Angaben
	лёгкий (<легко́)	leicht
	ле́гче *(Компр.)*	leichter
АВ7	сотру́дник	Mitarbeiter
	о́бщий	gemeinsam
Б1	прилета́ть / прилете́ть прилечу́, прилети́шь, ..., прилетя́т	ankommen (mit dem Flugzeug)
	наде́яться наде́юсь, наде́ешься, ..., наде́ются	hoffen
	долета́ть / долете́ть долечу́, долети́шь, ..., долетя́т	erreichen (mit dem Flugzeug)
	Как вы долете́ли?	Wie war der Flug?

AB11	бы	(*Konjunktivpartikel*)
	помога́ть /	helfen
	помогу́,	
	помо́жешь, ...,	
	помо́гут	
	помо́чь	
	помо́г,	
	помогла́;	
	помогли́	
	замеча́ть /	bemerken
	заме́тить	
	заме́чу,	
	заме́тишь, ...,	
	заме́тят	
	видово́й	Ansichts-
	~ая откры́тка	Ansichtskarte
	ну́жно (= на́до)	nötig
	набира́ть /	wählen (*Telefon*)
	наберу́,	
	наберёшь, ...,	
	наберу́т	
	набра́ть	
	набра́л,	
	набрала́;	
	набра́ли	

B1	ждать / подо-	warten
	жду,	
	ждёшь, ...,	
	ждут	
	дома́шний	Haus-
	отдыха́ть /	sich erholen
	отдохну́ть	
	отдохну́,	
	отдохнёшь, ...,	
	отдохну́т	
	заходи́ть	(vorbei-)kommen
	захожу́,	
	захо́дишь, ...,	
	захо́дят	
	зайти́	
	зайду́,	
	зайдёшь,	
	зайдут	
	зашёл,	
	зашла́;	
	зашли́	
	лу́чше (*Komp.*)	besser
	кста́ти	übrigens
	покупа́ть /	kaufen
	купи́ть	
	куплю́,	

	ку́пишь, ...,	
	ку́пят	

AB15	двухко́мнатный	Zweizimmer-
	часть, -и (*fem.*)	Teil
	дешёвый	billig
	(<дёшево)	
	деше́вле (*Komp.*)	billiger

Г1	ме́сяц, -а; -ев	Monat
	уве́рен, -а; -ы	überzeugt sein, sicher sein
	сре́дний, -яя, -ее; -ие	mittlerer
	в сре́днем	im Durchschnitt
	приблизи́тельный	ungefähr
	ва́нная	Badezimmer
	за́падный	westlich
	далёкий	weit
	(<далеко́)	
	о́коло ча́са езды́	ungefähr eine Stunde Fahrt
	подходя́щий	passend
	направля́ть /	hinsenden
	напра́вить	
	напра́влю,	
	напра́вишь, ...,	
	напра́вят	

D3	ро́дина	Heimat

1	приём	Empfang
	послеза́втра	übermorgen

3	бесе́довать / по-	plaudern

Eigennamen/Internationalismen

AB1	делега́ция	Delegation

A1	рейс	Flug
	Аэрофло́т	(*russische Fluggesell-schaft*)
	генера́льный	General-

Б1	аэропо́рт	Flughafen
	в ~у́	

AB7	код	Vorwahl, Index

B1	по́чта	Post
	сувени́р	Andenken, Souvenir

АВ12	конве́рт	Briefumschlag, Kouvert
Д3	ситуа́ция	Situation
8	о́фис	Büro, Office

ста́в
пред**ста́в**ить
пред**ста́в**итель
пред**ста́в**ительство
пред**ста́вл**ение
предо**ста́в**ить
по**ста́в**ка
вы**ста́в**ка

Урок 17

АВ1	забыва́ть / забы́ть забу́ду, забу́дешь, ..., забу́дут	vergessen
	спра́шивать / спроси́ть спрошу́, спро́сишь, ..., спро́сят	fragen
	кое-что	etwas
АВ2	пока́зывать / показа́ть покажу́, пока́жешь, ..., пока́жут	zeigen
	доро́га	Weg, Straße
	по доро́ге	unterwegs
А1	то́лько что	gerade
	вокру́г (+ Gen.)	um ... (herum)
	представи́тельство	Vertretung
	госуда́рственный	staatlich
	ме́нее (Kompr.)	weniger
	споко́йный	ruhig

АВ3	не́которые	einige
	ока́зываться / оказа́ться ока́жется, ока́жутся	sich erweisen
Б1	ва́жный	wichtig
	уча́стник	Teilnehmer
	столе́тие	Jahrhundert
	гуля́ть / по-	spazierengehen
	поку́пка	Einkauf
	стена́	Wand, Mauer
	рекомендова́ть / по- рекоменду́ю, рекоменду́ешь, ..., рекоменду́ют	empfehlen
	каса́ться (+ Gen.)	betreffen
	что каса́ется	betreffs
	Это каса́ется меня́.	Das betrifft mich.
	полёт	Flug
	самолёт	Flugzeug
	цена́	Preis
	обраща́ться / обрати́ться обращу́сь, обрати́шься, ..., обратя́тся к (+ Dat.)	sich wenden an
	ме́стный	örtlich
В1	возвраще́ние	Rückkehr
	нето́чность, -и (fem.)	Ungenauigkeit
	Де́ло в том, что ...	Es geht darum, daß ...
	удивля́ться / удиви́ться	sich wundern
Г1	сотру́дник	Mitarbeiter
	сотру́дничество	Zusammenarbeit
	впечатле́ние	Eindruck
	бу́дущий	zukünftig
	шаг	Schritt

Eigennamen/Internationalismen

АВ2	Волше́бная фле́йта	Zauberflöte
А1	шве́дский стол	Büfett
	культу́рный	Kultur-
	бульва́р	Boulevard
	парла́мент	Parlament

секре́т — Geheimnis
интенси́вный — intensiv

Б1 анса́мбль, -я — Ensemble
(*mask.*)
ко́мплекс — Komplex
резиде́нция — Residenz
фешене́бельный — modern
информа́ция — Information
рекоменда́ция — Empfehlung
(<рекомендова́ть)

> бы / буд
> бы́ть
> бы
> был, была́, бы́ло, бы́ли
> забыва́ть
> забы́ть
> пребыва́ние
> прибыва́ть
> прибы́ть
> что́бы

Урок 18

АВ1 компости́ровать / — entwerten
про-
компости́рую,
компости́руешь, ...,
компости́руют
остано́вка — Haltestelle
телефо́нная книга — Telefonbuch
проездно́й биле́т — Streckenkarte
ка́сса предвари́- — Vorverkaufskasse
тельной прода́жи
городско́й тра́нс- — Stadtverkehr
порт
снима́ть / — abnehmen
снять
сниму́,
сни́мешь, ...,
сни́мут
тру́бка — Hörer
телефо́нная бу́дка — Telefonzelle
коро́ткий — kurz
гудо́к — Signal

АВ2 по́льзоваться — benutzen
(+ *Instr.*)
по́льзуюсь,
по́льзуешься, ...,
по́льзуются
Он по́льзуется — Er benutzt die
трамва́ем. — Straßenbahn.
неде́льный проезд- — Wochenkarte
но́й биле́т
вид — Art; Aussicht

А1 самостоя́тельный — selbständig
так же, как — ebenso wie
броса́ть / — einwerfen
бро́сить
бро́шу,
бро́сишь, ...,
бро́сят
дли́нный — lang
отве́т — Antwort
нажима́ть / — drücken
нажа́ть
нажму́,
нажмёшь, ...,
нажму́т
кно́пка — Knopf

АВ4 про́сьба — Bitte

А5 регистрацио́нная — Meldezettel
ка́рточка

АВ5 чу́вствовать — fühlen
чу́вствую,
чу́вствуешь, ...,
чу́вствуют
боле́ть — weh tun, schmerzen
боли́т,
боля́т
У меня́ боли́т — Ich habe Kopfschmerzen.
голова́.
голова́ — Kopf
го́рло — Hals, Kehle
У меня́ боли́т — Ich habe Halsweh.
го́рло.
измеря́ть / — messen
изме́рить
вызыва́ть / — hervorrufen; rufen
вы́звать
вы́зову,
вы́зовешь, ...,
вы́зовут
~ врача́ — den Arzt rufen

Б1	нева́жный	unwichtig; nicht gut
	Я чу́вствую себя́ нева́жно.	Ich fühle mich nicht gut.
	вы́глядеть вы́гяжу, вы́глядишь, ..., вы́глядят	aussehen
	случа́ться / случи́ться	passieren
	на́сморк	Schnupfen
	боле́ть боле́ю, боле́ешь, ..., боле́ют	krank sein
	простужа́ться / простуди́ться	sich verkühlen
	боя́ться бою́сь, бои́шься, ..., боя́тся	sich fürchten
	пра́в, права́; пра́вы	recht haben
	страхо́вка	Versicherung
	оформля́ть / офо́рмить офо́рмлю, офо́рмишь, ..., офо́рмят	ausfüllen
AB9	здоро́в, -а, -о; -ы	gesund sein
	пить пью, пьёшь, ..., пью́т	trinken
	спать сплю, спишь, ..., спят	schlafen
	жа́ловаться на (+ Akk.) жа́луюсь, жа́луешься, ..., жа́луются	sich beklagen über
	поправля́ться / попра́виться попра́влюсь, попра́вишься, ..., попра́вятся	sich bessern
	открыва́ть / откры́ть откро́ю, откро́ешь, ..., откро́ют	öffnen

	раздева́ться / разде́ться разде́нусь, разде́нешься, ..., разде́нутся	sich ausziehen, ablegen
	слу́шать / по-	abhören
	дыша́ть дышу́, ды́шишь, ..., ды́шат	atmen
	глубо́кий (<глубоко́)	tief
Б4	объясня́ться / объясни́ться	sich erklären, erklärt werden
AB12	учи́ть / вы́- трудне́е (Компр.) сло́во	lernen schwieriger Wort
Г1	вообще́	überhaupt
	кошма́р	Unsinn

Eigennamen/Internationalismen

	пробле́ма	Problem
AB1	телефо́нный телефо́н-автома́т моне́та	Telefon- Münzfernsprecher Münze
A1	автома́т	Automat
AB7	грипп реце́пт	Grippe Rezept
Д1	диале́кт	Dialekt

е́здить / е́хать
езда́ (час езды́, Испа́нская верхова́я езда́)
зае́хать за (+ Instr.)
отъе́зд
по́езд
пое́здка
поезжа́й!
приезжа́ть / прие́хать
проездно́й (биле́т)
прое́хать

Урок 19

	гость (*fem.*)	Gast
	в гостях	zu Gast, auf Besuch
A1	наконе́ц-то	schließlich
	счастли́вый	glücklich
	сча́стлив, -а; -ы	glücklich sein
	два ме́сяца наза́д	vor zwei Monaten
	доста́точно	ausreichend, genügend
	доста́точно ме́ста	ausreichend Platz
	своя́ ко́мната	eigenes Zimmer
	расположе́ние	Lage
	лес	Wald
	обяза́тельный	verpflichtend
	серде́чный	herzlich
AB4	туда́ и обра́тно	hin und zurück
	число́	Zahl; Datum
B1	навеща́ть / навести́ть	besuchen (*Personen*)
	навещу́, навести́шь, ..., навестя́т	
	бы́стренько	schnell
	отъе́зд	Abfahrt
AB7	Ну, и как?	Wie ist es? / Wie war es?
	снима́ть / снять	mieten
	сниму́, сни́мешь, ..., сни́мут	
	лежа́ть	liegen
	лежу́, лежи́шь, ..., лежа́т	
	загора́ть (*unvoll.*)	sich bräunen
B1	цвето́к, цветка́; цветы́ (*Nom. Pl.*)	Blume
	ви́дно	man sieht, es ist zu sehen
	ку́хня	Küche
	Ему́ 16 лет.	Er ist 16 Jahre alt.
	дово́льно	genügend, ziemlich
	о́тпуск	Urlaub
	пла́вание	Schwimmen
	ката́ться	laufen
	~ на лы́жах	Ski laufen
	те́ннис	Tennis
	игра́ в мяч	Ballspiel
	мяч, -а́	Ball
	ката́ться на конька́х	Schlittschuh laufen
	Ино́е вре́мя - ино́е бре́мя.	*wörtlich:* Eine andere Zeit – eine andere Last.

Eigennamen/Internationalismen

AB4	плацка́рта	Platzkarte
Б1	пробле́ма	Problem
AB7	Кры́мское шампа́нское	Krimsekt
B1	панора́ма	Aussicht, Panorama
	спортсме́н	Sportler
	трениро́вка	Training
	лёгкая атле́тика	Leichtathletik
	альпини́зм	Bergsteigen, Klettern

обнима́ть / обня́ть
поднима́ть / подня́ть
понима́ть / поня́ть
поня́тный
принима́ть / приня́ть
при́нят (зака́з ~)
снима́ть / снять
мероприя́тие
предприя́тие

Переговоры 1

	знако́мство	Bekanntschaft
	би́знес	Geschäft
AB1	затрудня́ть / затрудни́ть	in Verlegenheit bringen

1	говори́ть / сказа́ть скажу́, ска́жешь, ..., ска́жут	sagen
2	Кто тако́й ...?	Wer ist ...?
AB4	кури́ть курю́, ку́ришь, ..., ку́рят	rauchen
	броса́ть / бро́сить бро́шу, бро́сишь, ..., бро́сят	aufhören
5	проходи́ть / пройти́	durchgehen, weitergehen
	исключе́ние	Ausnahme
	спра́шивать / спроси́ть (у кого́)	fragen
	пре́жде всего́	vor allem
	ры́нок, ры́нка	Markt
	основно́й	hauptsächlich, Haupt-
	восто́чный	östlich
	с (+ Gen.)	von ... an (zeitlich)
	про́шлый	vergangener
AB6	выска́зывание	Äußerung
	собесе́дник	Gesprächspartner
7	визи́тная ка́рточка	Visitenkarte

Eigennamen/Internationalismen

1	италья́нский	italienisch
5	абсолю́тный	absolut
	проце́нт	Prozent
	проду́кция	Produktion
	экспорти́ровать экспорти́рую, экспорти́руешь, ..., экспорти́руют	ausführen, exportieren
	Евро́па	Europa
	Ита́лия	Italien
	конта́кт	Kontakt
	Че́хия	Tschechien
	Слова́кия	Slowakei
	По́льша	Polen

каз
выска́зывание
зака́з
зака́зывать / заказа́ть
оказа́ться
пока́зывать / показа́ть
расска́зывать / рассказа́ть
сказа́ть
ска́зываться

Переговоры 2

	запро́с	Anfrage
	предложе́ние	Angebot
1	многоуважа́емый	sehr geehrter
	благода́рность, -и (fem.)	Dankbarkeit
	с благода́рностью	dankend
	получе́ние	Erhalt
	заинтересо́ван в (+ Präp.)	interessiert sein an
	прибо́р	Gerät
	дополни́тельный	zusätzlich
	ожида́ние	Erwartung
	в ожида́нии	in Erwartung
	уваже́ние	Achtung
	с уваже́нием	hochachtungsvoll
	произво́дство	Herstellung, Fertigung
B2	переводи́ть / перевожу́, перево́дишь, ..., перево́дят перевести́ переведу́, переведёшь, ..., переведу́т перевёл, перевела́; перевели́	übersetzen

3	интере́с к (+ *Dat.*)	Interesse an
	ведь	doch
AB4	предложе́ние на (+ *Akk.*)	Angebot für/über
	подро́бный	ausführlich, detailliert
	описа́ние	Beschreibung
	на сле́дующей неде́ле	in der nächsten Woche
	усло́вие	Bedingung
6	вести́ веду́, ведёшь, ..., веду́т вёл, вела́; вели́	führen
	изуча́ть / изучи́ть	studieren, lernen
	иллюстри́рован (*Part. Pass.*)	illustriert sein
	по да́нным	laut Angaben, gemäß den Daten
	и́менно	gerade, ausgerechnet
	выбира́ть / вы́брать вы́беру, вы́берешь, ..., вы́берут	auswählen
	по́лностью	vollständig, komplett
	согла́сен, согла́сна; согла́сны	einverstanden sein
	поста́вка	Lieferung
	платёж, платежа́	Zahlung
	уточня́ть / уточни́ть	genauer ausführen, präzisieren
8	про́бный	Probe-

Eigennamen/Internationalismen

1	тип	Typ
8	шту́ка	Stück
	па́ртия	Partie; Teillieferung
	кварта́л	Quartal
9	тра́ктор; -а́, -о́в	Traktor

прос / праш
проси́ть / попроси́ть
прости́!
про́сьба
вопро́с
запро́с
спра́шивать / спроси́ть

Переговоры 3

1	существова́ть существу́ю, существу́ешь, ..., существу́ют	existieren
	год	Jahr
	оди́н год	
	два го́да	
	пять лет	
	производи́ть / произвожу́, произво́дишь, ..., произво́дят произвести́ произведу́, произведёшь, ..., произведу́т произвёл, произвела́; произвели́	erzeugen, produzieren
	строи́тельный	Bau-
	обору́дование	Ausrüstung
	строи́тельство	Bau
AB1	подпи́сывать / подписа́ть подпишу́, подпи́шешь, ..., подпи́шут	unterschreiben
	догово́р	Vertrag
	годово́й	Jahres-
	оборо́т	Umsatz
	сторона́	Seite

предоставля́ть / предоста́вить предоста́влю, предоста́вишь,..., предоста́вят	gewähren
рабо́чий	Arbeiter
слу́жащий	Angestellter

AB3	кру́пный	groß, riesig
	како́в	wie
	за́нят, занята́; за́няты	beschäftigt sein
	организо́ван (*Part. Pass.*)	organisiert sein
	всего́	insgesamt

2	о́тдых	Erholung
	разли́чный	verschieden
	прили́чный	ordentlich
	не́сколько	einigermaßen
	поня́тие	Begriff
	по догово́ру	laut Vertrag
	от и́мени (+ *Gen.*)	namens
	телезри́тель, -я	Fernsehzuschauer
	Ни пу́ха, ни пера́!	Hals- und Beinbruch!
	К чёрту!	Zum Teufel! (*Antwort darauf*)

4	основа́ние	Gründung

6	сра́внивать / сравни́ть	vergleichen
	коли́чество	Anzahl, Quantität
	расшире́ние	Erweiterung
	увели́чиваться / увели́читься	sich vergrößern
	ма́лый	klein
	си́ла	Kraft

Eigennamen/Internationalismen

1	рекла́мный	Reklame-
	ноу-хау	Know how
	филиа́л	Filiale
	Ве́нгрия	Ungarn

AB1	миллио́н	Million

AB3	масшта́б по ~ам	Maßstab
	материа́л	Material

2	корреспонде́нт	Korrespondent
	интервью́	Interview

3	суперма́ркет	Supermarkt

AB5	кран	Kran
	электро́ника	Elektronik

6	организа́ция	Organisation

нов
но́вость
но́вый
осно́ва́ть
осно́ва́ние
осно́вно́й

Переговоры 4

1	о́бласть, -и (*fem.*)	Gebiet
	уча́ствовать в (+ *Präp.*) уча́ствую, уча́ствуешь, ..., уча́ствуют	teilnehmen an

AB 1	име́ть	haben
	делово́й	Geschäfts-
	западно- европе́йский	westeuropäisch
	восточно- европе́йский	osteuropäisch
	я́рмарка	Messe, Ausstellung
	дава́ть / даю́, даёшь, ..., даю́т дать дам, дашь, даст, дади́м, дади́те, даду́т	geben

	возмо́жность, -и (*fem.*)	Möglichkeit
	изве́стен, изве́стна	berühmt sein
	уча́стие в (+ *Instr.*)	Teilnahme
	посыла́ть / посла́ть пошлю́, пошлёшь, ..., пошлю́т	(hin-)schicken, senden
2	присыла́ть / присла́ть пришлю́, пришлёшь, ..., пришлю́т	(her-)schicken, (her)senden
AB2	позавчера́	vorgestern
	зака́з	Bestellung
	де́лать вам ~	Ihre Bestellung ausführen
	Я хоте́л/а бы сде́лать вам зака́з пря́мо на вы́ставке.	Ich möchte bei Ihnen direkt auf der Ausstellung bestellen.
	ски́дка	Preisnachlaß
	~ в 10 проце́нтов	10% Rabatt
5	прия́тный	angenehm
	представля́ть / предста́вить предста́влю, предста́вишь, ..., предста́вят	vertreten; vorstellen

	всё ещё	immer noch
	замеча́тельный	bemerkenswert
	значи́тельный	bedeutend
	меня́ть / по-	(ver-)ändern
	руково́дство	Führung, Leitung
8	нача́льник	Chef

Eigennamen/Internationalismen

1	публикова́ть / о-публику́ю, публику́ешь, ..., публику́ют	veröffentlichen, publizieren
	компью́терный те́хника	Computer-Technik

> вед (вести́) / вод
> води́ть / вести́
> заво́д
> переводи́ть / переве́сти
> проводи́ть / прове́сти
> проводни́к
> производи́ть / произве́сти
> произво́дство
> руково́дство
> экскурсово́д

Grammatikübersicht

I. Deklination

Adjektiv-Substantiv-Blöcke im Singular

	maskulin		neutrum		feminin	
Nom.	**-ый**	Kons.	**-ое**	**-о**	**-ая**	**-а**
Gen.	**-ого**	**-а**	= mask.		**-ой**	**-ы**
Dat.	**-ому**	**-у**	= mask.		**-ой**	**-е**
Akk.	= Nom./Gen.*		= Nom.		**-ую**	**-у**
Instr.	**-ым**	**-ом**	= mask.		**-ой**	**-ой**
Präp.	**-ом**	**-е**	= mask.		**-ой**	**-е**

Adjektiv-Substantiv-Blöcke im Plural

	maskulin		neutrum		feminin	
Nom.	**-ые**	**-ы**	**-ые**	**-а**	= mask.	
Gen.	**-ых**	**-ов**	**-ых**	**-Ø**	**-ых**	**-Ø**
Dat.	**-ым**	**-ам**	= mask.		= mask.	
Akk.	= Nom./Gen.*		= Nom.		= Nom./Gen.*	
Instr.	**-ыми**	**-ами**	= mask.		= mask.	
Präp.	**-ых**	**-ах**	= mask.		= mask.	

* Belebte Substantive: Akk. = Genitiv; unbelebte Substantive: Akk. = Nom.

Bei der Deklination der Substantive und Adjektive (Pronomen, Ordnungszahlen) müssen Sie drei Grundregeln beachten:

1. hart – weich

Ob ein Konsonant *hart* oder *weich* ist, erkennen Sie am darauffolgenden Buchstaben. Folgt auf einen Konsonanten ein **я**, **е**, **и**, **ё**, **ю** oder ein **ь**, ist er *weich:* неде́ля, неде́ли, неде́лю (alle Konsonanten *weich*), день (alle Konsonanten *weich*), Кремлём (**р** und **л** *weich*).

Diese Opposition *hart – weich* hat Auswirkungen auf die Endungen. Im Wort Кремль ist das stammauslautende **-ль** *weich*. Dies muß in allen Formen erhalten werden: Кремля́, Кремлю́, Кремлём, ... Würden Sie *Кремла́ schreiben, würde aus dem *weichen* **-ль** plötzlich eine *hartes* **-л** und Sie hätten ein neues Wort gebildet.

2. ы/и-Regel

Nach den Kehllauten **г, к, х** und den Zischlauten **ш, ж; ч, щ** steht nie **ы**, sondern immer **и**: но́вый – ма́ленький, но́вым – ма́леньким, но́вые – ма́ленькие, но́вых – ма́леньких , ...; эта́ж – этажи́ (Nom. Pl.), река́ – реки́ (Gen. Sg.), ре́ки, ... (Nom./Akk. Pl.).
Diese Regel wirkt sich in der Deklination bei maskulinen Substantiven im Nom./Akk. Pl., bei femininen Substantiven im Gen. Sg. und im Nom./Akk. Pl. aus, in der Adjektivdeklination im Nom./Akk. Sg. der maskulinen Adjektive sowie im gesamten Plural.

3. o/e-Regel

Nach den Zischlauten **ш, ж; ч, щ** und nach **ц** wird unbetontes **о** zu **е**: у́лица, у́лицей; хоро́шее, хоро́шего, хоро́шей, ... Diese Regel wirkt sich bei Substantiven im Instr. Sg., bei Adjektiven in allen Formen des Singulars aus.

1 Substantiv, Singular

	1. Deklination maskulin / neutrum		2. Deklination feminin	3. Deklination feminin
Nom.	**-Ø** ресторан Кремль музей коммента́рий	**-о / -е** кольцо́ мо́ре зда́ние	**-а / -я** ко́мната ма́рка семья́ ста́нция	**-ь** пло́щадь
Gen.	**-а / -я** рестора́на Кремля́ музе́я	кольца́ мо́ря зда́ния	**-ы / -и** ко́мнаты марки* семьи́ ста́нции	**-и** пло́щади
Dat.	**-у / -ю** рестора́ну Кремлю́ музе́ю	кольцу́ мо́рю зда́нию	**-е** ко́мнате ма́рке семье́ ста́нции	**-и** пло́щади

	1. Deklination maskulin / neutrum	2. Deklination feminin	3. Deklination feminin
Akk.	belebt = Gen. unbelebt = Nom.	**-у / -ю** кóмнату мáрку семью стáнцию	= Nom.
Instr.	**-ом / -ем / -ём** ресторáном кольцóм Кремлём мóрем музéем здáнием	**-ой / -ей / -ёй** кóмнатой мáркой семьёй ýлицей** стáнцией	**-ью** плóщадью
Präp.	**-е / -и** о ресторáне о кольцé о Кремлé о мóре о музéе о здáнии	**-е / -и** о кóмнате о мáрке о семьé о стáнции	**-и** о плóщади

2 Substantiv, Plural

	maskulin	feminin	neutrum
Nom.	**-ы / -и** ресторáны Кремли́ музéи	кóмнаты мáрки сéмьи стáнции плóщади	**-а / -я** кóльца моря́ здáния
Gen.	**-ов / -ев / -ей /-Ø / -й** ресторáнов Кремлéй музéев	кóмнат мáрок семéй стáнций площадéй	кóлец морéй здáний
Dat.	**-ам / -ям** ресторáнам Кремля́м музéям	кóмнатам мáркам сéмьям стáнциям площадя́м	кóльцам моря́м здáниям

	maskulin	feminin	neutrum
Akk.	belebt = Gen. unbelebt = Nom.		= Nom.
Instr.		**-ами / -ями**	
	рестора́нами Кремля́ми музе́ями	ко́мнатами ма́рками се́мьями ста́нциями площадя́ми	ко́льцами моря́ми зда́ниями
Präp.		**-ах / -ях**	
	о рестора́нах о Кремля́х о музе́ях	о ко́мнатах о ма́рках о се́мьях о ста́нциях о площадя́х	о ко́льцах о моря́х о зда́ниях

3 Adjektiv (Pronomen, Ordnungszahl)

	maskulin / neutrum		feminin
Nom.	**-о́й / -ый / -ий**	**-ое / -ее**	**-ая / -яя**
	большо́й ста́рый ма́ленький хоро́ший после́дний	большо́е ста́рое ма́ленькое хоро́шее после́днее	больша́я ста́рая ма́ленькая хоро́шая после́дняя
	э́тот мо́й наш весь	э́то моё на́ше всё	э́та моя́ на́ша вся
Gen.	**-ого / -его**		**-ой / -ей**
	большо́го ста́рого ма́ленького хоро́шего после́днего		большо́й ста́рой ма́ленькой хоро́шей после́дней
	э́того моего́ на́шего всего́		э́той мое́й на́шей всей

	maskulin / neutrum	feminin
Dat.	**-ому / -ему** большо́му ста́рому ма́ленькому хоро́шему после́днему э́тому моему́ на́шему всему́	**-ой / -ей** большо́й ста́рой ма́ленькой хоро́шей после́дней э́той мое́й на́шей всей
Akk.	belebt = Gen. unbelebt = Nom.	**-ую / -юю** большу́ю ста́рую ма́ленькую хоро́шую после́днюю э́ту мою́ на́шу всю
Instr.	**-ым / -им** больши́м ста́рым ма́леньким хоро́шим после́дним э́тим мои́м на́шим всем	**-ой / -ей** большо́й ста́рой ма́ленькой хоро́шей после́дней э́той мое́й на́шей всей
Präp.	**-ом / -ем / -ём** большо́м ста́ром ма́леньком хоро́шем после́днем э́том моём на́шем всём	**-ой / -ей** большо́й ста́рой ма́ленькой хоро́шей после́дней э́той мое́й на́шей всей

4 Personalpronomen

Nom.	я	ты	он / оно́	она́	мы	вы	они́
Gen.	меня́	тебя́	его́	её	нас	вас	их
Dat.	мне	тебе́	ему́	ей	нам	вам	им
Akk.	= Gen.	= Gen.	= Gen.	= Gen.	= Gen.	= Gen.	= Gen.
Instr.	мной	тобо́й	им	ей	нами	вами	и́ми
Präp.	мне	тебе́	нём	ней	нас	вас	них

н-Vorschlag: Steht vor den Personalpronomen der 3. Person Sg. und Pl. eine Präposition, wird ein **н**- vorgeschaltet: у **н**его́, у **н**её, к **н**им, с **н**им, с **н**ей , о **н**их, ...

о-Einschub: Zur Erleichterung der Aussprache wird vor mehreren Konsonanten ein **-о** eingeschoben: **ко** мне, **со** мной, **обо** мне.

5 Reflexivpronomen

Nom.	—
Gen.	себя́
Dat.	себе́
Akk.	= Gen.
Instr.	собо́й
Präp.	себе́

6 Interrogativpronomen

Nom.	кто	что
Gen.	кого́	чего́
Dat.	кому́	чему́
Akk.	кого́	что
Instr.	кем	чем
Präp.	ком	чём

II. Konjugation

Die Verben werden in drei Gruppen unterteilt:

1. Verben der *e-Konjugation*,
2. Verben der *i-Konjugation*,
3. Verben mit besonderen Formen und unregelmäßige Verben.

Im Infinitiv endet die überwiegende Anzahl aller russischen Verben auf: **-ать/-ять** (diese Verben gehören meist zur *e-Konjugation*) oder **-ить** (diese Verben gehören meist zur *i-Konjugation*).

Daneben haben Sie Verben mit folgenden Infinitivendungen kennengelernt:

-еть	Diese Verben können der *e-Konjugation* oder der *i-Konjugation* angehören, z. B. име́ть – име́ю, име́ешь, …, име́ют; висе́ть – виси́т, вися́т.
-нуть	Diese Verben gehören der *e-Konjugation* an, z. B. отдохну́ть.
-ыть	Diese Verben gehören der *e-Konjugation* an (besondere Formen!), z. B. откры́ть.
-ти́	Diese Verben gehören der *e-Konjugation* an, z. B. идти́, пойти́.
-сти́	Diese Verben gehören der *e-Konjugation* an (besondere Formen!), z. B. вести́.
-чь	Diese Verben gehören der *e-Konjugation* an (besondere Formen!), z. B. мочь.

1 Verben der e-Konjugation

a) Verben auf -ать (-аю, -аешь, -ают)/-ять (-яю, -яешь, -яют)
   рабо́тать: рабо́таю, рабо́таешь, рабо́тают; рабо́тал; рабо́тай! (arbeiten)
   повторя́ть: повторя́ю, повторя́ешь, повторя́ют; повторя́л; повторя́й! (wiederholen)

b) Verben auf -овать (-ую, -уешь, -уют)
   интересова́ться: интересу́юсь, интересу́ешься, интересу́ются; интересова́лся, интересова́лась, интересова́лись; интересу́йся! (Я интересу́юсь ру́сским языко́м.)
   сове́товать: сове́тую, сове́туешь, сове́туют; сове́товал; сове́туй! (raten)

c) Verben auf -ава́ть (-аю́, -аёшь, -аю́т)
   дава́ть: даю́, даёшь, даю́т; дава́л; дава́й! (geben)
   передава́ть (überreichen)
   продава́ть (verkaufen)
   узнава́ть (in Erfahrung bringen, sich erkundigen)

d) Verben auf -ну́ть (-ну́, -нёшь, -ну́т)
верну́ться: верну́сь, вернёшься, верну́тся; верну́лся; верни́сь!
(zurückkehren)
отдохну́ть: отдохну́, отдохнёшь, отдохну́т; отдохну́л; отдохни́!
(sich erholen)

e) Verben auf -е́ть (-е́ю, -е́ешь, -е́ют)
име́ть: име́ю, име́ешь, име́ют; име́л; име́й! (haben)
боле́ть (krank sein (an + Instr.): Он боле́ет гри́ппом.)
успе́ть (rechtzeitig kommen, zurechtkommen, sich (zeitlich) ausgehen)

f) Verben der e-Konjugation mit Konsonantenwechsel (in allen Personen)
auf -ать (-у, -ешь, -ут)
каза́ться (scheinen): Мне ка́жется, что ...
заказа́ть: закажу́, зака́жешь, зака́жут; заказа́л; закажи́! (bestellen)
   показа́ть (zeigen)
   рассказа́ть (erzählen)
   сказа́ть (sagen)
связа́ться: свяжу́сь, свя́жешься, свя́жутся; связа́лся; свяжи́сь! (sich in
Verbindung setzen)

писа́ть: пишу́, пи́шешь, пи́шут; писа́л; пиши́! (schreiben)

2 Verben der i-Konjugation

a) Verben auf: -ить (-ю, -ишь, -ят)
говори́ть: говорю́, говори́шь, говоря́т; говори́л; говори́! (sprechen)

b) Verben auf -еть (-ю, -ишь, -ят)
смотре́ть: смотрю́, смо́тришь, смо́трят; смотре́л; смотри́! (schauen)

c) Verben auf -ать (-у, -ишь, -ат)/-ять (-ю, -ишь, -ят)
боя́ться: бою́сь, бои́шься, боя́тся; боя́лся; не бо́йся! (fürchten, sich fürchten +
Gen.: Я бою́сь грозы́.)
лежа́ть: лежу́, лежи́шь, лежа́т; лежа́л; лежи́! (liegen)
слы́шать: слы́шу, слы́шишь, слы́шат; слы́шал; — ! (hören)
спать: сплю, спишь, спят; спал, спала́, спа́ли; спи! (schlafen)
стоя́ть: стою́, стои́шь, стоя́т; стоя́л; сто́й! (stehen)

d) Verben der i-Konjugation mit Konsonantenwechsel (nur in der 1. Pers. Sg.)
люби́ть: люблю́, лю́бишь, лю́бят; люби́л; люби́! (lieben, gerne tun)

гото́вить: гото́влю, гото́вишь, гото́вят; гото́вил; гото́вь! (vorbereiten, fertig-
machen, kochen)

знако́миться: знако́млюсь, знако́мишься, знако́мятся; знако́мился;
знако́мься! / знако́мьтесь! (sich bekanntmachen)

купи́ть: куплю́, ку́пишь, ку́пят; купи́л; купи́! (kaufen)

ви́деть: ви́жу, ви́дишь, ви́дят; ви́дел; — ! (sehen)
е́здить: е́зжу, е́здишь, е́здят; е́здил; (е́зди!) (fahren)
сади́ться: сажу́сь, сади́шься, садя́тся; сади́лся; сади́сь! (sich setzen)
сиде́ть: сижу́, сиди́шь, сидя́т; сиде́л; сиди́! (sitzen)
ходи́ть: хожу́, хо́дишь, хо́дят; ходи́л; ходи́! (gehen)

пригласи́ть: приглашу́, пригласи́шь, приглася́т; пригласи́л; пригласи́! (einladen)
проси́ть: прошу́, про́сишь, про́сят; проси́л; проси́! (bitten)
спроси́ть: спрошу́, спро́сишь, спро́сят; спроси́л; спроси́! (fragen)

встре́тить(ся): встре́чу(сь), встре́тишь(ся), встре́тят(ся); встре́тил(ся); встре́ть(ся)! / встре́тьте(сь)! [(sich) treffen]
лете́ть: лечу́, лети́шь, летя́т; лете́л; лети́! (fliegen)
отве́тить: отве́чу, отве́тишь, отве́тят; отве́тил; отве́ть! (antworten)

обрати́ться: обращу́сь, обрати́шься, обратя́тся; обрати́лся; обрати́сь! (sich wenden)

3 Verben mit besonderen Formen und unregelmäßige Verben

брать: беру́, берёшь, беру́т; брал, брала́, бра́ли; бери́! (nehmen)
вы́брать: вы́беру, вы́берешь, вы́берут; вы́брал; вы́бери! (wählen)
быть: бу́ду, бу́дешь, бу́дут; был, была́, бы́ло, бы́ли; будь! (sein)
забы́ть: забу́ду, забу́дешь, забу́дут; забы́л, забы́ла, забы́ли; забу́дь! (vergessen)
вести́: веду́, ведёшь, веду́т; вёл, вела́, вели́; веди́! (führen)
  перевести́ (übersetzen)
  провести́ (durchführen)
  произвести́ (erzeugen, herstellen)
взять: возьму́, возьмёшь, возьму́т; взял, взяла́, взя́ли; возьми́! (nehmen)
дать: дам, дашь, даст, дади́м, дади́те, даду́т; дал, дала́, да́ло, да́ли; дай! (geben)
  переда́ть (übergeben)
~деть: ~де́ну, ~де́нешь, ~де́нут; ~де́л;~день!
  оде́ться (sich anziehen)
  разде́ться (sich ausziehen)
е́хать: е́ду, е́дешь, е́дут; е́хал; поезжа́й! (fahren)
ждать: жду, ждёшь, ждут; ждал, ждала́, жда́ли, жди! (warten + Gen./Akk.: Он ждёт Ви́ктора. Она́ ждёт авто́бус. Он ждёт отве́та.)
жить: живу́, живёшь, живу́т; жил, жила́, жи́ли; живи́! (leben)
закры́ть: *siehe* ~крыть

звать: зову́, зовёшь, зову́т; звал, звала́, зва́ли; зови́! (rufen, heißen: Как вас зову́т? Позови́те к телефо́ну Серге́я Петро́вича, пожа́луйста!)

вы́звать: вы́зову, вы́зовешь, вы́зовут; вы́звал; вы́зови! (hervorrufen; ~ врача́: einen Arzt rufen)

   назва́ть (nennen)

идти́: иду́, идёшь, иду́т; шёл, шла, шли; иди́! (gehen)

~крыть: ~кро́ю, ~кро́ешь, ~кро́ют; ~кры́л;~кро́й!

   закры́ть (schließen)

   откры́ть (öffnen)

мочь: могу́, мо́жешь, мо́жет, мо́жем, мо́жете, мо́гут; мог, могла́, могли́; — ! (können)

   помо́чь [helfen (Imperativ: помоги́!)]

наде́яться: наде́юсь, наде́ешься, наде́ются; наде́ялся; наде́йся! (hoffen)

нача́ть: начну́, начнёшь, начну́т; на́чал, начала́, на́чали; начни́! [beginnen (trans.)]

нача́ться: *1. und 2. Person ungebräuchlich;* начнётся, начну́тся; начался́, начала́сь, начали́сь; — ! [beginnen (intrans.)]

нести́: несу́, несёшь, несу́т; нёс, несла́, несли́; неси́! (tragen)

оде́ться: *siehe* ~деть

откры́ть: *siehe* ~крыть

попа́сть: попаду́, попадёшь, попаду́т; попа́л, попа́ла; попади́! (gelangen)

переда́ть: *siehe* ~дать

петь: пою́, поёшь, пою́т; пе́л; пой! (singen)

пить: пью, пьёшь, пьют; пил, пила́, пи́ли; пей! (trinken)

подня́ть: подниму́, подни́мешь, подни́мут; по́днял, подняла́, по́дняли; подними́! (etwas hoch-, hinaufbewegen)

помо́чь: *siehe* мочь

приня́ть: приму́, при́мешь, при́мут; при́нял, приняла́, при́няли; прими́! [annehmen, empfangen (~ табле́тку: eine Tablette einnehmen), *vgl.:* нача́ть, подня́ть, снять]

приобрести́: приобрету́, приобретёшь, приобрету́т; приобрёл, приобрела́, приобрели́; приобрети́! (erwerben, kaufen)

присла́ть: *siehe* сла́ть

провести́: *siehe* вести́

произвести́: *siehe* вести́

разде́ться: *siehe* ~деть

сесть: ся́ду, ся́дешь, ся́дут; сёл; ся́дь! (sich setzen)

слать: шлю, шлёшь, шлют; слал; шли! (schicken, senden)

посла́ть: [(hin-) senden, schicken]

присла́ть: [(her-) senden, schicken]

снять: сниму́, сни́мешь, сни́мут; снял, сняла́, сня́ли; сними́! (ablegen; mieten; fotografieren, vgl.: нача́ть, подня́ть, приня́ть)

стать: ста́ну, ста́нешь, ста́нут; ста́л; ста́нь! (werden)

хоте́ть: хочу́, хо́чешь, хо́чет, хоти́м, хоти́те, хотя́т; хоте́л; — ! (wollen)

Grammatikregister

Inhaltsübersicht

Inhaltsübersicht

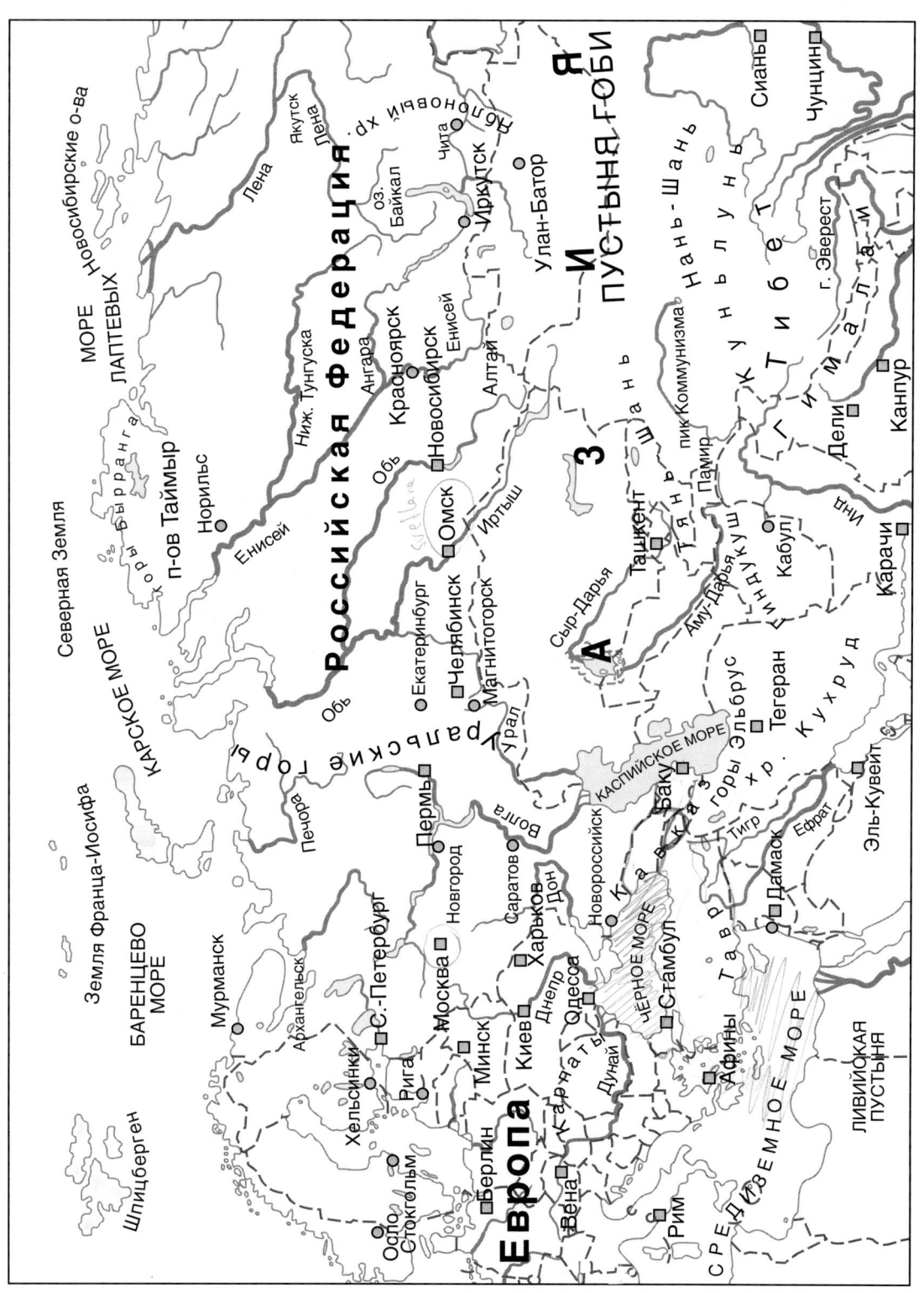